**SUCCESS READING PROGRAM
FOR OLDER STUDENTS**

Learn To Read English With Lessons In Korean
Textbook
Color Edition

ISBN 978-1-945738-61-6
©2022 – Wendy A. Charles & Alexander J. Charles
All Rights Reserved
Baldwin, New York
www.intellastic.com

All rights reserved. No portion of this book may be reproduced, stored in a retrieval system, or transmitted in any form or by any means – electronic, mechanical, photocopy, recording, video presentation, private instruction, scanning, or other – except for brief quotations in critical reviews or articles, without the prior written permission of the writers.

All Rights Reserved. Printed in the USA.

Table of Contents

Unit A

Lesson 1.0	Introduction of the Letter A/a	1
Lesson 1.1	Reading Words with the Letter A/a	1
Lesson 1.2	Reading Words with the Short Vowel "a" Sound	2
Lesson 1.3	Reading Words with the Long Vowel "a" Sound	6
Lesson 1.4	Reading Words with the "age" Letter Combination	10
Lesson 1.5	Reading Words with the "ai" Vowel Pair	11
Lesson 1.6	Reading Letter "a" Words with the Schwa Vowel Sound	12
Lesson 1.7	Reading Words with the "ar" Letter Combination	13
Bonus Lesson	Reading Words with the Vowel "a"	15
Lesson 1.8	Reading Words with a Silent Letter "a"	16
Lesson 1.9	Reading Multisyllable Words	17
Lesson 1.10	Proper and Common Nouns and Adjectives	18

Unit B

Lesson 2.0	Introduction of the Letter B/b	21
Lesson 2.1	Reading Words with the Letter B/b	21
Lesson 2.2	Reading Words with the "br" Letter Combination	23
Lesson 2.3	Reading Words with the "bl" and "ble" Letter Combinations	24
Lesson 2.4	Reading Words with the "mb" and "bt" Letter Combinations	25
Lesson 2.5	Reading Words with a Silent Letter "b"	26
Lesson 2.6	Reading Multisyllable Words	27
Lesson 2.7	Proper and Common Nouns and Adjectives	28

Unit C

Lesson 3.0	Introduction of the Letter C/c	31
Lesson 3.1	Reading Words with the Hard Letter "c"	31
Lesson 3.2	Reading Words with the Soft Letter "c"	33

Lesson 3.3	Reading Words with the "cr" Letter Combination	34
Lesson 3.4	Reading Words with the "cl" and "cle" Letter Combinations	35
Lesson 3.5	Reading Words with the "ct" Letter Combination	36
Lesson 3.6	Reading Soft Letter "c" Words	37
Lesson 3.7	Reading Words with the "ch" Letter Combination	38
Lesson 3.8	Reading Words with the "cc" Letter Combination	39
Lesson 3.9	Reading Words with a Silent Letter "c"	40
Lesson 3.10	Reading Multisyllable Words	41
Lesson 3.11	Proper and Common Nouns and Adjectives	42

Unit D

Lesson 4.0	Introduction of the Letter D/d	45
Lesson 4.1	Reading Words with the Letter D/d	45
Lesson 4.2	Reading Letter "d" Words with the /d/ Sound and /j/ Sound	47
Lesson 4.3	Reading Words with the "ed" Suffix/ Past Tense Verbs	48
Lesson 4.4	Reading Words with a Silent Letter "d"	49
Lesson 4.5	Reading Multisyllable Words	50
Lesson 4.6	Proper and Common Nouns and Adjectives	51

Unit E

Lesson 5.0	Introduction of the Letter E/e	53
Lesson 5.1	Reading Words with the Letter E/e	53
Lesson 5.2	Reading Words with the Short Vowel "e" Sound	54
Lesson 5.3	Reading Words with the Long Vowel "e" Sound	59
Bonus Lesson	Reading Words with the "age" Letter Combination	60
Lesson 5.4	Reading Words with Letter "e" Vowel Pairs	61
Lesson 5.5	Reading Words with the Final Letter "e"	63
Lesson 5.6	Reading Letter "e" Words with the Schwa Vowel Sound	64
Lesson 5.7	Reading Words with the "er" Letter Combination	65
Lesson 5.8	Reading Words with the "eu" and "ew" Letter Combinations	66
Lesson 5.9	Reading Words with the "ey" Letter Combination	67
Bonus Lesson	Reading Words with the Vowel "e"	67
Lesson 5.10	Reading Words with a Silent Letter "e"	68

| Lesson 5.11 | Reading Multisyllable Words | 69 |
| Lesson 5.12 | Proper and Common Nouns and Adjectives | 70 |

Unit F

Lesson 6.0	Introduction of the Letter F/f	73
Lesson 6.1	Reading Words with the Letter F/f	73
Lesson 6.2	Reading Words with the "fr" Letter Combination	75
Lesson 6.3	Reading Words with the "fl" and "fle" Letter Combinations	76
Lesson 6.4	Reading Words with the "ft," "lf" and "ff" Letter Combinations	77
Lesson 6.5	Reading Words with a Silent Letter "f"	77
Lesson 6.6	Reading Singular and Plural Forms of Words Ending in "f" and "fe"	78
Bonus Lesson	Exploring an Exception to the Letter "f"	78
Lesson 6.7	Reading Multisyllable Words	79
Lesson 6.8	Proper and Common Nouns and Adjectives	80

Unit G

Lesson 7.0	Introduction of the Letter G/g	83
Lesson 7.1	Reading Words with the Hard Letter "g"	83
Lesson 7.2	Reading Words with the Soft Letter "g"	85
Lesson 7.3	Reading Words with the "gr" Letter Combination	87
Lesson 7.4	Reading Words with the "gl" and "gle" Letter Combinations	88
Lesson 7.5	Reading Words with the "gh" Letter Combination	89
Lesson 7.6	Reading Words with the "gn" Letter Combination	90
Lesson 7.7	Reading Words with a Silent Letter "g"	91
Lesson 7.8	Reading Multisyllable Words	92
Lesson 7.9	Proper and Common Nouns and Adjectives	93

Unit H

Lesson 8.0	Introduction of the Letter H/h	95
Lesson 8.1	Reading Words with the Letter H/h	95
Lesson 8.2	Reading Words with the Letter "h" Combinations: "ch," "gh," "ph," "rh," "sch," "sh," "th" and "wh"	97

Bonus Lesson	The Position of the Letter "h"	98
Lesson 8.3	Reading Words with a Silent Letter "h"	99
Lesson 8.4	Reading Multisyllable Words	100
Lesson 8.5	Proper and Common Nouns and Adjectives	101

Unit I

Lesson 9.0	Introduction of the Letter I/i	103
Lesson 9.1	Reading Words with the Letter I/i	103
Lesson 9.2	Reading Words with the Short Vowel "i" Sound	104
Lesson 9.3	Reading Words with the Long Vowel "i" Sound	107
Lesson 9.4	Reading Words with Letter "i" Vowel Pairs	111
Lesson 9.5	Reading Words with the Final Letter "i"	113
Lesson 9.6	Reading Letter "i" Words with the Schwa Vowel Sound	114
Lesson 9.7	Reading Words with the "ir" Letter Combination	115
Lesson 9.8	Reading Letter "i" Words with the Long Vowel /ē/ Sound	116
Lesson 9.9	Reading Words with a Silent Letter "i"	117
Lesson 9.10	Reading Multisyllable Words	118
Lesson 9.11	Proper and Common Nouns and Adjectives	119

Unit J

Lesson 10.0	Introduction of the Letter J/j	121
Lesson 10.1	Reading Words with the Letter J/j	121
Lesson 10.2	Reading Multisyllable Words	123
Lesson 10.3	Proper and Common Nouns and Adjectives	124

Unit K

Lesson 11.0	Introduction of the Letter K/k	127
Lesson 11.1	Reading Words with the Letter K/k	127
Lesson 11.2	Reading Words with the Letter "k" and "ck" Letter Combination	129
Lesson 11.3	Reading Words with the "kle" Letter Combination	130
Lesson 11.4	Reading Words with a Silent Letter "k"	131
Lesson 11.5	Reading Multisyllable Words	132
Lesson 11.6	Proper and Common Nouns and Adjectives	133

Unit L

Lesson 12.0	Introduction of the Letter L/l	135
Lesson 12.1	Reading Words with the Letter L/l	135
Lesson 12.2	Reading Words with the Letter "l" Combinations: "bl," "cl," "fl," "gl," "pl" and "sl"	137
Lesson 12.3	Reading Words with a Silent Letter "l"	138
Lesson 12.4	Reading Multisyllable Words	139
Lesson 12.5	Proper and Common Nouns and Adjectives	140

Unit M

Lesson 13.0	Introduction of the Letter M/m	143
Lesson 13.1	Reading Words with the Letter M/m	143
Lesson 13.2	Reading Words with a Silent Letter "m"	145
Lesson 13.3	Reading Multisyllable Words	146
Lesson 13.4	Proper and Common Nouns and Adjectives	147

Unit N

Lesson 14.0	Introduction of the Letter N/n	149
Lesson 14.1	Reading Words with the Letter N/n	149
Lesson 14.2	Reading Words with the "ng" Letter Combination	151
Lesson 14.3	Reading Words with a Silent Letter "n"	152
Bonus Lesson	Reading Words with the Letter "n" Blends	152
Lesson 14.4	Reading Multisyllable Words	153
Lesson 14.5	Proper and Common Nouns and Adjectives	154

Unit O

Lesson 15.0	Introduction of the Letter O/o	157
Lesson 15.1	Reading Words with the Letter O/o	157
Lesson 15.2	Reading Words with the Short Vowel "o" Sound	158
Lesson 15.3	Reading Words with the Long Vowel "o" Sound	160
Lesson 15.4	Reading Words with Letter "o" Vowel Pairs	162
Lesson 15.5	Reading Words with the Final Letter "o"	164
Bonus Lesson	Reading Words with the "oll" and "ost" Letter Combinations	164

Lesson 15.6	Reading Letter "o" Words with the Schwa Vowel Sound	165
Bonus Lesson	Reading Words with the "ow" Letter Combination	165
Lesson 15.7	Reading Words with Vowel "o" Sounds: /ŏ/, /ō/ and /o͞o/	166
Bonus Lesson	Reading Letter "o" Words with the Short Vowel /ŭ/ Sound	166
Lesson 15.8	Reading Words with the "or" and "ore" Letter Combinations	167
Lesson 15.9	Reading Words with a Silent Letter "o"	168
Lesson 15.10	Reading Multisyllable Words	169
Lesson 15.11	Proper and Common Nouns and Adjectives	170

Unit P

Lesson 16.0	Introduction of the Letter P/p	173
Lesson 16.1	Reading Words with the Letter P/p	173
Lesson 16.2	Reading Words with the "ph" Letter Combination	175
Lesson 16.3	Reading Words with the "pr" Letter Combination	176
Lesson 16.4	Reading Words with the "pl" and "ple" Letter Combinations	177
Lesson 16.5	Reading Words with a Silent Letter "p"	178
Lesson 16.6	Reading Multisyllable Words	179
Lesson 16.7	Proper and Common Nouns and Adjectives	180

Unit Q

Lesson 17.0	Introduction of the Letter Q/q	183
Lesson 17.1	Reading Words with the Letter Q/q	183
Lesson 17.2	Reading Words with the Letter "q" and "qu" Letter Combination	185
Lesson 17.3	Reading Multisyllable Words	186
Lesson 17.4	Proper and Common Nouns and Adjectives	187

Unit R

Lesson 18.0	Introduction of the Letter R/r	189
Lesson 18.1	Reading Words with the Letter R/r	189
Bonus Lesson	Reading Words with a Silent Letter "r"	190
Lesson 18.2	Reading Words with the Letter "r" Combinations: "br," "cr," "fr," "gr," "pr" and "tr"	191

| Lesson 18.3 | Reading Multisyllable Words | 192 |
| Lesson 18.4 | Proper and Common Nouns and Adjectives | 193 |

Unit S

Lesson 19.0	Introduction of the Letter S/s	195
Lesson 19.1	Reading Words with the Letter S/s	195
Lesson 19.2	Reading Words with the "sion," "sial" and "scious" Suffixes	198
Lesson 19.3	Reading Words with the "sh" and "sch" Letter Combinations	199
Lesson 19.4	Reading Words with the "scr," "shr," "spl," "spr" and "str" Letter Combinations	200
Lesson 19.5	Reading Words with the "sl" and "sle" Letter Combinations	201
Lesson 19.6	Reading Words with the "sm" Letter Combination	202
Lesson 19.7	Reading Words with the "ss" Letter Combination	203
Bonus Lesson	Reading Words with the "st" and "sw" Letter Combinations	204
Lesson 19.8	Reading Words with a Silent Letter "s"	205
Lesson 19.9	Reading Multisyllable Words	206
Lesson 19.10	Proper and Common Nouns and Adjectives	207

Unit T

Lesson 20.0	Introduction of the Letter T/t	209
Lesson 20.1	Reading Words with the Letter T/t	209
Lesson 20.2	Reading Words with the "th" and "thm" Letter Combinations	211
Lesson 20.3	Reading Words with the "tion," "tial" and "tious" Suffixes	212
Bonus Lesson	Reading Words with the "tience" and "tient" Suffixes	212
Lesson 20.4	Reading Words with the "tr" Letter Combination	213
Lesson 20.5	Reading Words with the "tle" Letter Combination	214
Lesson 20.6	Reading Words with the Letter "t" Sounds	215
Lesson 20.7	Reading Words with a Silent Letter "t"	217
Lesson 20.8	Reading Multisyllable Words	218
Lesson 20.9	Proper and Common Nouns and Adjectives	219

Unit U

Lesson 21.0	Introduction of the Letter U/u	221
Lesson 21.1	Reading Words with the Letter U/u	221
Lesson 21.2	Reading Words with the Short Vowel "u" Sound	222
Bonus Lesson	Reading Letter "u" Words	225
Lesson 21.3	Reading Words with the Long Vowel "u" Sound	226
Bonus Lesson	Reading Letter "u" Words	229
Lesson 21.4	Reading Words with Letter "u" Vowel Pairs	230
Lesson 21.5	Reading Words with the Final Letter "u"	232
Lesson 21.6	Reading Letter "u" Words with the Schwa Vowel Sound	233
Lesson 21.7	Reading Words with the "ur" Letter Combination	234
Lesson 21.8	Reading Words with the "ure" Letter Combination	235
Bonus Lesson	Reading Letter "u" Words with the /w/ Sound	235
Lesson 21.9	Reading Words with a Silent Letter "u"	236
Lesson 21.10	Reading Multisyllable Words	237
Lesson 21.11	Proper and Common Nouns and Adjectives	238

Unit V

Lesson 22.0	Introduction of the Letter V/v	241
Lesson 22.1	Reading Words with the Letter V/v	241
Lesson 22.2	Reading Multisyllable Words	243
Lesson 22.3	Proper and Common Nouns and Adjectives	244

Unit W

Lesson 23.0	Introduction of the Letter W/w	247
Lesson 23.1	Reading Words with the Letter W/w	247
Lesson 23.2	Reading Words with a Vowel Before the Letter "w"	249
Lesson 23.3	Reading Words with a Silent "w" and "wr" Letter Combination	251
Bonus Lesson	Reading Words with the "wh" Letter Combination	251
Lesson 23.4	Reading Multisyllable Words	252
Lesson 23.5	Proper and Common Nouns and Adjectives	253

Unit X

Lesson 24.0	Introduction of the Letter X/x	255
Lesson 24.1	Reading Words with the Letter X/x	255
Bonus Lesson	Reading Words with a Silent Letter "x"	257
Lesson 24.2	Reading Multisyllable Words	258
Lesson 24.3	Proper and Common Nouns and Adjectives	259

Unit Y

Lesson 25.0	Introduction of the Letter Y/y	261
Lesson 25.1	Reading Words with the Letter Y/y	261
Lesson 25.2	Reading Words with a Vowel Before the Letter "y"	264
Lesson 25.3	Reading Words with the "cy" Letter Combination	265
Lesson 25.4	Reading Words with the Final Letter "y"	266
Lesson 25.5	Reading Words with the "yr" Letter Combination	267
Lesson 25.6	Reading Letter "y" Words with the Schwa Vowel Sound	268
Lesson 25.7	Reading Words with a Silent Letter "y"	269
Lesson 25.8	Reading Multisyllable Words	270
Lesson 25.9	Proper and Common Nouns and Adjectives	271

Unit Z

Lesson 26.0	Introduction of the Letter Z/z	273
Lesson 26.1	Reading Words with the Letter Z/z	273
Lesson 26.2	Reading Words with a Silent Letter "z"	275
Bonus Lesson	Exploring an Exception to the "zz" Letter Combination	275
Lesson 26.3	Reading Multisyllable Words	276
Lesson 26.4	Proper and Common Nouns and Adjectives	277

My Cup of Water

A/a

Lesson 1.0
Introduction of the Letter A/a

문자 "a"는 모음입니다. 그것은 영어의 로마자 알파벳의 첫 글자입니다. 문자는 대문자와 소문자로 작성됩니다.

	Uppercase Letter	Lowercase Letter
Print	A	a
Cursive	𝒜	𝒶
Computer Font	A	a

Lesson 1.1
Reading Words with the Letter A/a

문자 "a"는 열한가지 다른 방식으로 발음됩니다.
- 그것은 단어 apple에서와 같이 단모음 /ă/ 소리를 나타냅니다.
- 그것은 단어 cake에서와 같이 장모음 /ā/ 소리를 나타냅니다.
- 그것은 단어 sofa에서와 같이 슈와 모음 /ə/ 소리를 나타냅니다.
- 그것은 단어 ball에서와 같이 모음 /ô/ 소리를 나타냅니다.
- 단어 car에서와 같이 모음 /ä/ 소리를 나타냅니다.
- 단어 care에서와 같이 모음 /â/ 소리를 나타냅니다.
- village라는 단어에서처럼 단모음 /ĭ/ 소리를 나타냅니다.
- 그것은 단어 says에서와 같이 단모음 /ĕ/ 소리를 나타냅니다.
- mauve라는 단어에서처럼 장모음 /ō/ 소리를 나타냅니다.

- 단어 swamp에서와 같이 단모음 /ŏ/ 소리를 나타냅니다.
- 단어 was에서와 같이 단모음 /ŭ/ 소리를 나타냅니다.
- 때때로 그것은 boat라는 단어에서처럼 조용합니다.

High Frequency, One Syllable Letter "a" Words
Short vowel words: act, add, am, as, ask, back, bag, bat, cat, dad, fan, gas, has, jam, lab, man, maps, nap, pan, pat, ran, sad, tab, van
Long vowel words: ate, bake, cake, came, date, face, game, mail, page, pain, rain, rake, rate, save, stage, tape, tale, wage, wave, way

Learn To Read English With Lessons In Korean

Lesson 1.2
Reading Words with the Short Vowel "a" Sound

"a" represents the short vowel /ă/ sound

단어의 시작 부분에서 문자"a"는 일반적으로 단어apple에서와 같이 짧은 모음 /ă/ 소리를 나타냅니다.

문자"a"는 일반적으로 단어 또는 음절 내에서 유일한 모음일 때 단모음 /ă/ 소리를 나타냅니다.

자음이 문자 "a"의 앞뒤에 올 때 일반적으로 단어 cat, back및 crack에서와 같이 단모음 /ă/ 소리를 나타냅니다.

Beginning	Within	End
/ă/	/ă/	/ă/
apple	cat	

✎ 참고: 단어 끝에 있는 문자"a"는 단모음 /ă/ 소리를 나타내지 않습니다.

✣ Short Vowel "a" Word Families

"ab" - "a" represents the short vowel /ă/ sound

"ab"단어 패밀리의 문자"a"는 cab 단어에서와 같이 단모음 /ă/ 소리를 나타냅니다.

Word Box	blab, crab, dab, drab, fab, flab, gab, grab, jab, lab, nab, scab, slab, stab, tab *Multisyllable Words:* backstab, confab, minicab, pedicab, Punjab, rehab, skylab, taxicab
Word Box	abdomen, abduct, abhor, abnormal, absence, absent, absolutely, abstract, blabber, cabbage, cabin, cabinet, collaborate, grabbing, habitat, rabbits

"ack" - "a" represents the short vowel /ă/ sound

"ack"단어 패밀리의 문자"a"는 back 단어에서와 같이 단모음 /ă/ 소리를 나타냅니다.

Word Box	back, black, clack, crack, flack, hack, jack, lack, pack, quack, rack, sack, shack, slack, smack, snack, stack, tack, track, whack *Multisyllable Words:* aback, attack, cutback, drawback, feedback, haystack, humpback, kickback
Word Box	acknowledge, background, crackers, crackle, hacker, hacking, jackal, jacket, lacking, mackerel, package, packed, packing, racket, shackled, snacking

"ad" - "a" represents the short vowel /ă/ sound

"ad"단어 패밀리의 문자"a"는 sad 단어에서와 같이 단모음 /ă/ 소리를 나타냅니다.

Word Box	ad, bad, Brad, cad, Chad, clad, dad, fad, glad, grad, had, lad, mad, pad, rad, sad, tad
	Multisyllable Words: Bagdad, footpad, granddad, helipad, ironclad, keypad, kneepad, mousepad, nomad, notepad, postgrad, Trinidad, unclad, undergrad

Word Box	administer, admit, admonish, advance, advent, adventured, adverb, advice, adviser, advises, advisor, advisory, advocacy, advocate, Daddy, gladly

"ag" - "a" represents the short vowel /ă/ sound

"ag"단어 패밀리의 문자"a"는 bag 단어에서와 같이 단모음 /ă/ 소리를 나타냅니다.

Word Box	bag, brag, crag, drag, flag, gag, hag, jag, lag, nag, rag, sag, shag, slag, snag, stag, swag, tag, wag, zag
	Multisyllable Words: airbag, beanbag, dishrag, handbag, hangtag, hashtag, jetlag, lollygag, moneybag, ragtag, saddlebag, zigzag

"am" - "a" represents the short vowel /ă/ sound

"am"단어 패밀리의 문자"a"는 jam 단어에서와 같이 단모음 /ă/ 소리를 나타냅니다.

Word Box	am, bam, cam, clam, cram, dam, dram, flam, gram, ham, jam, Pam, ram, scam, scram, sham, slam, spam, swam, tam, tram, wham, yam
	Multisyllable Words: exam, kilogram, mammogram, milligram, monogram, radiogram, telegram

☞ 예외: bedlam - /ă/ 소리

"amp" - "a" represents the short vowel /ă/ sound

"amp"단어 패밀리의 문자"a"는 camp 단어에서와 같이 단모음 /ă/ 소리를 나타냅니다.

Word Box	amp, camp, champ, clamp, cramp, damp, lamp, ramp, stamp, tamp, tramp, vamp

☞ 예외: swamp - /ŏ/ 소리 또는 /ô/ 소리

"an" - "a" represents the short vowel /ă/ sound

"an"단어 패밀리의 문자"a"는 can 단어에서와 같이 단모음 /ă/ 소리를 나타냅니다.

Word Box	an, ban, bran, can, clan, Dan, fan, flan, Fran, man, Nan, pan, plan, ran, scan, span, Stan, tan, than, van
	Multisyllable Words:
	businessman, caravan, handyman, Japan, middleman, Milan, Pakistan, pecan, Sedan, Sudan, snowman, wingspan

☞ 예외: swan - /ŏ/ 소리

"and" - "a" represents the short vowel /ă/ sound

"and"단어 패밀리의 문자"a"는 land 단어에서와 같이 단모음 /ă/ 소리를 나타냅니다.

Word Box	and, band, bland, brand, gland, grand, hand, land, rand, sand, stand, strand
	Multisyllable Words:
	command, demand, expand, farmland, firsthand, mainland, offhand, quicksand, reprimand, Thailand, understand, wasteland

☞ 예외: Iceland, inland, Scotland - /ə/ 소리

"ank" - "a" represents the short vowel /ă/ sound

"ank"단어 패밀리의 문자"a"는 tank 단어에서와 같이 단모음 /ă/ 소리를 나타냅니다.

Word Box	bank, blank, clank, crank, dank, drank, flank, frank, hank, lank, plank, prank, rank, sank, shank, shrank, spank, swank, tank, thank, yank
	Multisyllable Words:
	embank, riverbank, sandbank

"ant" - "a" represents the short vowel /ă/ sound

"ant"단어 패밀리의 문자"a"는 slant 단어에서와 같이 단모음 /ă/ 소리를 나타냅니다.

Word Box	ant, cant, chant, grant, pant, plant, rant, scant, slant
	Multisyllable Words:
	eggplant, replant, transplant

☞ 예외: croissant - /ä/ 소리; want - /ŏ/ 소리 또는 /ô/ 소리

"ap" - "a" represents the short vowel /ă/ sound
"ap"단어 패밀리의 문자"a"는 map 단어에서와 같이 단모음 /ă/ 소리를 나타냅니다.

Word Box	cap, chap, clap, flap, gap, lap, map, nap, rap, sap, scrap, slap, snap, strap, tap, trap, wrap, yap, zap
	Multisyllable Words: bootstrap, burlap, catnap, entrap, enwrap, flytrap, handicap, icecap, kidnap, mayhap, mishap, overlap, skycap, snowcap, unwrap, whitecap

"ash" - "a" represents the short vowel /ă/ sound
"ash"단어 패밀리의 문자"a"는 cash 단어에서와 같이 단모음 /ă/ 소리를 나타냅니다.

Word Box	ash, bash, brash, cash, clash, crash, dash, flash, gash, hash, lash, mash, rash, sash, slash, smash, splash, stash, thrash, trash
	Multisyllable Words: abash, backlash, balderdash, eyelash, whiplash

☞ 예외: brainwash, carwash, squash, wash - /ŏ/ 소리 또는 /ô/ 소리

"at" - "a" represents the short vowel /ă/ sound
"at"단어 패밀리의 문자"a"는 cat 단어에서와 같이 단모음 /ă/ 소리를 나타냅니다.

Word Box	at, bat, blat, brat, cat, chat, fat, flat, frat, hat, mat, pat, rat, sat, scat, slat, spat, splat, that, vat
	Multisyllable Words: acrobat, bureaucrat, democrat, diplomat, doormat, format, nonfat, thermostat

☞ 예외: somewhat, what - /ŏ/ 소리 또는 /ŭ/ 소리 또는 /ə/ 소리

"atch" - "a" represents the short vowel /ă/ sound
"atch"단어 패밀리의 문자"a"는 catch 단어에서와 같이 단모음 /ă/ 소리를 나타냅니다.

Word Box	batch, catch, hatch, latch, match, patch, scratch, snatch, thatch
	Multisyllable Words: crosshatch, dispatch, mismatch, unlatch

☞ 예외: swatch, watch - /ŏ/ 소리

Unit A Lesson 1.2

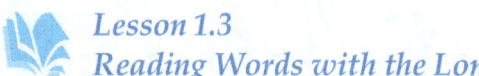
Lesson 1.3
Reading Words with the Long Vowel "a" Sound

"a" represents the long vowel /ā/ sound

문자"a"는 cake라는 단어에서와 같이 장모음 /ā/ 소리를 나타낼 수 있습니다. 장모음은 글자 이름으로 발음됩니다.

Beginning	Within	End
/ā/	/ā/	/ā/
ape	cake	

✐ 참고: 단어 끝에 있는 문자"a"는 장모음 /ā/ 소리를 나타내지 않습니다.

✤ "a" + consonant + silent "e" word families

장모음 /ā/ 소리에는 VCe, CVCe, CCVCe 및 CCCVCe의 네 가지 패턴 변형이 있습니다. VCe 패턴은 많은 장모음 단어의 끝에 있습니다.

"vowel + consonant + silent e" patterns	Target Words
VCe	ape
CVCe	cake
CCVCe	brave
CCCVCe	scrape

"ace" - "a" represents the long vowel /ā/ sound

"a" + 자음 + "e" 패턴이 단어 끝에 있을 때 문자"a"는 일반적으로 장모음 /ā/ 소리를 나타내고 자음은 그 소리를 나타내고 모음"e"는 무음입니다. 단어 pace.

Word Box	ace, brace, face, grace, lace, mace, pace, place, race, space, trace
	Multisyllable Words:
	boldface, disgrace, displace, embrace, fireplace, interface, misplace, shoelace

☞ 예외: surface - /ə/ 소리; necklace, preface – /ĭ/ 소리

"ade" - "a" represents the long vowel /ā/ sound

"a" + 자음 + "e" 패턴이 단어 끝에 있을 때 문자"a"는 일반적으로 장모음 /ā/ 소리를 나타내고 자음은 그 소리를 나타내고 모음"e"는 무음입니다. 단어 fade.

Word Box	blade, fade, glade, grade, jade, made, shade, spade, trade, wade

"ake" - "a" represents the long vowel /ā/ sound

"a" + 자음 + "e" 패턴이 단어 끝에 있을 때 문자"a"는 일반적으로 장모음 /ā/ 소리를 나타내고 자음은 그 소리를 나타내고 모음"e"는 무음입니다. 단어 cake.

Word Box	bake, brake, cake, drake, fake, flake, Jake, lake, make, quake, rake, sake, shake, snake, stake, take, wake
	Multisyllable Words:
	awake, cheesecake, cupcake, earthquake, forsake, handshake, hotcake, intake, keepsake, milkshake, mistake, rattlesnake, retake, snowflake

"ale" - "a" represents the long vowel /ā/ sound

"a" + 자음 + "e" 패턴이 단어 끝에 있을 때 문자"a"는 일반적으로 장모음 /ā/ 소리를 나타내고 자음은 그 소리를 나타내고 모음"e"는 무음입니다. 단어 sale.

Word Box	ale, bale, Dale, gale, kale, male, pale, sale, scale, stale, tale, whale, vale, Yale
	Multisyllable Words:
	downscale, female, folktale, impale, inhale, resale, upscale, wholesale

"ame" - "a" represents the long vowel /ā/ sound

"a" + 자음 + "e" 패턴이 단어 끝에 있을 때 문자"a"는 일반적으로 장모음 /ā/ 소리를 나타내고 자음은 그 소리를 나타내고 모음"e"는 무음입니다. 단어 same.

Word Box	blame, came, fame, flame, frame, game, lame, name, same, shame, tame
	Multisyllable Words:
	aflame, defame, inflame, nickname, overcame, reframe, rename, surname

"ane" - "a" represents the long vowel /ā/ sound

"a" + 자음 + "e" 패턴이 단어 끝에 있을 때 문자"a"는 일반적으로 장모음 /ā/ 소리를 나타내고 자음은 그 소리를 나타내고 모음"e"는 무음입니다. 단어 cane.

Word Box	bane, cane, crane, Dane, Jane, lane, mane, pane, plane, sane, vane, wane

"ape" - "a" represents the long vowel /ā/ sound

"a" + 자음 + "e" 패턴이 단어 끝에 있을 때 문자"a"는 일반적으로 장모음 /ā/ 소리를 나타내고 자음은 그 소리를 나타내고 모음"e"는 무음입니다. 단어 cape.

Word Box	ape, cape, drape, gape, grape, nape, scrape, shape, tape

"ase" - "a" represents the long vowel /ā/ sound

"a" + 자음 + "e" 패턴이 단어 끝에 있을 때 문자"a"는 일반적으로 장모음 /ā/ 소리를 나타내고 자음은 그 소리를 나타내고 모음"e"는 무음입니다. 단어 case.

Word Box	base, case, chase, phase, phrase

☞ 예외: vase - /ā/ 소리 또는 /ă/ 소리 또는 /ä/ 소리

"ate" - "a" represents the long vowel /ā/ sound

"a" + 자음 + "e" 패턴이 단어 끝에 있을 때 문자"a"는 일반적으로 장모음 /ā/ 소리를 나타내고 자음은 그 소리를 나타내고 모음"e"는 무음입니다. 단어 date.

Word Box	ate, crate, date, fate, gate, grate, Kate, late, mate, plate, prate, rate, skate, state
	Multisyllable Words:
	advocate, classmate, debate, dilate, estate, generate, isolate, locate, mandate, migrate, negate, operate, populate, probate, rebate, rotate, vacate, vibrate

☞ 예외: accurate, climate, delicate, private - /ĭ/ 소리

"ave" - "a" represents the long vowel /ā/ sound

"a" + 자음 + "e" 패턴이 단어 끝에 있을 때 문자"a"는 일반적으로 장모음 /ā/ 소리를 나타내고 자음은 그 소리를 나타내고 모음"e"는 무음입니다. 단어 cave.

Word Box	brave, cave, crave, Dave, gave, grave, pave, rave, save, shave, slave, wave
	Multisyllable Words:
	aftershave, behave, concave, deprave, enclave, engrave, enslave, forgave, microwave, misbehave

☞ 예외: have - /ă/ 소리; octave - /ĭ/ 소리 또는 /ā/ 소리

"ay" - "a" represents the long vowel /ā/ sound + silent "y"

문자 조합"ay"가 단어 끝에 있을 때 문자"a"는 다음을 나타냅니다. 장모음 /ā/는 day라는 단어에서처럼 문자"y"가 묵음입니다.

Word Box	away, bay, birthday, clay, decay, delay, display, everyday, expressway, gray, hay, highway, holiday, jay, lay, may, Monday, nay, okay, pay, play, pray, ray, relay, say, slay, spray, stay, stray, subway, sway, today, tray, way

"ay" - "a" represents the long vowel /ā/ sound + silent "y"

"ay" 문자 조합이 음절 끝에 있을 때 문자"a"는 장모음 /ā/ 소리가 나는 반면 문자 "y"는 crayons에서와 같이 묵음입니다.

Word Box	bricklayer, decaying, delayed, displayed, layer, maybe, mayonnaise, payment, player, playing, rayon, spraying, staying, straying, swayback, taxpayers

☞ 예외: says -/ĕ/ 소리; kayak, bayou - /ī/ 소리

"ay" represents the vowel /ä/ + /y/ sounds

"ay" 문자 조합을 두 음절로 나눌 때 문자 "a"는 모음 /ä/ 소리를 나타내고 문자 "y"는 단어 Mayan 그리고 papaya 에서와 같이 /y/ 소리를 나타냅니다.

읽기 평가
과제: 문장을 읽습니다.

1. I donated a cake for the bake sale.
2. Dain has a small cage in the basement.
3. The black chair and the vase are on sale.
4. I saw Dave's plane flying above the cave.
5. Kate and I are afraid to walk up the stairs.

Long Vowel "a" Cards

"age"	"ake"	"ane"
cage	brake	cane
stage	flake	crane
wage	shake	plane

"ape"	"ate"	"ay"
drape	crate	gray
grape	plate	stay
shape	skate	way

Lesson 1.4
Reading Words with the "age" Letter Combination

"age" 문자 조합에서 문자"a"는 다섯 가지 방식으로 발음됩니다.
- cage라는 단어에서와 같이 장모음 /ā/ 소리를 나타냅니다.
- village라는 단어에서처럼 단모음 /ĭ/ 소리를 나타냅니다.
- 그것은 단어 massage에서와 같이 모음 /ä/ 소리를 나타냅니다.
- agenda라는 단어에서와 같이 슈와 모음 /ə/ 소리를 나타냅니다.
- tragedy라는 단어에서와 같이 단모음 /ă/ 소리를 나타냅니다.
- 때때로 그것은 eager라는 단어에서처럼 조용합니다.

"age" - "a" represents the long vowel /ā/ sound

"age" 문자 조합에서 문자"a"는 단어 cage에서와 같이 장모음 /ā/ 소리를 나타낼 수 있습니다.

Word Box	age, backstage, cage, disengaged, engage, enrage, gage, mage, page, pager, rage, sage, stage, stagehand, teenage, teenager, upstage, wage, webpage

"age" - "a" represents the short vowel /ĭ/ sound

"age" 문자 조합이 다음절 단어의 끝에 있는 경우 문자 "a" 단어 village에서와 같이 단모음 /ĭ/ 소리를 나타낼 수 있습니다.

Word Box	average, advantage, bondage, cabbage, damage, encourage, hostage, image, linkage, manage, message, package, passage, percentage, usage, voyage

"age" - "a" represents the vowel /ä/ sound

"age" 문자 조합에서 문자 "a" 는 단어 massage 에서와 같이 모음 /ä/ 소리를 나타낼 수 있습니다.

Word Box	barrage, barraged, camouflage, Cartagena, collage, corsage, entourage, flagellate, fuselage, garage, lager, massage, mirage, sabotage, triage

"age" - "a" represents the schwa vowel /ə/ sound

"age" 문자 조합에서 문자 "a"는 단어 agenda에서와 같이 슈와 모음 /ə/ 소리를 나타낼 수 있습니다.

Word Box	agenda, collagen, flagellum, magenta, mutagen

"age" - "a" represents the short vowel /ă/ sound

"age" 문자 조합이 단어 내에 있는 경우 문자"a"는 tragedy 및 pageant 단어에서와 같이 단모음 /ă/ 소리를 나타낼 수 있습니다.

"age - "a" is silent

"age" 문자 조합에서 모음"a"는 단어 eager 및 eagerly에서와 같이 묵음일 수 있습니다.

Lesson 1.5
Reading Words with the "ai" Vowel Pair

두 개의 모음이 음절이나 단어에 함께 있을 때 첫 번째 모음은 일반적으로 장모음을 나타내고 두 번째 모음은 무음입니다.

"aid" - "a" represents the long vowel /ā/ sound
"ai"모음 조합이 단어 또는 음절에 함께있을 때 문자"a"는 일반적으로 raid라는 단어에서와 같이 문자"i"가 묵음인 동안 장모음 /ā/ 소리를 나타냅니다.

Word Box	afraid, aid, barmaid, braid, braiding, bridesmaid, laid, maid, Medicaid, mermaid, mislaid, overpaid, paid, prepaid, raid, raiding, unpaid, waylaid

☞ 예외: plaid - /ă/ 소리; said - /ĕ/ 소리

"ail" - "a" represents the long vowel /ā/ sound
"ai"모음 조합이 단어 또는 음절에 함께있을 때 문자"a"는 일반적으로 sail라는 단어에서와 같이 문자"i"가 묵음인 동안 장모음 /ā/ 소리를 나타냅니다.

Word Box	ail, bail, brail, fail, frail, hail, jail, mail, nail, pail, quail, rail, snail, tail, wail
	Multisyllable Words: Abigail, ailment, assail, avail, available, availability, bobtail, cocktail, curtail, derail, detail, detailing, doornail, entail, fingernail, foxtail, handrail, monorail, oxtail, prevail, prevailing, retailing, sailboat, sailing, sailor, tailor

"ain" and "aint" - "a" represents the long vowel /ā/ sound
"ai"모음 조합이 단어 또는 음절에 함께있을 때 문자"a"는 일반적으로 rain 및 paint와 같이 장모음 /ā/ 소리를 나타내는 반면 문자"i"는 묵음입니다.

Word Box	brain, Cain, chain, drain, faint, gain, grain, main, pain, paint, plain, quaint, rain, saint, slain, Spain, sprain, stain, strain, taint, train, twain, vain, wain
	Multisyllable Words: attain, complain, constrain, constraint, contain, detain, detrain, domain, entertain, explain, ingrain, maintain, obtain, ordain, refrain, remain, retain

☞ 예외: porcelain - /ĭ/ 소리; again, against - /ĕ/ 소리

"ait" - "a" represents the long vowel /ā/ sound
"ai"모음 조합이 단어 또는 음절에 함께있을 때 문자"a"는 일반적으로 await라는 단어에서와 같이 문자"i"가 묵음인 동안 장모음 /ā/ 소리를 나타냅니다.

Word Box	await, awaiting, bait, faith, faithful, gait, interfaith, parfait, plait, strait, straiten, trait, traitor, unfaithful, wait, waiter, waiting, waitlist, waitress

☞ 예외: plait - /ā/ 소리 또는 /ă/ 소리

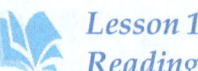

Lesson 1.6
Reading Letter "a" Words with the Schwa Vowel Sound

"a" represents the schwa vowel /ə/ sound

문자"a"는 소파라는 단어에서와 같이 슈와 모음 /ə/ 소리를 나타낼 수 있습니다. 슈와 모음은 단모음 /ŭ/ + /h/ 소리와 비슷합니다.

	Beginning	Within	End
	/ə/	/ə/	/ə/
	about	local	sofa

| Word Box | *First letter "a"*
abandon, about, above, abroad, account, across, adopt, adult, afloat, alarm, alert, allow, amend, amuse, annoy, around, await, awake, aware, away

Letter "a" within a word
alphabet, animal, atlas, balloon, calypso, canal, chemical, dollar, emphasize, local, nation*a*l, pleas*a*nt, relative, sal*a*d, sep*a*rate, sugar, thousand, vitamin

Final letter "a"
Africa, China, cobra, data, Dora, Kenya, Libya, okra, omega, opera, magma, |

"ag" - "a" represents the schwa vowel /ə/ sound

다음절 단어에서"ag" 문자 조합의 모음"a"는 단어 ago에서와 같이 슈와 모음 /ə/ 소리를 나타낼 수 있습니다.

| Word Box | again, agape, agenda, aggression, aggressive, aggrieve, aghast, agleam, aglitter, aglow, agree, agreeable, agreement, hexagram, octagon, paragraph |

"and" and "an" - "a" represents the schwa vowel /ə/ sound

다음절 단어에서"and" 문자 조합의 모음"a"와"an"문자 조합은 단어 husband 및 organ에서와 같이 슈와 모음 /ə/ 소리를 나타낼 수 있습니다.

| Word Box | bellman, C*a*nadian, cardigan, congressman, garland, husband, Iceland, organ, pelican, Scotland, slogan, turban, urban, vegan, veteran, woman |

"ant" - "a" represents the schwa vowel /ə/ sound

다음절 단어에서"ant" 문자 조합의 모음"a"는 단어 attendant에서와 같이 슈와 모음 /ə/ 소리를 나타낼 수 있습니다.

| Word Box | applicant, assistant, defendant, distant, elegant, indignant, infant, infantry, informant, instant, jubilant, observant, participant, pleasant, relevant, servant, servants, significant, suppressant, tenant, unpleasant, vigilant |

Lesson 1.7
Reading Words with the "ar" Letter Combination

"ar" 문자 조합에서 문자"a"는 6가지 방식으로 발음됩니다.
- car라는 단어에서처럼 모음 /ä/ 소리를 나타냅니다.
- war라는 단어에서처럼 모음 /ô/ 소리를 나타냅니다.
- Paris라는 단어에서와 같이 단모음 /ă/ 소리를 나타냅니다.
- dollar라는 단어에서와 같이 슈와 모음 /ə/ 소리를 나타냅니다.
- care라는 단어에서처럼 모음 /â/ 소리를 나타냅니다.
- library라는 단어에서처럼 단모음 /ĕ/ 소리를 나타냅니다.
- 때로는 board라는 단어에서와 같이 조용합니다.

"ar" represents the vowel /ä/ + /r/ sounds

"ar" 문자 조합은car라는 단어에서와 같이 모음 /ä/ + /r/ 소리를 나타낼 수 있습니다.

Word Box	arch, are, ark, arm, armor, art, artificial, artist, bar, car, carbon, carpet, cart, dark, disbar, seminar, shark, sharp, spark, star, start, starvation, starve, tar

"ar" represents the vowel /ô/ + /r/ sounds

"ar" 문자 조합은war라는 단어에서와 같이 모음/ô/ + /r/ 소리를 나타낼 수 있습니다.

Word Box	quarantine, quark, quarrel, quarter, quartz, war, warble, warbler, ward, warden, wardrobe, warm, warmth, warn, warning, warp, warrant, warranty

"ar" represents the short vowel /ă/ + /r/ sounds

"ar" 문자 조합은 Paris라는 단어에서와 같이 짧은 모음 /ă/ + /r/ 소리를 나타낼 수 있습니다.

Word Box	Arab, barrel, barren, Carib, caricature, carrot, carry, character, marry, narrate, narrative, narrow, parachute, paragraph, parakeet, parallel, paralyze, tariff

"ar" represents the schwa vowel /ə/ + /r/ sounds

"ar" 문자 조합은 dollar라는 단어에서와 같이 슈와 모음 /ə/ + /r/ 소리를 나타낼 수 있습니다.

Word Box	altar, bursar, calendar, career, collar, curricular, declarative, forward, grammar, hangar, jeopardize, parade, particular, pillar, polar, regular

"are" - "a" represents the vowel /â/ sound

"are" 문자 조합에서 "ar"는 단어 care에서와 같이 모음 /â/ +/r/ 소리를 나타낼 수 있습니다.

Word Box	bare, barefoot, barely, blare, care, careful, carefully, dare, fare, flare, glare, hare, mare, pare, rare, rarely, scare, share, spare, square, stare, tare, ware

"ari" - "a" represents the vowel /â/ sound

"ari"문자 조합에서 모음"a"는 단어 caring에서와 같이 모음 /â/소리를 나타낼 수 있습니다.

Word Box	Aries, baring, barite, barium, blaring, caring, daring, flaring, garish, scenario, sharing, sparing, taring, variable, variant, variation, various

"ari" - "a" represents the short vowel /ă/ sound

"ari" 문자 조합에서 모음"a"는 단어 Paris에서와 같이 단모음 /ă/ 소리를 나타낼 수 있습니다.

Word Box	arid, Arizona, chariot, charismatic, charitable, charity, clarify, clarity, irregularity, marinate, marital, maritime, Polaris, polarity, popularity, tariff

"ari" - "a" represents the schwa vowel /ə/ sound

"ari" 문자 조합에서 모음"a"는 단어 charisma에서와 같이 슈와 모음 /ə/ 소리를 나타낼 수 있습니다.

Word Box	arise, arisen, arising, arithmetic, burglarize, charisma, marine, nectarine, polarize, secularize, varietal, variety

"ari" - "a" represents the vowel /ä/ sound

"ari" 문자 조합에서 모음"a"는 parish, mariachi 및 safari 단어에서와 같이 모음 /ä/ 소리를 나타낼 수 있습니다.

"ary" represents the schwa vowel /ə/ + /r/ + /ē/ sounds

"ary" 문자 조합은 contrary, glossary 및 salary라는 단어에서와 같이 슈와 모음 /ə/ + /r/ + /ē/ 소리를 나타낼 수 있습니다.

"ary" represents the short vowel /ĕ/ + /r/ + /ē/ sounds

"ary" 문자 조합은 culinary라는 단어에서와 같이 단모음 /ĕ/ + /r/ + /ē/ 소리를 나타낼 수 있습니다.

Word Box	adversary, commentary, dictionary, disciplinary, inflationary, hereditary, intermediary, library, necessary, secretary, solitary, temporary, voluntary

"oar" - "a" is silent

"oar" 문자 조합에서 모음 "a"는 board라는 단어에서와 같이 묵음입니다.

board	⇄	border	/ô/ + /r/ sounds
oar	⇄	or	/ô/ + /r/ sounds

Bonus Lesson
Reading Words with the Variant Vowel "a"

"all" - "a" represents the vowel /ô/ sound
"all" 문자 조합에서 모음"a"는 단어 ball에서와 같이 모음 /ô/ 소리를 나타냅니다.

Word Box	all, ball, call, fall, gall, hall, mall, pall, small, squall, stall, tall, thrall, wall rainfall, recall, reinstall, seawall, softball, stonewall, uninstall, waterfall

"alt" - "a" represents the vowel /ô/ sound
"alt" 문자 조합에서 모음"a"는 단어 salt에서와 같이 모음 /ô/ 소리를 나타냅니다.

Word Box	alt, Balt, halt, malt, salt, altar, alter, alterative, altercate, alternate, although, altogether, asphalt, basalt, cobalt, exalt, exalts, gestalt, paltry, salty, unsalted

"au" represents the vowel /ô/ sound
"au" 모음 조합은 pause라는 단어에서와 같이 모음 /ô/ 소리를 나타냅니다.

Word Box	audacity, daughter, daunt, exhaust, faucet, haul, inauguration, jaundice, laud, laundry, naughty, pauper, pause, sauce, sauna, sausage, slaughter

"aw" - "a" represents the vowel /ô/ sound
"aw" 문자 조합에서 모음"a"는 단어 crawl에서와 같이 모음 /ô/ 소리를 나타냅니다.

Word Box	awful, hawk, jaw, jawbone, jigsaw, law, lawless, lawn, Lawrence, lawsuit, paw, pawl, pawn, Pawnee, raw, saw, sawfish, Sawyer, scrawl, scrawny

"a" represents the short vowel /ŏ/ sound
문자"a"는 단어 what에서와 같이 짧은 모음/ŏ/ 소리를 나타낼 수 있습니다.

Word Box	qualify, quality, quantity, quarrel, quarry, squad, squash, squat, swab, swamp, swan, swap, swat, tightwad, waffle, wallet, wallop, wander, want

"a" represents the vowel /ä/ sound
문자"a"는 단어 car에서와 같이 모음 /ä/ 소리를 나타낼 수 있습니다.

Word Box	alarm, ark, art, artist, Bahamas, dark, depart, farm, father, garbage, garden, garlic, garnish, guard, guitar, harm, hard, harp, large, start

Lesson 1.8
Reading Words with a Silent Letter "a"

"ai" - "a" is silent

"ai" 모음 조합이 단어나 음절에 함께 있을 때 모음"a"는 단어 aisle에서와 같이 묵음이 될 수 있습니다.

Word Box	aisle, bonsai, Dubai, haiku, Mumbai, naira, Nairobi, porcelain, renaissance, samurai, Shanghai, Sinai, Tai, Taigo, Taipei, Taiwan, Taiwanese

"ea" - "a" is silent

"ea" 모음 조합이 단어 또는 음절에 함께 있을 때 모음"a"는 단어 eat에서와 같이 묵음입니다.

Word Box	bead, beat, bread, cease, cheap, cheat, cream, deal, dream, each, east, eat, feast, feather, head, health, healthy, heavier, heavy, instead, leach, lead, league, leaf, leak, lean, leap, least, leave, mean, meant, meat, neat, read, ready, sea, seal, seat, spread, spreading, sweater, tea, teaching, treat, zeal

"oa" - "a" is silent

"oa" 모음 조합이 단어 또는 음절에 함께 있을 때 모음"a"는 단어 goat에서와 같이 묵음입니다.

Word Box	boat, boar, broad, charcoal, coat, float, freeload, gloat, goad, goal, goalie, goat, groan, hoax, Joan, load, loaded, loaf, loam, loan, loath, loathing, moan

Silent Letter "a" at a Glance

Letter	Sounds	Anchor Words
"a"	silent "a"	aisle
"a"	silent "a"	boat

Silent Letter "a" Cards

"ead"	"eap"	"eat"
lead	cheap	heat
read	leap	meat
spread	reap	seat

"oach"	"oan"	"oat"
coach	Joan	boat
poach	loan	coat
roach	moan	float

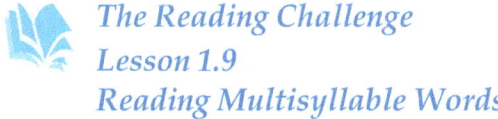

The Reading Challenge
Lesson 1.9
Reading Multisyllable Words

긴 단어를 음절이라고 하는 작은 부분으로 나누어 읽을 수 있습니다. 각 음절에는 하나의 모음 소리와 일반적으로 하나 이상의 자음 소리가 있습니다.

Three Ways to Divide Words into Syllables

1. 폐쇄음절은 자음으로 끝난다. 닫힌 음절에 모음이 하나 있는 경우 일반적으로 단모음이 있습니다.

   예시: dragon - drag + on

   닫힌 음절에 두 개의 모음이 있는 경우 첫 번째 모음은 일반적으로 장모음이고 두 번째 모음은 무음입니다.

   예시: painting - paint + ing

2. 열린 음절은 모음으로 끝납니다. 열린 음절 끝에 있는 모음"a"는 장모음일 수 있습니다.

   예시: cable - ca + ble

   열린 음절 끝에 있는 모음"a"는 슈와 모음이 될 수 있습니다.

   예시: banana - ba + na + na

3. "모음 + 자음 + e"음절은 단어 끝에 있습니다. 이 음절 패턴의 첫 번째 모음은 일반적으로 장모음이고 마지막"e"는 묵음입니다.

   예시: blockade - block + ade

Multisyllable Word Lists

2 syllable words	3 syllable words	4 syllable words
abase	abandon	ability
above	absolute	absolution
accept	abundant	adaptation
access	acidic	adversity
acting	addressing	agitation
actor	adopting	alternative
adhere	adulthood	alligator
adjust	advancement	allocation
admire	Africa	aluminum
admit	agreement	amphibian
affirm	alignment	apology
afford	Amazon	Avocado

Learn To Read English With Lessons In Korean

Lesson 1.10
Reading Proper and Common Nouns and Adjectives
Capitalization Rules

단어는 대문자 및/또는 소문자로 작성됩니다. 고유명사와 고유 형용사는 대문자로 시작합니다. 일반 명사와 일반 형용사는 소문자로 시작합니다.

고유명사는 특정한 사람, 장소, 사물 또는 개념을 지칭하는 단어입니다.

보통 명사는 일반적인 사람, 장소, 사물 또는 개념을 명명하는 단어입니다.

	Proper Noun	Common Noun
Person	Anderson	astronaut
Place	Austria	arena
Thing	Apple, Inc.	apple
Concept		aspiration

고유 형용사는 특정 사람, 장소, 사물 또는 개념을 설명하는 단어입니다.

일반적인 형용사는 일반적인 사람, 장소, 사물 또는 개념을 설명하는 단어입니다.

Proper Adjective:	Common Adjective:
Person: Australian citizen	Person: attractive person
Thing: Apple computer	Thing: ambitious goals

Capitalization Rules

Uppercase Letter – "A"

- 문장을 시작하는 단어의 첫 글자는 대문자입니다.

- 특정한 사람, 장소, 사물 또는 개념을 지칭하는 단어의 첫 글자는 대문자입니다.

- 사람의 직함은 첫 글자를 대문자로 한다.

- 제목 또는 부제목에 있는 각 단어의 첫 글자는 대문자입니다.

- 대명사로서 문자 "I"는 대문자입니다.

✎ 참고: 소문자는 일반적으로 다른 모든 단어에 사용됩니다.

Lowercase Letter – "a"

- 특정한 사람, 장소, 사물 또는 이름을 나타내지 않는 단어의 첫 글자개념은 소문자로 작성됩니다.

- 문장으로 시작하지 않는 단어의 첫 글자는 소문자로 쓴다.

- 단어의 안과 끝은 모두 소문자로 표기합니다.

 읽기 평가
과제: 문장을 읽습니다.

1. In April, my aunt is going to Australia.
2. Anna said, "Africa is a large continent."
3. Mr. Ace Anderson is reading about Asia.
4. My sister, Annie, attends Acme Academy.
5. Alaska is located on the North American continent.

The Letter "a" at a Glance

Letters	Sounds	Anchor Words
"a"	/ă/	apple
"a"	/ā/	cake
"a"	/ə/	sofa
"a"	/ô/	ball
"a"	/ä/	car
"a"	/â/	care
"a"	/ĭ/	village
"a"	/ĕ/	says
"au"	/ō/	mauve
"a"	/ŏ/	swamp
"a"	/ŭ/ or /ŏ/ or /ə/	was
"a"	silent "a"	boat

Unit A Lesson 1.10

Unit B

B/b

Lesson 2.0
Introduction of the Letter B/b

문자 "b"는 자음입니다. 영어의로마자 알파벳 2번째 글자입니다. 문자는 대문자와 소문자로 작성됩니다.

	Uppercase Letter	Lowercase Letter
Print	B	b
Cursive	B	b

Lesson 2.1
Reading Words with the Letter B/b

문자 "b"는 한 가지 방식으로 발음됩니다.
- 그것은 단어 bat에서와 같이 /b/ 소리를 나타냅니다.
- 때때로 그것은 comb라는 단어에서처럼 조용합니다.

High Frequency Letter "b" Words
baby, back, bad, ball, band, bath, be, bean, bear, because, become, bee, before, bell, best, big, bike, black, blue, board, boat, book, bone, born, both, box, boy, breathe, bring, brother, but, buy, by

단어의 시작, 내부 및 끝에서 문자 "b"는 단어 bat, number 및 tab에서와 같이 /b/ 소리를 나타냅니다.

Beginning	Within	End
/b/	/b/	/b/
bat	assembly	absorb
better	keyboard	bathtub
billing	library	club
bottle	number	disturb
boxer	portable	proverb
broken	possible	superb
bronze	umbrella	tab
burger	website	verb

Word Box	bib, Bob, bulb, cab, carb, climb, club, cob, crab, crib, cub, fib, grab, herb, hub, jab, job, lab, mob, nab, rib, rob, rub, scrub, sob, stub, sub, tab, tub, verb, web

❖ *Reading Words with the Letter B/b*

Short Vowel Blending Table for the Letter B/b

/ă/ apple	/ĕ/ egg	/ĭ/ insect	/ŏ/ octopus	/ŭ/ up
b a g	b e t	b i t	b o p	b u g
ba g	be t	bi t	bo p	bu g
bag	bet	bit	bop	bug

Long Vowel Blending Table for the Letter B/b

/ā/ ape	/ē/ eagle	/ī/ ice	/ō/ open	/yōō/ cube
b a k e	b ee p	b i k e	b oa t	b u g l e
ba ke	bee p	bi ke	boa t	bu gle
bake	beep	bike	boat	bugle

읽기 평가
과제: 문장을 읽습니다.

1. The baby's bib is blue.
2. The boy has big blocks.
3. Brad has a baseball bat.
4. Ben baked banana bread.
5. Bob and Bill are in a blue cab.

Letter "b" Parts of Speech Table

Nouns	Verbs	Adjectives
baby	babysit	backward
baboon	baked	bad
bachelor	beat	bold
back	become	barefoot
background	beautify	barren
badger	believe	bashful
bag	belong	basic
ball	bend	becoming
balcony	biting	best
ballet	blame	better
balloon	blocking	big
beaver	blow	bimonthly
biceps	boiling	binary
bookmark	bounce	biweekly

Unit B Lesson 2.1

Learn To Read English With Lessons In Korean

Lesson 2.2
Reading Words with the "br" Letter Combination

"br" represents the /b/ + /r/ sounds

"br"문자 조합에서 문자"b"는 /b/소리를 나타내고 문자"r"은 단어 brat에서와 같이 /r/ 사운드를 나타냅니다.

Short Vowel Blending Table for the "br" Letter Combination

/ă/ apple	/ĕ/ egg	/ĭ/ insect	/ŏ/ octopus	/ŭ/ up
br a n d	Br e n t	br i m	br o n ze	br u n t
bra nd	Bre nt	bri m	bro nze	bru nt
brand	Brent	brim	bronze	brunt

Long Vowel Blending Table for the "br" Letter Combination

/ā/ ape	/ē/ eagle	/ī/ ice	/ō/ open	/ōō/ glue
br ai n	br ee ch	br i de	br o ke	br u te
brai n	bree ch	bri de	bro ke	bru te
brain	breech	bride	broke	brute

Word Box: brace, brag, braid, brain, brake, bran, branch, brand, brass, brave, brawl, brazen, bread, break, breakage, breast, breathe, breed, breeze, brew, bribe, brick, bridal, bride, bridge, brief, briefing, brim, bring, brisk, broad, broil, broke, brook, broom, bronze, broom, brother, brow, brown, bruise, brush

Letter "br" Parts of Speech Table

Nouns	Verbs	Adjectives
bracelet	brag	brash
brainwash	bragging	brave
brake	braid	bravery
branches	braise	bridal
brass	brake	brief
Brazil	break	bright
bread	breathe	brilliant
breeze	breed	brisk
brick	brew	British
Britain	brighten	broad
brochure	bruise	brutal
Brooklyn	bruising	brute

Learn To Read English With Lessons In Korean

Lesson 2.3
Reading Words with the "bl" and "ble" Letter Combinations

"bl" represents the /b/ + /l/ sounds

"bl"문자 조합에서 문자"b"는 /b/소리를 나타내고 문자"l"은 단어 black에서와 같이 /l/ 사운드를 나타냅니다.

Word Box	black, bladder, blame, blanch, bland, blank, blanket, blare, blast, blaze, blight, blimp, blind, blink, blinker, blip, bliss, blister, blitz, blizzard, block, blockage, blog, blood, bloom, blooper, blossom, blotch, blowing, blue, bluff, blunder

"ble" represents the /b/ + /l/ + /ĕ/ sounds

"ble" 문자 조합은 blemish라는 단어에서와 같이 /b/ + /l/ + /ĕ/ 소리를 나타낼 수 있습니다.

Word Box	bled, blemish, blend, blender, blending, blessed, blessings, sublet, subletting

"ble" represents the /b/ + /l/ + /ē/ sounds

"ble" 문자 조합은 bleed라는 단어에서와 같이 /b/ + /l/ + /ē/ 소리를 나타낼 수있습니다.

Word Box	bleach, bleachers, bleak, bleakly, bleed, bleeder, bleeding, bleep, bleeping

"ble" represents the /b/ + /l/ + /ə/ sounds

"ble" 문자 조합이 단어 내에 있으면 problem이라는 단어에서와 같이 /b/ + /l/ + /ə/ 소리를 나타낼 수 있습니다.

Word Box	emblem, emblematic, emblematically, problem, problematic

"ble" represents the /b/ + /ə/ + /l/ sounds + silent "e"

"ble"문자 조합이 단어 끝에 있으면 table이라는 단어에서와 같이 /b/ + /ə/ + /l/ 소리 + 묵음"e"를 나타냅니다.

Word Box	able, accessible, assemble, bubble, cable, disable, double, edible, fable, feeble, fumble, humble, incredible, noble, possible, ramble, stable, taxable, trouble

"bler" represents the /b/ + /ə/ + /l/ + /ə/ + /r/ sounds

"bler" 문자 조합이 단어 끝에 있으면 enabler라는 단어에서와 같이 /b/ + /ə/ + /l/ + /ə/ + /r/ 소리를 나타냅니다.

Word Box	assembler, babbler, cobbler, dribbler, enabler, gambler, nimbler, rambler, scrambler, troubler, tumbler

Lesson 2.4
Reading Words with the "mb" and "bt" Letter Combinations

"mb" represents the /m/ sound + silent "b"

"mb" 문자 조합이 한 음절에 함께 있을 때 문자"m"은 /m/ 소리를 나타내고 문자"b"는 단어 comb에서와 같이 묵음입니다. "mb" 문자 조합은 일반적으로 단어나 음절의 끝에 있습니다.

Word Box	catacomb, climb, climber, climbing, comb, combing, combs, crumb, dumb, entomb, lamb, limb, numb, numbness, plumb, plumber, thumb, tomb, womb

"mb" represents the /m/ + /b/ sounds

"mb" 문자 조합을 두 음절로 나눌 때 문자"m"은 /m/ 소리를 나타내고 문자"b"는 단어 number에서와 같이 /b/ 소리를 나타냅니다. 문자"m"은 한 음절에 있고 문자"b"는 다른 음절에 있습니다.

Word Box	ambition, ambivalence, amble, ambulance, assemble, bombard, combine, crumble, gumbo, jumbo, number, remember, slumber, symbol, thrombus

"bt" has a silent "b" + /t/ sound

"bt" 문자 조합이 한 음절에 함께 있을 때 문자"t"는 /t/ 소리를 나타내는 반면 문자"b"는 debt 라는 단어에서와 같이 묵음입니다. "bt" 문자 조합은 일반적으로 단어나 음절의 끝에 있습니다.

Word Box	debt, debtor, doubt, doubting, indebted, subtle, subtleness, subtlety, subtly

"bt" represents the /b/ + /t/ sounds

"bt" 문자 조합을 두 음절로 나눌 때 문자"b"는 /b/ 소리를 나타내고 문자"t"는 단어 obtain에서와 같이 /t/ 소리를 나타냅니다. 문자"b"는 한 음절에 있고 문자"t"는 다른 음절에 있습니다.

Word Box	bobtail, obtain, obtained, obtrude, obtrusively, obtuse, subterranean, subtext, subtitles, subtotal, subtract, subtracting, subtraction, subtrahend, subtropics

읽기 평가
과제: 문장을 읽습니다.

1. Student loan debt is accelerating at a fast pace.
2. The ambulance drove by my house at a high speed.
3. The subtitles clearly indicate the key ideas of the text.
4. My students are learning to subtract three-digit numbers.
5. The skilled plumber installs, maintains and repairs our pipes.

Lesson 2.5
Reading Words with a Silent Letter "b"

문자 "b"는 subpoena와 같이 묵음일 수 있습니다.

✤ Reading Words with the "mb" and "bt" Letter Combinations

"mb" 문자 조합 또는 "bt" 문자 조합이 한 음절에 함께 있는 경우 comb 및 debt 단어에서와 같이 문자 "b"는 묵음입니다.

Word Box	climb, comb, combs, crumb, debt, debtor, doubt, dumb, dumbbell, entomb, lamb, limb, plumb, plumber, subtle, subtleness, subtly, thumb, tomb, womb

"mb" represents the /m/ sound + silent "b"	
comb	climb
crumb	lamb
limb	womb

"bt" has a silent "b" + /t/ sound	
debt	debtor
doubt	doubting
indebted	subtle

✤ Reading Words with the "bb" Letter Combination

"bb" represents the /b/ sound + silent "b"

"bb" 문자 조합이 한 음절에 함께 있을 때 첫 번째 문자 "b"는 /b/ 소리를 나타내고 두 번째 문자 "b"는 단어 rabbit에서와 같이 묵음입니다.

Word Box	babble, blubber, bubble, cabbage, chubby, dabble, dribble, ebb, gobble, grubby, hobble, hobby, jabber, lobby, nibble, rabbit, ribbon, shabby, stubborn

"bb" represents the /b/ + /b/ sounds

"bb" 문자 조합을 두 음절로 나눌 때 첫 번째 문자 "b"는 /b/ 소리를 나타내고 두 번째 문자 "b"도 subbasement라는 단어와 같이 /b/ 소리를 나타냅니다.

Word Box	subbase, subbasement, subbranch

Silent Letter "b" at a Glance		
Letter(s)	Sound	Anchor Words
"b"	silent "b"	subpoena
"mb"	silent "b"	comb
"bt"	silent "b"	debt
"bb"	/b/ + silent "b"	rabbit

*The Reading Challenge
Lesson 2.6
Reading Multisyllable Words*

긴 단어를 음절이라고 하는 작은 부분으로 나누어 읽을 수 있습니다. 각 음절에는 하나의 모음 소리와 일반적으로 하나 이상의 자음 소리가 있습니다.

Three Ways to Divide Words into Syllables

1. 폐쇄음절은 자음으로 끝난다. 닫힌 음절에 모음이 하나 있는 경우 일반적으로 단모음이 있습니다.

   예시: bedbug - bed + bug

   닫힌 음절에 두 개의 모음이 있는 경우 첫 번째 모음은 일반적으로 장모음이고 두 번째 모음은 무음입니다.

   예시: beading - bead + ing

2. 열린 음절은 모음으로 끝납니다. 음절 끝에 오는 모음은 일반적으로 장모음입니다.

   예시: behind - be + hind

3. "모음 + 자음 + e"음절은 단어 끝에 있습니다. 이 음절 패턴의 첫 번째 모음은 일반적으로 장모음이고 마지막 "e"는 묵음입니다.

   예시: beehive - bee + hive

Multisyllable Word Lists

2 syllable words	3 syllable words	4 syllable words
backdrop	bakery	bacterium
balance	Bahamas	ballerina
bedroom	balcony	barometer
beehive	baritone	beautifully
below	beautify	belligerent
birdie	becoming	benevolent
blackout	behavior	bicarbonate
bobsled	Bermuda	bilateral
bringing	bicycle	biography
British	bimonthly	biology
broaden	blogosphere	bodybuilder
broker	bravery	brokenhearted
bulky	bulletin	bureaucracy

Lesson 2.7
Reading Proper and Common Nouns and Adjectives
Capitalization Rules

단어는 대문자 및/또는 소문자로 작성됩니다. 고유명사와 고유 형용사는 대문자로 시작합니다. 일반 명사와 일반 형용사는 소문자로 시작합니다.

고유명사는 특정한 사람, 장소, 사물 또는 개념을 지칭하는 단어입니다.

보통 명사는 일반적인 사람, 장소, 사물 또는 개념을 명명하는 단어입니다.

	Proper Noun	Common Noun
Person	Bobby	barber
Place	Barbados	beach
Thing	Barbie doll	beagle
Concept	Buddhism	beauty

고유 형용사는 특정 사람, 장소, 사물 또는 개념을 설명하는 단어입니다.

일반적인 형용사는 일반적인 사람, 장소, 사물 또는 개념을 설명하는 단어입니다.

Proper Adjective:	Common Adjective:
Person: Brazilian citizen Thing: British literature	Person: bold speaker Thing: big bags

Capitalization Rules

Uppercase Letter – "B"

- 문장을 시작하는 단어의 첫 글자는 대문자입니다.

- 특정한 사람, 장소, 사물 또는 개념을 지칭하는 단어의 첫 글자는 대문자입니다.

- 사람의 직함은 첫 글자를 대문자로 한다.

- 제목 또는 부제목에 있는 각 단어의 첫 글자는 대문자입니다.

- 대명사로서 문자 "I"는 대문자입니다.

✐ 참고: 소문자는 일반적으로 다른 모든 단어에 사용됩니다.

Lowercase Letter – "b"

- 문장으로 시작하지 않는 단어의 첫 글자는 소문자로 쓴다.

- 문장으로 시작하지 않는 단어의 첫 글자는 소문자로 쓴다.

- 단어의 안과 끝은 모두 소문자로 표기합니다.

 읽기 평가
과제: 문장을 읽습니다.

1. Bruce is a brave boy.
2. The bikers are at the bay.
3. Bess is busy baking loaves of bread.
4. Bobby's baseball bat is in the basket.
5. Benjamin is the best basketball player.

The Letter "b" at a Glance		
Letter	**Sound**	**Anchor Words**
"b"	/b/	bat
"b"	silent "b"	comb

Unit B
Lesson 2.7

Unit C

C/c

Lesson 3.0
Introduction of the Letter C/c

문자"c"는 자음입니다. 그것은 영어의 로마 알파벳에서 세 번째 문자입니다. 문자는 대문자와 소문자로 작성됩니다.

	Uppercase Letter	Lowercase Letter
Print	C	c
Cursive	𝒞	𝒸

Lesson 3.1
Reading Words with the Hard Letter "c"

문자"c"에는 고유한 소리가 없습니다. 문자"k"에서 /k/ 소리를, 문자"s"에서 /s/ 소리를 차용합니다.

문자"c"는 네 가지 방식으로 발음됩니다.
- cat이라는 단어에서와 같이 /k/ 소리를 나타냅니다.
- city라는 단어에서와 같이 /s/ 소리를 나타냅니다.
- cello라는 단어에서와 같이 /ch/ 소리를 나타냅니다.
- ocean이라는 단어에서와 같이 /sh/ 소리를 나타냅니다.
- 때로는 back이라는 단어에서와 같이 침묵합니다.

High Frequency Letter "c" Words

call, called, came, can, can't, car, care, carry, cat, catch, certain, chair, change, child, children, city, class, clean, clock, close, clothes, cloud, cold, come, coming, complete, could, country, couple, cozy

문자"c"는 단단한 "c" 소리와 부드러운"c" 소리를 나타냅니다.

The hard "c" represents <u>one</u> sound.	The soft "c" represents <u>three</u> sounds.
• /k/ sound	• /s/ sound • /sh/ sound • /ch/ sound

Learn To Read English With Lessons In Korean

❖ Reading Words with the Hard Letter "c"

"c" represents the /k/ sound

단단한"c"는 /k/ 소리를 나타냅니다. 문자"c"가 모음"a", "o" 또는"u" 앞에 있을 때 일반적으로 cap, cop 및 cup이라는 단어에서와 같이 /k/ 소리를 나타냅니다.

Short Vowel Blending Table for the Hard C/c

/ă/ apple	/ĕ/ egg	/ĭ/ insect	/ŏ/ octopus	/ŭ/ up
c a p			c o p	c u p
ca p			co p	cu p
cap			cop	cup

Long Vowel Blending Table for the Hard C/c

/ā/ ape	/ē/ eagle	/ī/ ice	/ō/ open	/yōō/ cube
c a k e			c o a t	c u t e
ca ke			coa t	cu te
cake			coat	cute

"ca" - "c" represents the /k/ sound

"ca" 문자 조합에서 문자"c"는 단어cast에서와 같이 /k/ 소리를 나타냅니다.

Word Box	cab, cage, cake, call, camp, candle, cane, cap, cape, car, cart, case, cask, cat, catch, application, duplicate, education, historical, local, significant, technical

"co" - "c" represents the /k/ sound

"co" 문자 조합에서 문자"c"는 단어cold에서와 같이 /k/ 소리를 나타냅니다.

Word Box	account, coach, coat, coast, cob, code, come, con, cop, corn, cost, cot, country, cow, decode, ecology, income, mascot, peacock, scope, secondly, welcome

"cu" - "c" represents the /k/ sound

"cu" 문자 조합에서 문자"c"는 단어cute에서와 같이 /k/ 소리를 나타냅니다.

Word Box	cub, cube, cubic, cue, cuff, cup, curb, cure, curl, curves, custom, cut, cute, cuts, acute, difficult, discuss, incur, focus, locust, occupy, occur, scuba, secure, talcum

"c" represents the /k/ sound

문자"c"가 단어 끝에 있으면 basic, panic 및 zinc 단어에서와 같이 /k/ 소리를나타냅니다.

Lesson 3.2
Reading Words with the Soft Letter "c"

"c" represents the /s/ sound

문자 "c"가 모음 "e", "i" 또는 "y" 앞에 있으면 일반적으로 cell, city 및 cyst라는 단어에서와 같이 /s/ 소리를 나타냅니다.

부드러운 "c"는 세 가지 방식으로 발음됩니다.
- city라는 단어에서와 같이 /s/ 소리를 나타냅니다.
- cello라는 단어에서와 같이 /ch/ 소리를 나타냅니다.
- chef라는 단어에서와 같이 /sh/ 소리를 나타냅니다.

Short Vowel Blending Table for the Soft C/c

/ă/ apple	/ĕ/ egg	/ĭ/ insect	/ŏ/ octopus	/ŭ/ up	/ĭ/ gym
	c e ll	c i t y			c y st
	ce ll	ci t y			cy st
	cell	city			cyst

Long Vowel Blending Table for the Soft C/c

/ā/ ape	/ē/ eagle	/ī/ ice	/ō/ open	/oō/ glue	/ī/ cycle
	c ea se	c i te			c y cle
	cea se	ci te			cy cle
	cease	cite			cycle

"ce" - "c" represents the /s/ sound

"ce" 문자 조합에서 문자 "c"는 단어 face에서와 같이 /s/ 소리를 나타냅니다.

Word Box	ace, announce, celery, cell, censure, center, cents, cereal, dance, face, grace, ice, incense, lace, peace, place, price, process, race, receive, rice, stance, tolerance

"ci" - "c" represents the /s/ sound

"ci" 문자 조합에서 문자 "c"는 단어 acid에서와 같이 /s/ 소리를 나타냅니다.

Word Box	accident, acid, cider, cinch, cinema, circle, circuit, circus, cite, citizen, city, civil, excited, facility, incident, incite, pacific, participant, pencil, recipe, society

"cy" - "c" represents the /s/ sound

"cy" 문자 조합에서 문자 "c"는 단어 icy에서와 같이 /s/ 소리를 나타냅니다.

Word Box	accuracy, agency, bicycle, currency, cycle, cyst, dependency, discrepancy, icy, emergency, fancy, frequency, literacy, policy, tendency, urgency, vacancy

Lesson 3.3
Reading Words with the "cr" Letter Combination

"cr" represents the /k/ + /r/ sounds

"cr" 문자 조합에서 문자 "c"는 /k/ 소리를 나타내고 문자 "r"은 단어 cross에서와 같이 /r/ 소리를 나타냅니다.

Short Vowel Blending Table for the "cr" Letter Combination

/ă/ apple	/ĕ/ egg	/ĭ/ insect	/ŏ/ octopus	/ŭ/ up
cr a b	cr e p t	cr i b	cr o p	cr u m b
cra b	cre p t	cri b	cro p	cru mb
crab	crept	crib	crop	crumb

Long Vowel Blending Table for the "cr" Letter Combination

/ā/ ape	/ē/ eagle	/ī/ ice	/ō/ open	/oō/ glue
cr a ne	cr ee p	cr i me	cr oa k	cr ue l
cra ne	cree p	cri me	croa k	crue l
crane	creep	crime	croak	cruel

"cr" represents the /k/ + /r/ sounds

"cr" 문자 조합이 단어의 시작 부분에 있는 경우 crush라는 단어에서와 같이 /k/ + /r/ 소리를 나타냅니다.

Word Box	crab, crack, craft, cream, create, creative, credence, credential, credit, creep, crew, crime, crisis, crisp, crispy, critic, cross, crucial, crumble, crunch, crust

"cr" represents the /k/ + /r/ sounds

"cr" 문자 조합이 단어 내에 있는 경우, 이는 concrete라는 단어에서와 같이 /k/ + /r/ 소리를 나타냅니다.

Word Box	across, ascribe, decrease, discretion, discrimination, hypocrite, increase, microbe, prescription, recreation, secret, secretary, subscription, transcript

읽기 평가
과제: 문장을 읽습니다.

1. I have a craving for candy.
2. The cats ate the bread crumbs.
3. My baby crawls on the carpet.
4. We like to drink cranberry juice.
5. Cindy's ice cream cone is very sweet.

Lesson 3.4
Reading Words with the "cl" and "cle" Letter Combinations

"cl" represents the /k/ + /l/ sounds

"cl" 문자 조합에서 문자 "c"는 /k/ 사운드를 나타내고 문자 "l"은 단어 club에서와 같이 /l/ 사운드를 나타냅니다.

Short Vowel Blending Table for the "cl" Letter Combination

/ă/ apple	/ĕ/ egg	/ĭ/ insect	/ŏ/ octopus	/ŭ/ up
cl a p	cl e f	cl i p	cl o p	cl u b
cla p	cle f	cli p	clo p	clu b
clap	clef	clip	clop	club

Long Vowel Blending Table for the "cl" Letter Combination

/ā/ ape	/ē/ eagle	/ī/ ice	/ō/ open	/oo/ glue
cl ai m	cl ea n	cl ie nt	cl o se	cl u e
clai m	clea n	clie nt	clo se	cl ue
claim	clean	client	close	clue

"cle" represents the /k/ + /l/ + /ĕ/ sounds

"cle" 문자 조합이 단어의 시작 부분이나 단어 내에 있는 경우 cleft라는 단어에서와 같이 /k/ + /l/ + /ĕ/ 소리를 나타냅니다.

Word Box	cleanliness, cleanse, cleansed, cleanser, cleansing, clef, clemency, clement, clench, cleric, clerical, clever, clevis, inclemency, inclement, inclemently

"cle" represents the /k/ + /l/ + /ē/ sounds

"cle" 문자 조합이 단어의 시작 부분이나 단어 내에 있는 경우 clean이라는 단어에서와 같이 /k/ + /l/ + /ē/ 소리를 나타냅니다.

Word Box	clean, cleaned, cleaner, cleanest, cleanly, cleans, cleats, cleavage, cleave, cleaver, nuclear, nucleate, nucleic acid, nucleolus, nucleon, nucleus

☞ 예외: clergy - /k/+/l/+/û/ 소리; circlet - /k/+/l/+/ĭ/ 소리; clear - /k/+/l/+/î/ 소리

"cle" represents the /k/ + /ə/ + /l/ sounds + silent "e"

"cle" 문자 조합이 단어 끝에 있으면 bicycle이라는 단어에서와 같이 /k/ + /ə/ + /l/ 소리 + 묵음 "e"를 나타냅니다. 슈와 모음 /ə/ 소리가 /k/와 /l/ 소리 사이에 삽입된다는 점에 유의하는 것이 중요합니다.

Word Box	article, chronicle, circle, cubicle, cycle, follicle, icicle, miracle, obstacle, pinnacle, particle, spectacle, tabernacle, tentacle, tubercle, uncle, vehicle, ventricle

Lesson 3.5
Reading Words with the "ct" Letter Combination

"ct" represents the /k/ + /t/ sounds

"ct" 문자 조합에서 문자 "c"는 /k/ 소리를 나타내고 문자 "t"는 단어 fact에서와 같이 /t/ 소리를 나타낼 수 있습니다.

Word Box	actor, adjunct, cactus, compact, conjunct, conflict, conflictive, connect, connective, contact, contract, effective, expect, expectancy, fact, factor, pact

Assignment: 두 열에 있는 단어를 읽으십시오. 문자 "c"가 만드는 /k/ 소리를 주의 깊게 들어보세요.

Letter "t" represents /t/ sound	"ct" letter combination represents /k/ + /t/ sounds
pat	compact, impact, pact
fat	fact, factor, factory
jet	object, deject, inject
let	collect, electric, electricity
pet	aspect, inspect, respect
lit	afflict, conflict, inflict

"ct" has a silent "c" + /t/ sound

"ct" 문자 조합에서 문자 "c"는 묵음일 수 있고 문자 "t"는 단어 indict에서와 같이 /t/ 소리를 나타냅니다.

Word Box	Connecticut, indict, indictable, indicted, indictee, indictment, victual, victuals

"ct" represents the /k/ + /ch/ sounds

"ct" 문자 조합이 모음 "u" 앞에 올 때 문자 "c"는 /k/ 소리를 나타내고 문자 "t"는 단어 picture에서와 같이 /ch/ 소리를 나타냅니다.

Word Box	actual, actuality, actualize, actuary, actuate, conjectural, conjecture, contractual, effectual, factual, fluctuate, lecture, manufacture, puncture, structure

"ct" represents the /k/ + /sh/ sounds

"ction" 문자 조합을 두 음절로 나눌 때 문자 "c"는 /k/ 소리를 나타내고 "tion" 접미사는 단어 action에서와 같이 /sh/ + /ə/ + /n/ 소리를 나타냅니다.

Word Box	abstraction, action, conjunction, connection, contraction, diction, dictionary, fraction, induction, intersection, reaction, satisfaction, section, transaction

Lesson 3.6
Reading Soft Letter "c" Words

"c" represents the /sh/ sound

문자 "c"가 모음 "e" 또는 "i" 앞에 있으면 ocean 및 glacier 단어와 같이 /sh/ 소리를 나타낼 수 있습니다.

"cean" represents the /sh/ + /ə/ + /n/ sounds

"ocean" 문자 조합에서 문자 "c"는 단어 ocean에서와 같이 /sh/ 소리를 나타냅니다.

Word Box	caducean, cetacean, crustacean, gallinacean, ocean, oceanic, oceanarium

"cian" represents the /sh/ + /ə/ + /n/ sounds

"cian" 문자 조합에서 문자 "c"는 musician이라는 단어에서와 같이 /sh/ 사운드를 나타냅니다.

Word Box	beautician, clinician, cosmetician, dietician, electrician, logician, magician, musician, optician, pediatrician, physician, politician, statistician, technician

"cial" represents the /sh/ + /ə/ + /l/ sounds

"cial" 문자 조합에서 문자 "c"는 단어 critical에서와 같이 /sh/ 소리를 나타냅니다.

Word Box	artificial, commercial, crucial, crucially, especially, facial, financial, interracial, official, provincial, racial, social, special, specialist, specialization, superficial

"cious" represents the /sh/ + /ə/ + /s/ sounds

"cious" 문자 조합에서 문자 "c"는 단어 capricious에서와 같이 /sh/ 소리를 나타냅니다.

Word Box	capricious, capriciously, capriciousness, conscious, delicious, ferocious, judicious, precious, spacious, specious, unconscious, unconsciously

"cient" represents the /sh/ + /ə/ + /n/ + /t/ sounds

"고대" 문자 조합에서 문자 "c"는 efficient라는 단어에서와 같이 /sh/ 소리를 나타냅니다.

Word Box	ancient, ancients, coefficient, deficient, deficiently, efficient, efficiently, insufficient, omniscient, proficient, proficiently, sufficient, sufficiently

☞ 예외: scientific, scientist – 조용한 "c"

Lesson 3.7
Reading Words with the "ch" Letter Combination

"ch" 문자 조합은 네 가지 방식으로 발음됩니다.

- chicken이라는 단어에서와 같이 /ch/ 사운드를 나타냅니다..
- 그것은 단어 ache에서와 같이 /k/ 소리를 나타냅니다.
- chef라는 단어에서와 같이 /sh/ 소리를 나타냅니다.
- choir라는 단어에서와 같이 /k/ + /w/ 소리를 나타냅니다.
- 때로는 yacht라는 단어에서와 같이 침묵합니다.

"ch" – Pronunciation Table

"ch" - /ch/ chicken	"ch" - /k/ chaos	"ch" - /sh/ chef	"ch" - silent yacht
couch	chasm	brochure	fuchsia
voucher	anchor	chic	yachting
chance	school	Chicago	yachtsman

"ch" represents the /ch/ sound

"ch" 문자 조합은 일반적으로 chicken이라는 단어에서와 같이 /ch/ 소리를 나타냅니다.

Word Box	*"ch" at the beginning of a word* chain, chair, chalk, chance, change, chapter, charge, chart, chatter, cheap, cheat, check, cherry, chess, chest, chicken, child, children, chin, chip, chose, chosen *"ch" at the end of a word* bench, branch, clinch, crunch, each, inch, lunch, peach, pinch, porch, punch

"ch" represents the /k/ sound

"ch" 문자 조합은 ache라는 단어에서와 같이 /k/ 소리를 나타낼 수 있습니다.

Word Box	ache, anchor, chameleon, chaos, character, charisma, chemical, chemist, chemistry, chord, chorus, echo, echogram, orchestra, psych, school, stomach

"ch" represents the /sh/ sound

"ch" 문자 조합은 chef라는 단어에서와 같이 /sh/ 소리를 나타낼 수 있습니다.

Word Box	brochure, cache, champagne, chef, chic, Chicago, chiffon, chute, crochet, machine, machinery, machines, parachute, parachutes, parachutist, ricochet

"ch" represents the /k/ + /w/ sounds

"ch" 문자 조합은 choir라는 단어에서와 같이 /k/ + /w/ 소리를 나타낼 수 있습니다.

"ch" is silent

"ch" 문자 조합은 yacht 및 fuchsia와 같이 묵음일 수 있습니다.

Lesson 3.8
Reading Words with the "cc" Letter Combination

"cc" represents the /k/ sound + silent "c"

"cc" 문자 조합이 한 음절에 함께 있을 때 첫 번째 문자 "c"는 /k/ 소리를 나타내고 두 번째 문자 "c"는 단어 occupy에서와 같이 묵음입니다.

| Word Box | acclaim, accommodate, accomplished, account, accountant, accustom, broccoli, hiccup, Morocco, occasion, occur, occurrence, raccoon, soccer, stucco, yucca |

"cc" represents the /sh/ sound or /ch/ sound

"cc" 문자 조합이 한 음절에 함께 있을 때 단어 pasticcio에서와 같이 /sh/ 소리를 나타낼 수 있고 단어 carpaccio에서와 같이 /ch/ 소리를 나타낼 수 있습니다.

| Word Box | /sh/ sound – pasticcio
/ch/ sound – capriccio, carpaccio, fettuccine |

"cc" represents the /k/ + /s/ sounds

"cc" 문자 조합을 두 음절로 나눌 때 첫 번째 문자 "c"는 /k/ 소리를 나타내고 두 번째 문자 "c"는 단어 accept에서 /s/ 소리를 나타냅니다.

| Word Box | accede, accelerant, accelerate, accelerator, accent, accentuate, accept, acceptable, acceptance, accepted, access, accessible, accessory, accident, accidental, occiput, succeed, successfully, succinct, vaccinate, vaccination |

Letter "cc" Parts of Speech Table

Nouns	Verbs	Adjectives
accelerant	accede	acceptable
acceptance	accelerate	accepted
accessory	accept	accessible
broccoli	acclaim	accidental
hiccup	acclimate	accurate
occasion	accommodate	accusative
soccer	accompany	accustomed
success	occupied	occasional
successful	occupy	occipital
succession	occur	successive
successor	succeed	succinct
yucca	succumb	succulent

Lesson 3.9
Reading Words with a Silent Letter "c"

"c" is silent

문자 "c"는 czar 및 Tucson과 같이 묵음일 수 있습니다.

"cc" represents the /k/ sound + silent "c"

"cc" 문자 조합이 한 음절에 함께 있을 때 첫 번째 문자 "c"는 /k/ 소리를 나타내고 두 번째 문자 "c"는 단어 occupy에서처럼 묵음입니다.

Word Box	acclaim, accommodate, accomplished, account, accountant, accustom, broccoli, hiccup, Morocco, occasion, occur, raccoon, soccer, stucco, yucca

"ck" has a silent "c" + /k/ sound

"ck" 문자 조합에서 문자 "c"는 sack이라는 단어에서처럼 묵음입니다.

Word Box	back, black, deck, dock, docket, duck, jack, kick, lack, lock, luck, lucky, neck, pack, padlock, pick, pocket, quick, rack, rock, rocket, rocky, sick, stock, ticket

"ct" has a silent "c" + /t/ sound

"ct" 문자 조합에서 문자 "c"는 묵음일 수 있고 문자 "t"는 indict라는 단어에서와 같이 /t/ 소리를 나타냅니다.

Word Box	Connecticut, indict, indictable, indicted, indictee, indictment, victual, victuals

"acqu" - "c" is silent

"acqu" 문자 조합에서 문자 "c"는 단어 acquit에서와 같이 묵음입니다.

Word Box	acquaint, acquaintance, acquiesce, acquiescence, acquire, acquired, acquirement, acquisition, acquisitive, acquit, acquittal, acquitted, acquitting

"sc" represents the /s/ sound + silent "c"

"sc" 문자 조합에서 문자 "c"는 단어 science에서와 같이 묵음일 수 있습니다.

Word Box	ascend, ascendant, ascent, ascertain, fascinate, miscellaneous, obscene, scenario, scene, scenery, scenography, scent, scepter, scientist, sci-fi, scissors

"ch" is silent

fuchsia 및 yacht라는 단어에서와 같이 "ch" 문자 조합은 묵음입니다.

"scle" – "c" is silent

"scle" 문자 조합에서 문자 "c"는 muscle 및 corpuscle이라는 단어에서와 같이 묵음입니다.

The Reading Challenge
Lesson 3.10
Reading Multisyllable Words

긴 단어를 음절이라고 하는 작은 부분으로 나누어 읽을 수 있습니다. 각 음절에는 하나의 모음 소리와 일반적으로 하나 이상의 자음 소리가 있습니다.

Three Ways to Divide Words into Syllables

1. 폐쇄음절은 자음으로 끝난다. 닫힌 음절에 모음이 하나 있는 경우 일반적으로 단모음이 있습니다.

    예시: catnap - cat + nap

    닫힌 음절에 두 개의 모음이 있는 경우 첫 번째 모음은 일반적으로 장모음이고 두 번째 모음은 무음입니다.

    예시: cleaning - clean + ing

2. 열린 음절은 모음으로 끝납니다. 음절 끝에 오는 모음은 일반적으로 장모음입니다.

    예시: cement - ce + ment

3. "모음 + 자음 + e" 음절은 단어 끝에 있습니다. 이 음절 패턴의 첫 번째 모음은 일반적으로 장모음이고 마지막 "e"는 묵음입니다.

    예시: combine - com + bine

Multisyllable Word Lists

2 syllable words	3 syllable words	4 syllable words
cabin	calendar	calculator
cable	camera	caterpillar
cadet	Canada	cauliflower
camping	capital	celebration
cellar	celebrate	ceremony
chamber	cellular	circulation
changing	cereal	community
chaplain	character	concentration
China	chemical	conceptual
climate	citizen	consequences
cricket	clinical	constellation
concrete	coloring	criminalize
corner	cultivate	criterion
culture	cucumber	custodian
cutting	cylinder	customary

Lesson 3.11
Reading Proper and Common Nouns and Adjectives
Capitalization Rules

단어는 대문자 및/또는 소문자로 작성됩니다. 고유명사와 고유 형용사는 대문자로 시작합니다. 일반 명사와 일반 형용사는 소문자로 시작합니다.

고유명사는 특정한 사람, 장소, 사물 또는 개념을 지칭하는 단어입니다.

보통 명사는 일반적인 사람, 장소, 사물 또는 개념을 명명하는 단어입니다.

	Proper Noun	Common Noun
Person	Mr. Carson	commuter
Place	Canada	café
Thing	Cadbury	cabinet
Concept	Christianity	compassion

고유 형용사는 특정 사람, 장소, 사물 또는 개념을 설명하는 단어입니다.

일반적인 형용사는 일반적인 사람, 장소, 사물 또는 개념을 설명하는 단어입니다.

Proper Adjective:	Common Adjective:
Person: Canadian citizen Thing: Christian music	Person: clever student Thing: clean cabinets

Capitalization Rules
Uppercase Letter – "C"

- 문장을 시작하는 단어의 첫 글자는 대문자입니다.

- 특정한 사람, 장소, 사물 또는 개념을 지칭하는 단어의 첫 글자는 대문자입니다.

- 사람의 직함은 첫 글자를 대문자로 한다.

- 제목 또는 부제목에 있는 각 단어의 첫 글자는 대문자입니다.

- 대명사로서 문자 "I"는 대문자입니다.

✎ 참고: 소문자는 일반적으로 다른 모든 단어에 사용됩니다.

Lowercase Letter – "c"

- 특정한 사람, 장소, 사물 또는 이름을 나타내지 않는 단어의 첫 글자개념은소문자 로 작성됩니다.

- 문장으로 시작하지 않는 단어의 첫 글자는 소문자로 쓴다.

- 단어의 안과 끝은 모두 소문자로 표기합니다.

읽기 평가
과제: 문장을 읽습니다.

1. Cleveland is not a capital city.
2. The Clement Circus does not have clowns.
3. Chad is a member of the Celtic Football Club.
4. The cougar is commonly known as a catamount.
5. Central America is a subcontinent of the Americas.

The Letter "c" at a Glance		
Letter(s)	Sounds	Anchor Words
"c"	/k/	cat
"c"	/s/	city
"c"	/sh/	ocean
"c"	/ch/	cello
"c"	silent "c"	czar
"cc"	silent "c"	occupy
"ck"	silent "c"	back
"ct"	silent "c"	Connecticut
"acqu"	silent "c"	acquit
"sc"	silent "c"	science
"ch"	silent "c"	yacht
"scle"	silent "c"	muscle

Unit D

D/d

Lesson 4.0
Introduction of the Letter D/d

문자 "d"는 자음입니다. 영어의 로마자 알파벳 네 번째 글자입니다. 문자는 대문자와 소문자로 작성됩니다.

	Uppercase Letter	Lowercase Letter
Print	D	d
Cursive	𝒟	𝒹

Lesson 4.1
Reading Words with the Letter D/d

문자 "d"는 세 가지 방식으로 발음됩니다.
- dog라는 단어에서와 같이 /d/ 소리를 나타냅니다.
- schedule이라는 단어에서와 같이 /j/ 소리를 나타냅니다.
- walked라는 단어에서와 같이 /t/ 소리를 나타냅니다.
- 때때로 그것은 judge라는 단어에서와 같이 침묵합니다.

High Frequency, One Syllable Letter "d" Words
dad, dance, dark, date, day, dear, deck, deep, deer, den, dent, desk, did, dip, dish, disk, do, does, dog, doll, done, dot, dove, down, drag, dream, dress, drink, drive, drop, drum, dry, duck

단어의 시작, 내부 및 끝에서 문자 "d"는 dog, adapt 및 bed 단어에서와 같이 /d/ 소리를 나타냅니다.

Beginning	Within	End
/d/	/d/	/d/
dog	adapt	bed
dish	order	bend
duck	medal	card
dance	model	sand
dream	wedding	seed

Reading Words with the Letter D/d

Short Vowel Blending Table for the Letter D/d

/ă/ apple	/ĕ/ egg	/ĭ/ insect	/ŏ/ octopus	/ŭ/ up
d a d	d e ck	d i g	d o t	d u g
da d	de ck	di g	do t	du g
dad	deck	dig	dot	dug

Long Vowel Blending Table for the Letter D/d

/ā/ ape	/ē/ eagle	/ī/ ice	/ō/ open	/oō/ glue
d a y	d ee p	d i m e	d o m e	d u n e
da y	dee p	di me	do me	du ne
day	deep	dime	dome	dune

"d" represents the /d/ sound

문자 "d"는 일반적으로 dog라는 단어에서와 같이 /d/ 소리를 나타냅니다.

Word Box	dad, daily, damp, dance, dark, dash, date, dawn, day, dear, deep, deer, den, dent, desk, did, dig, dill, dime, dirt, disk, dock, doll, door, down, dump, dusk

읽기 평가
과제: 문장을 읽습니다.

1. The ditch is deep and dark.
2. The driver drove to Denmark.
3. Donna ate a donut for dessert.
4. David drew doves, dogs and ducks.
5. After dinner, Dan drove to the store.

Letter "d" Parts of Speech Table

Nouns	Verbs	Adjectives
daffodil	dabble	daffy
deacon	daring	daily
decimal	dealing	dainty
detergent	debate	damp
directory	decay	degenerate
domino	decided	different
dragon	decorate	discrete
drifter	driving	dressy

Lesson 4.2
Reading Letter "d" Words with the /d/ Sound and /j/ Sound

"d" represents the /j/ sound

문자 "d"는 cordially라는 단어에서와 같이 /j/ 소리를 나타낼 수 있습니다.

Word Box	cordial, cordiality, educate, education, gradually, graduation, grandeur, modulation, modulator, pendulous, procedure, soldier, undulant, undulation

"du" - "d" represents the /d/ sound or /j/ sound

"du" 문자 조합에서 문자 "d"는 단어 duck에서와 같이 /d/ 소리를 나타내거나 단어 schedule에서와 같이 /j/ 소리를 나타낼 수 있습니다.

"du" "d" represents the /d/ sound	"du" "d" represents the /j/ sound
dump	educate
duct	gradual
dug	undulate

"du" 문자 조합이 단어나 음절의 시작 부분에 있을 때 문자 "d"는 일반적으로 단어 duck에서와 같이 /d/ 소리를 나타냅니다.

Word Box	*"du" at the beginning of a word* dual, due, dug, duke, dull, duly, dump, dunk, duplex, during, dusk, dust, duty *"du" within a word* adult, conduct, conduit, deduct, induce, induct, indulge, kudu, product, reduce

"du" 문자 조합이 단어 내에 있는 경우 문자 "d"는 단어 schedule에서와 같이 /j/ 소리를 나타낼 수 있습니다.

Word Box	educable, educated, education, educative, glandular, graduate, individual, modulate, module, nodule, pendular, pendulum, procedure, verdure

"dure" - "d" represents the /d/ sound or /j/ sound

"dure" 문자 조합에서 문자 "d"는 단어 endure에서와 같이 /d/ 소리를 나타내거나 단어 procedure에서와 같이 /j/ 소리를 나타낼 수 있습니다.

"dure" "d" represents the /d/ sound	"dure" "d" represents the /j/ sound
duress	verdure
endure	procedure

Lesson 4.3
Reading Words with the "ed" Suffix/ Past Tense Verbs

"ed" represents the short vowel /ĭ/ + /d/ sounds

/d/ 또는 /t/로 끝나는 동사에 접미사 "ed"를 추가하면 단모음 /ĭ/ + /d/ 소리를 나타냅니다.

Word Box	attended, blended, confounded, connected, decided, departed, ended, exploded, halted, handed, intended, knitted, landed, melted, nested, nodded

"ed" has a silent "e" + /d/ sound

"ed" 접미사가 /b/, /g/, /ī/, /j/, /l/, /m/, /n/, /ng/ 또는 /ō/로 끝나는 동사에 추가가 되는 경우, 조용한 "e" + /d/ 소리가 있습니다. 이 규칙은 /ou/, /r/, /v/ 및 /z/소리에도 적용됩니다.

Word Box		
	/b/:	absorbed, ascribed, described, disturbed, grabbed, robbed, robed, stubbed
	/g/:	begged, bragged, bugged, clogged, defogged, hugged, nagged, tugged
	/ī/:	amplified, cried, denied, fried, glorified, multiplied, notified, tied, tried
	/j/:	dodged, encouraged, exchanged, judged, merged, paged, purged, staged
	/l/:	assembled, called, chilled, circled, drilled, filed, filled, settled, stilled
	/m/:	alarmed, blamed, combed, entombed, framed, named, numbed, tamed
	/n/:	abandoned, attained, cleaned, declined, defined, earned, fanned, gained
	/ng/:	banged, belonged, challenged, changed, clanged, hanged, prolonged
	/ō/:	bestowed, flowed, mowed, rowed, shadowed, sowed, snowed, towed
	/ou/:	allowed, avowed, bowed, endowed, meowed, plowed, vowed, wowed
	/r/:	acquired, allured, answered, cared, delivered, hammered, purred, tired
	/v/:	achieved, arrived, loved, perceived, relieved, saved, served, shelved
	/z/:	actualized, agonized, amazed, burglarized, criticized, gazed, raised

"ed" has a silent "e" + /t/ sound

"ed" 접미사가 /ch/, /f/, /k/, /k/+/s/, /p/, /s/ 또는 /sh/로 끝나는 동사에 추가되면 무음 "e"가 됩니다. + /t/ 소리.

Word Box		
	/ch/:	approached, attached, launched, matched, pinched, reached, watched
	/f/:	bluffed, coughed, fluffed, huffed, laughed, sniffed, staffed, surfed
	/k/:	asked, baked, blocked, checked, cooked, kicked, liked, picked, ticked
	/k/+/s/:	axed, deflexed, fixed, inflexed, mixed, relaxed, remixed, taxed, vexed
	/p/:	beeped, capped, cropped, dropped, equipped, hopped, mapped
	/s/:	advised, advanced, bused, dressed, exercised, faced, glimpsed
	/sh/:	accomplished, crashed, dashed, finished, mashed, polished, washed

Lesson 4.4
Reading Words with a Silent Letter "d"

"d" is silent

문자 "d"는 handsome이라는 단어에서와 같이 묵음일 수 있습니다.

Word Box	handkerchief, handsome, We<u>d</u>nesday, Win<u>d</u>sor

"dge" - "d" is silent

"dge" 문자 조합에서 문자 "d"는 judge라는 단어에서와 같이 묵음입니다.

Word Box	acknowledge, badge, bridge, cartridge, dislodge, dodge, drawbridge, drudge, edge, fledge, fridge, fudge, hedge, judge, knowledge, ledge, lodge, misjudge, nudge, nudged, porridge, ridge, sedge, sledge, wedge

"adj" - "d" is silent

"adj" 문자 조합에서 문자 "d"는 adjust라는 단어에서처럼 묵음입니다.

Word Box	adjacent, adjacency, adjective, adjectives, adjoin, adjourn, adjournment, adjudge, adjudicate, adjunct, adjunctive, adjuration, adjure, adjured, adjuring, adjust, adjusted, adjusting, adjustment, adjustments, adjusts, adjutancy

✦ Reading Words with the "dd" Letter Combination

"dd" represents the /d/ sound + silent "d"

"dd" 문자 조합이 한 음절에 함께 있을 때 첫 번째 문자 "d"는 /d/ 소리를 나타내고 두 번째 문자 "d"는 단어 add에서와 같이 묵음입니다.

Word Box	add, adds, addend, addendum, adder, addict, addiction, addition, address, adduce, backslidden, bidding, bladder, bobsledding, buddy, cuddle, downtrodden, fiddle, forbidden, hidden, huddle, griddle, ladder, meddle, muddle, nodding, oddball, oddly, odds, paddock, paddle, pudding, puddle, riddle, saddle, shredding, sudden, swaddle, toddler, trodden, wedding

"dd" represents the /d/ + /d/ sounds

"dd" 문자 조합을 두 음절로 나눌 때 첫 번째 문자 "d"는 /d/ 소리를 나타내고 두 번째 문자 "d"는 단어 granddad와 같이 /d/ 소리를 나타냅니다.

Word Box	granddad, granddaughter, headdress, midday

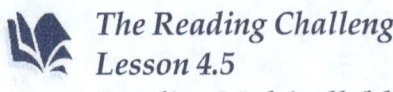

The Reading Challenge
Lesson 4.5
Reading Multisyllable Words

긴 단어를 음절이라고 하는 작은 부분으로 나누어 읽을 수 있습니다. 각 음절에는 하나의 모음 소리와 일반적으로 하나 이상의 자음 소리가 있습니다.

Three Ways to Divide Words into Syllables

1. 폐쇄음절은 자음으로 끝난다. 닫힌 음절에 모음이 하나 있는 경우 일반적으로 단모음이 있습니다.

   예시: discuss - dis + cuss

   닫힌 음절에 두 개의 모음이 있는 경우 첫 번째 모음은 일반적으로 장모음이고 두 번째 모음은 무음입니다.

   예시: deeply - deep + ly

2. 열린 음절은 모음으로 끝납니다. 음절 끝에 오는 모음은 일반적으로 장모음입니다.

   예시: debug - de + bug

3. "모음 + 자음 + e"음절은 단어 끝에 있습니다. 이 음절 패턴의 첫 번째 모음은 일반적으로 장모음이고 마지막"e"는 묵음입니다.

   예시: debate - de + bate

Multisyllable Word Lists

2 syllable words	3 syllable words	4 syllable words
daisy	dangerous	declaration
damage	decimal	dedication
damper	demanding	delivery
dancing	dentistry	democracy
danger	diamond	denotation
debate	diminish	destination
decal	diploma	development
dreaming	disconnect	dictionary
dressy	donations	discovery
drinking	downwardly	disposable
drying	dreadfulness	disappointment
dual	duplicate	diversity
dumping	dynamic	dormitory
dwelling	dynasty	duplicity

Lesson 4.6
Reading Proper and Common Nouns and Adjectives
Capitalization Rules

단어는 대문자 및/또는 소문자로 작성됩니다. 고유명사와 고유 형용사는 대문자로 시작합니다. 일반 명사와 일반 형용사는 소문자로 시작합니다.

고유명사는 특정한 사람, 장소, 사물 또는 개념을 지칭하는 단어입니다.

보통 명사는 일반적인 사람, 장소, 사물 또는 개념을 명명하는 단어입니다.

	Proper Noun	Common Noun
Person	Dad (when used as a name)	dad (not when used as a name)
Place	Denmark	dorm
Thing	Danish	diamond
Concept		determination

고유 형용사는 특정 사람, 장소, 사물 또는 개념을 설명하는 단어입니다.

일반적인 형용사는 일반적인 사람, 장소, 사물 또는 개념을 설명하는 단어입니다.

Proper Adjective:	Common Adjective:
Person: Danish citizens Thing: Dutch language	Person: delightful children Thing: delicious donuts

Capitalization Rules

Uppercase Letter – "D"

- 문장을 시작하는 단어의 첫 글자는 대문자입니다.

- 특정한 사람, 장소, 사물 또는 개념을 지칭하는 단어의 첫 글자는 대문자입니다.

- 사람의 직함은 첫 글자를 대문자로 한다.

- 제목 또는 부제목에 있는 각 단어의 첫 글자는 대문자입니다.

- 대명사로서 문자 "I"는 대문자입니다.

✎ 참고: 소문자는 일반적으로 다른 모든 단어에 사용됩니다.

Lowercase Letter – "d"

- 특정한 사람, 장소, 사물 또는 이름을 나타내지 않는 단어의 첫 글자개념은 소문자로 작성됩니다.

- 문장으로 시작하지 않는 단어의 첫 글자는 소문자로 쓴다.

- 단어의 안과 끝은 모두 소문자로 표기합니다.

✓ 읽기 평가
과제: 문장을 읽습니다.

1. My duplex is next to Denny's Diner.
2. Last December, I drove to Delaware.
3. The diagram was drawn by the doctor.
4. Dr. Dan Douglas has a degree in dentistry.
5. Dr. Dennis lives in Copenhagen, Denmark.

The Letter "d" at a Glance

Letter	Sounds	Anchor Words
"d"	/d/	dog
"d"	/j/	schedule
"d"	/t/	walked
"d"	silent "d"	judge

Unit D
Lesson 4.6

E/e

 Lesson 5.0
Introduction of the Letter E/e

문자 "e"는 모음입니다. 영어의 로마자 알파벳 다섯 번째 글자입니다. 문자는 대문자와 소문자로 작성됩니다.

	Uppercase Letter	Lowercase Letter
Print	E	e
Cursive	ℰ	e

 Lesson 5.1
Reading Words with the Letter E/e

문자 "e"는 십사가지 다른 방식으로 발음됩니다.
- 그것은 단어 egg에서와 같이 단모음 /ĕ/ 소리를 나타냅니다.
- 그것은 단어 me에서와 같이 장모음 /ē/ 소리를 나타냅니다.
- item이라는 단어에서처럼 슈와 모음 /ə/ 소리를 나타냅니다.
- beta라는 단어에서와 같이 장모음 /ā/ 소리를 나타냅니다.
- pretty라는 단어에서처럼 단모음 /ĭ/ 소리를 나타냅니다.
- few라는 단어에서처럼 장모음 /yo͞o/ 소리를 나타냅니다.
- diversion이라는 단어에서와 같이 모음 /û/ 소리를 나타냅니다.
- screw라는 단어에서처럼 모음 /o͞o/ 소리를 나타냅니다.
- genre라는 단어에서와 같이 모음 /ä/ 소리를 나타냅니다.
- 단어 peer에서와 같이 모음 /î/ 소리를 나타냅니다.
- where 에서처럼 모음 /â/ 소리를 나타냅니다.
- sew라는 단어에서와 같이 장모음 /ō/ 소리를 나타냅니다.
- 그것은 단어 vignette에서와 같이 모음 /y/ + /ĕ/ 소리를 나타냅니다.
- 그것은 단어 ensemble에서와 같이 단모음 /ŏ/ 소리를 나타냅니다.
- 때로는 great이라는 단어에서와 같이 침묵합니다.

> **High Frequency, One Syllable Letter "e" Words**
>
> *Short vowel words:* bed, bent, bet, den, egg, fed, fence, gem, get, hen, jet, leg, let, men, met, neck, pen, red, rent, set, ten, vet, yet, wet
>
> *Long vowel words:* beat, bee, beef, cheese, deal, deep, each, east, eat, fee, feel, feet, free, green, keep, leaf, sea, see, street, tea, these, wheat

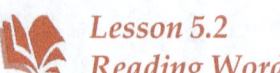

Lesson 5.2
Reading Words with the Short Vowel "e" Sound

"e" represents the short vowel /ĕ/ sound

단어의 시작 부분에서 문자 "e"는 일반적으로 단어 egg에서와 같이 짧은 모음 /ĕ/ 소리를 나타냅니다.

자음이 문자 "e"의 앞뒤에 올 때는 일반적으로 bed와 press라는 단어에서처럼 단모음 /ĕ/ 소리를 나타냅니다.

Beginning	Within	End
/ĕ/	/ĕ/	/ĕ/
egg	bed	

✎ 참고: 단어 끝에 있는 문자 "e"는 단모음 /ĕ/ 소리를 나타내지 않습니다.

✚ **Short Vowel "e" Word Families**

"eck" - "e" represents the short vowel /ĕ/ sound
"eck" 단어 패밀리에서 모음 "e"는 단어 neck에서와 같이 단모음 /ĕ/ 소리를 나타냅니다..

Word Box	beck, check, deck, neck, peck, speck, wreck *Multisyllable Words:* paycheck, shipwreck, turtleneck

"ed" - "e" represents the short vowel /ĕ/ sound
"ed" 단어 패밀리에서 모음 "e"는 단어 wed에서와 같이 단모음 /ĕ/ 소리를 나타냅니다.

Word Box	bed, bled, bred, fed, fled, Fred, led, red, sled, sped, Ted, wed

Word Box	bedlam, bedroom, educate, educating, federal, federate, federation, ledge, medical, pedal, peddle, pedicure, redwood, sediment, sledding, wedding

fed
⇩
federal
⇩
federalist

"edge" - "e" represents the short vowel /ĕ/ sound

"edge" 단어 패밀리의 첫 번째 모음 "e"는 단어 ledge에서와 같이 단모음 /ĕ/ 소리를 나타냅니다.

Word Box	dredge, edge, fledge, hedge, ledge, pledge, sedge, sledge, wedge

"eg" - "e" represents the short vowel /ĕ/ sound

"eg" 단어 패밀리의 모음 "e"는 단어 nutmeg에서와 같이 단모음 /ĕ/ 소리를 나타냅니다.

Word Box	beg, keg, leg, Meg, peg

Word Box	legacy, legend, legging, leghorn, legible, legislate, legwork, mega, megabit, pregnancy, pregnant, regimen, register, regular, segment, segregate, segue

"ell" - "e" represents the short vowel /ĕ/ sound

"ell" 단어 패밀리에서 모음 "e"는 단어 cell에서와 같이 단모음 /ĕ/ 소리를 나타냅니다.

Word Box	bell, cell, dell, dwell, fell, sell, shell, smell, spell, swell, tell, well, yell *Multisyllable Words:* doorbell, eggshell, farewell, foretell, indwell, inkwell, misspell, nutshell, retell, seashell, stairwell

"elt" - "e" represents the short vowel /ĕ/ sound

"elt" 단어 패밀리에서 모음 "e"는 단어 melt에서와 같이 단모음 /ĕ/ 소리를 나타냅니다.

Word Box	belt, Celt, dwelt, felt, knelt, melt, pelt *Multisyllable Words:* heartfelt, indwelt, Roosevelt, snowmelt, Sunbelt

"em" - "e" represents the short vowel /ĕ/ sound

"em" 단어 패밀리의 모음 "e"는 단어 hem에서와 같이 단모음 /ĕ/ 소리를 나타냅니다.

Word Box	gem, hem, stem, them

"en" - "e" represents the short vowel /ĕ/ sound

"en"어족의 모음 "e"는 단어 men에서와 같이 단모음 /ĕ/ 소리를 나타냅니다.

Word Box	Ben, den, hen, Ken, men, pen, ten, then, when, wren, yen

"end" - "e" represents the short vowel /ĕ/ sound

"끝"어족의 모음 "e"는 lend라는 단어에서와 같이 단모음 /ĕ/ 소리를 나타냅니다.

Word Box	bend, blend, end, fend, lend, mend, rend, send, spend, tend, trend, wend
	Multisyllable Words:
	amend, append, attend, commend, comprehend, depend, expend, extend, intend, offend, pretend, recommend, stipend, sublend, suspend

Reading Multisyllable Words

mend ⇩ amend ⇩ amendment

tend ⇩ pretend ⇩ pretending

"ent" - "e" represents the short vowel /ĕ/ sound

"ent" 단어 패밀리의 모음 "e"는 단어 dent에서와 같이 단모음 /ĕ/ 소리를 나타냅니다.

Word Box	bent, Brent, cent, dent, lent, pent, rent, scent, sent, spent, tent, vent, went
	Multisyllable Words:
	accident, agent, cement, comment, consent, content, event, indent, invent, prevent, recent, relent, repent, resent

Reading Multisyllable Words

govern ⇩ government ⇩ governmental

depart ⇩ department ⇩ departmental

"esh" - "e" represents the short vowel /ĕ/ sound

"esh" 단어 패밀리에서 모음 "e"는 단어 refresh에서와 같이 단모음 /ĕ/ 소리를 나타냅니다.

Word Box	flesh, fresh, mesh, thresh

"ess" - "e" represents the short vowel /ĕ/ sound

"es" 단어 패밀리의 모음 "e"는 단어 mess에서와 같이 단모음 /ĕ/ 소리를 나타낼 수 있습니다.

Word Box	Bess, bless, chess, cress, dress, fess, guess, Jess, less, mess, press, stress, Tess access, address, compress, depress, excess, nevertheless, success, oppress

"ess" - "e" represents the short vowel /ĭ/ sound

"es" 단어 패밀리의 모음 "e"는 단어 endless에서와 같이 단모음 /ĭ/ 소리를 나타낼 수 있습니다.

Word Box	actress, brightness, congress, endless, eyewitness, faceless, fadeless, fitness, mattress, regardless, seamstress, speechless, weightless, wilderness, witness

Reading Multisyllable Words

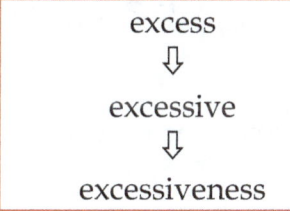

"est" - "e" represents the short vowel /ĕ/ sound

"est" 단어 패밀리에서 모음 "e"는 단어 rest에서와 같이 단모음 /ĕ/ 소리를 나타냅니다.

Word Box	best, chest, crest, jest, nest, pest, quest, rest, test, vest, west, zest

Reading Multisyllable Words

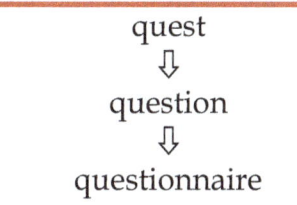 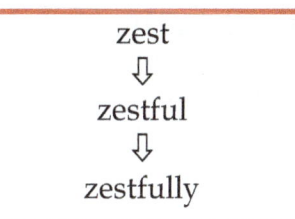

✣ *Reading Words with the "et" Letter Combination*

"et" 문자 조합에서 문자 "e"는 세 가지 방식으로 발음됩니다.
- set이라는 단어에서와 같이 단모음 /ĕ/ 소리를 나타냅니다.
- ticket이라는 단어에서처럼 단모음 /ĭ/ 소리를 나타냅니다.
- buffet이라는 단어에서와 같이 장모음 /ā/ 소리를 나타냅니다.

"et" represents the short vowel /ĕ/ + /t/ sounds

"et" 문자 조합이 한 음절 단어의 끝에 있을 때 문자 "e"는 단모음 /ĕ/ 소리를 나타내고 문자 "t"는 단어 set에서와 같이 /t/ 소리를 나타냅니다.

Word Box	bet, get, jet, let, met, net, pet, set, vet, wet, yet

"et" represents the short vowel /ĭ/ + /t/ sounds

"et" 문자 조합이 다음절 단어의 끝에 있을 때 문자 "e"는 단모음 /ĭ/ 소리를 나타내고 문자 "t"는 단어 ticket에서와 같이 /t/ 소리를 나타낼 수 있습니다.

Word Box	anklet, basket, blanket, booklet, bucket, bullet, cabinet, carpet, casket, closet, couplet, covet, cricket, docket, doublet, driblet, droplet, facet, fidget, goblet, market, nugget, planet, pocket, secret, thicket, trumpet, velvet, violet

"et" represents the long vowel /ā/ sound + silent "t"

"et" 문자 조합이 다음절 단어의 끝에 있을 때 문자 "e"는 장모음 /ā/ 소리를 나타내는 반면 문자 "t"는 단어 buffet에서와 같이 묵음입니다.

Word Box	ballet, buffet, cachet, crochet, filet, gourmet, sorbet, valet

"et" represents the long vowel /ā/ + /t/ sounds

"et" 문자 조합이 단어 내에 있을 때 문자 "e"는 장모음 /ā/ sound를 나타내고 문자 "t"는 beta 및 betatron 단어에서와 같이 /t/ 소리를 나타낼 수 있습니다.

읽기 평가
과제: 문장을 읽습니다.

1. I have a ticket to the ballet.
2. The crickets are in the bucket.
3. The five-page booklet has crochet tips.
4. The vet tells Shelly how to care for her pets.
5. Brett read a dynamic account of Harriet Tubman.

Lesson 5.3
Reading Words with the Long Vowel "e" Sound

"e" represents the long vowel /ē/ sound

문자 "e"는 단어 eat에서와 같이 장모음 /ē/ 소리를 나타낼 수 있습니다. 장모음은 글자 이름으로 발음됩니다.

Beginning	Within	End
/ē/	/ē/	/ē/
eat	cheap	bee

✥ "e" + consonant + silent "e" word families

장모음 /ē/ 소리에는 VCe, CVCe, CCVCe 및 CCCVCe의 네 가지 패턴 변형이 있습니다. VCe 패턴은 많은 장모음 단어의 끝에 있습니다.

"vowel + consonant + silent e" patterns	Target Words
VCe	Eve
CVCe	Pete
CCVCe	theme
CCCVCe	scheme

"ede" - "e" represents the long vowel /ē/ sound

"e" + 자음 + "e" 패턴이 단어 끝에 올 때 첫 모음 "e"는 일반적으로 장모음 /ē/ 소리를 나타내고 자음은 소리를 나타내고 마지막 모음 "e"는 묵음, Swede라는 단어에서와 같이.

Word Box	Bede, cede, Mede, Swede *Multisyllable Words:* accede, centipede, concede, impede, intercede, millipede, precede, recede, secede, stampede, supersede

"eme" - "e" represents the long vowel /ē/ sound

"e" + 자음 + "e" 패턴이 단어 끝에 올 때 첫 모음 "e"는 일반적으로 장모음 /ē/ 소리를 나타내고 자음은 소리를 나타내고 마지막 모음 "e"는 묵음, 단어 supreme에서와 같이.

Word Box	scheme, theme *Multisyllable Words:* academe, blaspheme, extreme, morpheme, phoneme, supreme

"ene" - "e" represents the long vowel /ē/ sound

"e" + 자음 + "e" 패턴이 단어 끝에 올 때 첫 모음 "e"는 일반적으로 장모음 /ē/ 소리를 나타내고 자음은 소리를 나타내고 마지막 모음 "e"는 묵음, 단어 scene 및 gene에서와 같이.

Word Box	*Multisyllable Words:* benzene, carotene, convene, ethylene, gangrene, intervene, Irene, kerosene, obscene, reconvene, Pentene, scalene, serene, supervene

"ese" - "e" represents the long vowel /ē/ sound

"e" + 자음 + "e" 패턴이 단어 끝에 올 때 첫 모음 "e"는 일반적으로 장모음 /ē/ 소리를 나타내고 자음은 소리를 나타내고 마지막 모음 "e"는 묵음, cheese 및 these라는 단어에서와 같이.

Word Box	*Multisyllable Words:* Bengalese, Bhutanese, Burmese, Cantonese, Chinese, Congolese, diocese, Guyanese, Japanese, Lebanese, legalese, Maltese, manganese, Nepalese, obese, Portuguese, Senegalese, Sinhalese, Siamese, Sudanese, Taiwanese, Togolese, Vietnamese

"ete" - "e" represents the long vowel /ē/ sound

"e" + 자음 + "e" 패턴이 단어 끝에 올 때 첫 모음 "e"는 일반적으로 장모음 /ē/ 소리를 나타내고 자음은 소리를 나타내고 마지막 모음 "e"는 묵음, 단어 Pete에서와 같이.

Word Box	*Multisyllable Words:* athlete, compete, complete, concrete, delete, deplete, discrete, excrete, incomplete, obsolete, replete, secrete

Bonus Lesson
Reading Words with the "age" Letter Combination

"나이" 문자 조합이 단어의 시작 부분에 있을 때 문자 "e"는 묵음이 아닙니다.

"나이" 문자 조합에서 문자 "e"는 세 가지 방식으로 발음됩니다.
- aged라는 단어에서처럼 단모음 /ĭ/ 소리를 나타냅니다.
- agent라는 단어에서처럼 슈와 모음 /ə/ 소리를 나타냅니다.
- agenda라는 단어에서와 같이 단모음 /ĕ/ 소리를 나타냅니다.

"age" letter combination	Sounds
aged, agedly	/ā/ + /j/ + /ĭ/ sounds
agency, agent	/ā/ + /j/ + /ə/ sounds
agenda, agendas	/ə/ + /j/ + /ĕ/ sounds

Lesson 5.4
Reading Words with Letter "e" Vowel Pairs

단어나 음절에 두 개의 모음이 함께 있을 때 첫 번째 모음은 일반적으로 장모음을 나타내고 두 번째 모음은 무음입니다.

"ea" represents the long vowel /ē/ sound + silent "a"

단어 또는 음절에 "ea" 모음 조합이 함께 있을 때 문자 "e"는 일반적으로 장모음 /ē/ 소리를 나타내고 문자 "a"는 단어 eat에서와 같이 묵음입니다.

Word Box	bead, beat, cease, cheap, cheat, cream, deal, dream, each, east, eat, feast, grease, heal, heap, heat, heave, leach, lead, league, leaf, leak, lean, leap, least, leave, mean, meat, neat, read, sea, seal, seat, tea, teach, treat, zeal
	Multisyllable Words: beacon, creamer, decrease, defeat, disease, easy, feature, increase, leader, leaving, peacock, peanut, repeat, reason, revealing, season, speaker, teachers

"ea" represents the short vowel /ĕ/ sound + silent "a"

"ea" 모음 조합이 단어 또는 음절에 함께 있을 때 문자 "e"는 단모음 /ĕ/ 소리를 나타내고 문자 "a"는 단어 head에서와 같이 묵음입니다.

Word Box	bread, feather, head, header, health, healthy, heavier, heavy, instead, leather, meant, read, ready, spread, spreading, sweater, thread, wealth, wealthy

"ea" has a silent "e" + long vowel /ā/ sound

"ea" 모음 조합이 단어나 음절에 함께 있는 경우 문자 "e"는 묵음이 될 수 있고 문자 "a"는 break 및 great 단어에서와 같이 장모음 /ā/ 소리를 나타냅니다.

"ee" represents the long vowel /ē/ sound + silent "e"

단어 또는 음절에 "ee" 모음 조합이 함께 있을 때 첫 번째 문자 "e"는 일반적으로 장모음 /ē/ 소리를 나타내고 두 번째 문자 "e"는 feet 단어에서와 같이 묵음입니다.

Word Box	bee, breed, cheese, creep, deed, deem, deep, fee, feed, feel, feet, flee, fleet, free, greed, Greek, green, greet, heel, jeep, keep, keen, Lee, meet, need, peep, queen, reef, reel, screen, see, seed, seek, seem, seen, sheep, sheet, sleep, sleeps, speed, spleen, squeeze, steel, street, sweet, tee, three, tree, wheel
	Multisyllable Words: agree, between, coffee, esteem, freedom, freely, needle, proceed, redeem, referee, refugee, seeing, seeking, sleepy, speeding, succeed, teenager, toffee

❖ Reading Words with Letter "ei" Vowel Pair

"ei" represents the long vowel /ē/ sound + silent "i"
"ei"모음 조합이 단어 또는 음절에 함께있을 때 문자 "e"는 장모음 /ē/ 소리를 나타낼 수 있으며 문자 "i"는 단어 ceiling에서와 같이 묵음입니다.

Word Box	caffeine, ceiling, conceive, deceit, deceitful, deceive, deceiving, either, leisure, leisurely, neither, perceive, protein, receive, receiving, seize, seizure

"ei" has a silent "e" + long vowel /ā/ sound
"ei" 모음 조합이 단어나 음절에 함께 있으면 eight라는 단어에서와 같이 장모음 /ā/ 소리를 나타낼 수 있습니다.

Word Box	beige, Beijing, Beirut, deign, eighteen, eighty, freight, freighter, neighbor, reign, reindeer, surveillance, veil, vein, weigh, weight, weighty, unveil

"ei" has a silent "e" + long vowel /ī/ sound
"ei" 모음 조합이 단어나 음절에 함께 있을 때 문자 "e"는 묵음이 될 수 있고 문자 "i"는 단어 height 및 heighten에서와 같이 장모음 /ī/ 소리를 나타냅니다.

❖ Reading Words with Letter "eo" Vowel Pair

"eo" represents the long vowel /ē/ sound + silent "o"
단어 또는 음절에서 모음 조합 "eo"가 함께 있는 경우 문자 "e"는 장모음 /ē/ 소리를 나타내고 문자 "o"는 무음으로 나타낼 수 있습니다. 이는 people이라는 단어와 같습니다.

"eo" represents the short vowel /ĕ/ sound + silent "o"
단어 또는 음절에 "eo" 모음 조합이 함께 있는 경우 문자 "e"는 단모음 /ĕ/ 소리를 나타내고 문자 "o"는 단어 jeopardize 및 jeopardy에서와 같이 묵음입니다.

"eo" represents the long vowel /ē/ + /ō/ sounds
'eo' 모음 조합을 두 음절로 나눌 때 'e'는 장모음 /ē/ 소리를 나타내고 'o'는 stereo, video와 같이 장모음 /ō/ 소리를 나타낸다.

❖ Reading Words with Letter "ie" Vowel Pair

"ie" has a silent "i" + long vowel /ē/ sound
"ie" 모음 조합이 단어나 음절에 함께 있을 때 cookies라는 단어에서와 같이 장모음 /ē/ 소리를 나타낼 수 있습니다.

Word Box	babies, belief, believe, believing, berries, besiege, brief, brownie, chief, cities, outfield, parties, pennies, relief, siege, shield, shielding, thief, yielding

Lesson 5.5
Reading Words with the Final Letter "e"

"e" represents the long vowel /ē/ sound

"e"가 단어의 끝에 있을 때, 그것은 단어 me에서와 같이 장모음 /ē/ 소리를 나타낼 수 있습니다.

Word Box	acne, be, he, me, she, we

"e" represents the schwa vowel /ə/ sound

문자 "e"가 단어 끝에 있으면 genre 및 the 단어에서와 같이 슈와 모음 /ə/ 소리를 나타낼 수 있습니다.

"e" represents the long vowel /ē/ sound

문자 "e"가 첫 음절 끝에 있으면 hero라는 단어에서와 같이 장모음 /ē/ 소리를 나타낼 수 있습니다.

Word Box	debar, decaffeinated, decelerate, department, detox, detrain, devitalize, preamble, preapproved, precept, precinct, preempt, preexist, prefix, react, reactor, reassure, rebate, rebirth, rebound, recap, region, secret, zero

"e" represents the short vowel /ĭ/ sound

첫 음절 끝에 e가 있으면 become처럼 단모음 /ĭ/ 소리를 나타낼 수 있습니다.

Word Box	became, becloud, becoming, before, began, begin, behind, below, cement, depend, devise, devoted, prefer, prepare, prescribe, rebel, rebuff, rebuke, recalling, recant, records, recover, recruiting, refer, refresh, reverse, secure

"e" is silent

"모음 + 자음 + e"패턴이 단어 끝에있을 때 마지막 모음 "e"는 단어 cake에서와 같이 묵음입니다.

Word Box	ate, bone, brake, fine, have, hide, mice, note, pane, pine, pipe, plane, rate, rice, ripe, robe, rope, sale, site, slide, slope, snake, state, stone, there, tone, twice, use

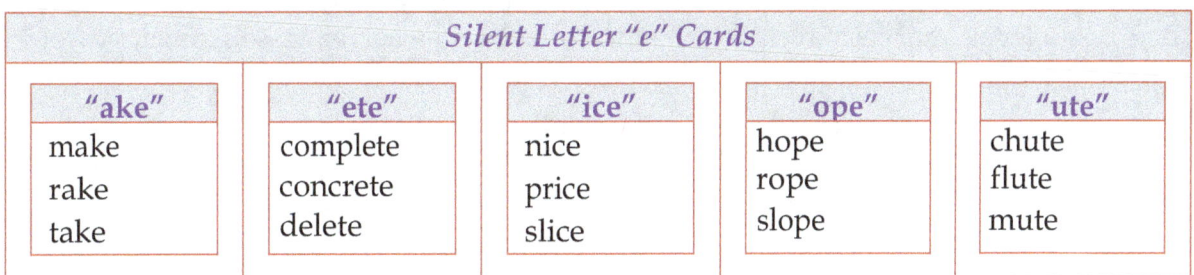

Lesson 5.6
Reading Letter "e" Words with the Schwa Vowel Sound

"e" represents the schwa vowel /ə/ sound

모음 "e"는 단어 item에서와 같이 슈와 모음 /ə/ 소리를 나타낼 수 있습니다. 슈와 모음은 단모음 /ŭ/ + /h/ 소리와 비슷합니다.

Schwa it!

	Beginning	Within	End
	/ə/	/ə/	/ə/
		item	the

Word Box	*Letter "e" within a word* ben*e*fit, calendar, cel*e*brate, cinema, el*e*phant, *e*nemy, peninsula, tel*e*phone *Final letter "e"* the, genre

"em" - "e" represents the schwa vowel /ə/ sound

다음절 단어의 끝에서 "em" 단어 패밀리의 모음 "e"는 단어 system에서와 같이 슈와 모음 /ə/ 소리를 나타낼 수 있습니다. 슈와 모음은 단모음 /ŭ/ + /h/ 소리와 비슷합니다.

Word Box	anthem, Bethlehem, diadem, ecosystem, emblem, Harlem, item, mayhem, modem, poem, problem, system, tandem, theorem, totem

"en" - "e" represents the schwa vowel /ə/ sound

다음절 단어의 끝에서 "en" 단어 패밀리의 모음 "e"는 단어 chicken에서와 같이 슈와 모음 /ə/ 소리를 나타낼 수 있습니다. 슈와 모음은 단모음 /ŭ/ + /h/ 소리와 비슷합니다.

Word Box	blacken, broken, children, chicken, chosen, dozen, estrogen, fasten, forgiven, happen, hydrogen, ibuprofen, mistaken, nitrogen, proven, quicken

"el" - "e" represents the schwa vowel /ə/ sound

다음절 단어의 끝에서 "el" 단어 패밀리의 모음 "e"는 단어 bagel에서와 같이 슈와 모음 /ə/ 소리를 나타낼 수 있습니다. 슈와 모음은 단모음 /ŭ/ + /h/ 소리와 비슷합니다.

Word Box	angel, bagel, barrel, bowel, camel, easel, gavel, hazel, jewel, label, level, marvel, navel, novel, panel, pixel, revel, sorrel, tassel, towel, vowel

"er" - "e" represents the schwa vowel /ə/ sound

다음절 단어의 끝에서 "er" 단어 패밀리의 모음 "e"는 단어 fever에서와 같이 슈와 모음 /ə/ 소리를 나타낼 수 있습니다. 슈와 모음은 단모음 /ŭ/ + /h/ 소리와 비슷합니다.

Word Box	after, baker, bigger, buffer, cover, enter, fiber, later, lower, marker, meter, never, offer, other, order, layer, liver, paper, power, river, tiger, water

Lesson 5.7
Reading Words with the "er" Letter Combination

"er"문자 조합에서 "e" 문자는 여섯 가지 다른 방식으로 발음됩니다.
- perks라는 단어에서와 같이 모음 /û/ 소리를 나타냅니다.
- peril이라는 단어에서와 같이 단모음 /ĕ/ 소리를 나타냅니다.
- letter라는 단어에서처럼 슈와 모음 /ə/ 소리를 나타냅니다.
- superior라는 단어에서와 같이 모음 /î/ 소리를 나타냅니다.
- berate라는 단어에서처럼 단모음 /ĭ/ 소리를 나타냅니다.
- where라는 단어에서처럼 단모음 /â/ 소리를 나타냅니다.

"e" + "r" sounds	Word Box
"er" represents the /û/ + /r/	certain, certainly, certification, certified, certify, cervix, clerk, ferment, germ, her, infer, infernal, inferno, infertile, merge, were
"er" represents the /ĕ/ + /r/	berry, beryl, cerebral, ceremony, ferry, ferret, perigee, peril, periscope, perish, perishable, peristalsis, peristyle, periwig, Perry
"er" represents the /ə/ + /r/	baker, driver, her, hotter, intercept, interval, lawyer, letter, number, offer, opera, packer, ponder, teacher, toaster, wider
"er" represents the /î/ + /r/	anterior, Bering Sea, cereal, exterior, feral, inferior, interior, period, periodic, periodical, posterior, superior, ulterior

"ever" represents the short vowel /ĕ/ + /v/ + /ə/ + /r/ sounds

"ever" 문자 조합이 단어 끝에 올 때 첫 글자 "e"는 단모음 /ĕ/ 소리를 나타내고, 문자 "v"는 /v/ 소리를 나타내고, 문자 "e"와 "r"은 단어 never에서와 같이 슈와 모음 /ə/ + /r/ 소리를 나타냅니다.

Word Box	clever, ever, forever, however, lever, never, sever, whatever, whenever, whoever, whomever

☞ 예외: fever – /ē/ + /v/ + /ə/ + /r/ 소리

"ere" represents the /î/ + /r/ sounds + silent "e"

"ere" 문자 조합이 단어 끝에 있으면 here라는 단어에서처럼 모음 /î/ + /r/ 소리 + 묵음 "e"를 나타낼 수 있습니다.

Word Box	adhere, atmosphere, biosphere, cashmere, hemisphere, interfere, mere, microsphere, persevere, revere, severe, sincere, sphere, there, troposphere

"ere" represents the /â/ + /r/ sounds + silent "e"

"ere" 문자 조합이 단어 끝에 있으면 where라는 단어에서처럼 모음 /â/ + /r/ 소리 + 묵음 "e"를 나타낼 수 있습니다.

Word Box	elsewhere, everywhere, nowhere, somewhere, there, therefore, where

Lesson 5.8
Reading Words with the "eu" and "ew" Letter Combinations

✤ **"eu" Letter Combination**

"eu" represents the long vowel /yo͞o/ sound

"eu" 모음 조합이 단어나 음절에 함께 있는 경우, maneuver라는 단어에서와 같이 장모음 /yo͞o/ 소리 또는 /o͞o/ 소리를 나타낼 수 있습니다.

Word Box	eucalyptus, eugenics, Eugene, eulogize, eulogy, euphemism, euphoria, maneuver, neuter, neutral, neutron, therapeutic

"eu" represents the vowel /yo͝o/ sound

"eu" 모음 조합이 단어나 음절에 함께 있을 때 Europe라는 단어와 같이 모음 /yo͝o/ 소리를 나타낼 수 있습니다.

Word Box	Eurasia, eureka, Euripides, euro, Eurocentric, Eurocurrency, Eurodollar, Europa, Europe, European, europium, Eurydice, neuron, neurosis, neurotic

✤ **"ew" Letter Combination**

"ew" represents the long vowel /o͞o/ sound

"ew" 문자 조합이 단어나 음절에 함께 있으면 new라는 단어와 같이 장모음 /o͞o/ 소리를 나타낼 수 있습니다.

Word Box	blew, brew, cashew, chew, chewing, crew, dew, drew, grew, jewel, jewelry, knew, mildew, new, newly, newlywed, renew, screw, stew, threw, withdrew

"ew" represents the long vowel /yo͞o/ sound

"ew" 문자 조합이 단어나 음절에 함께 있을 경우 단어 few에서와 같이 장모음 /yo͞o/ 소리를 나타낼 수 있습니다.

Word Box	curfew, dew, few, fewer, knew, mildew, nephew, new, newly, newlywed, renew, renewal, renewing, renews, stew, steward, stewardship

"ew" represents the long vowel /ō/ sound

"ew" 문자 조합이 단어나 음절에 함께 있으면 sew, sewing 및 sewn 단어에서와 같이 장모음 /ō/ 소리를 나타낼 수 있습니다.

읽기 평가
과제: 문장을 읽습니다.

1. The airplane flew directly over Europe.
2. Yes, Newton ate his slice of streusel cake.
3. My dog, Eugene, likes to chew old shoes.
4. The neutron does not have an electrical charge.
5. Matthew has strong views about that political issue.

Lesson 5.9
Reading Words with the "ey" Letter Combination

"ey" represents the long vowel /ē/ sound

"ey" 문자 조합이 단어 끝에 있을 때 문자 "e"는 장모음 /ē/ 소리를 나타내고 문자 "y"는 단어 key에서와 같이 묵음을 나타낼 수 있습니다.

Word Box	alley, attorney, barley, chimney, donkey, honey, jersey, jockey, journey, key, kidney, medley, money, monkey, pricey, pulley, trolley, valley, volley

"ey" represents the long vowel /ā/ sound

"ey" 문자 조합이 단어나 음절의 끝에 있으면 they라는 단어에서와 같이 장모음 /ā/ 소리를 나타낼 수 있습니다.

Word Box	convey, conveyance, conveying, disobey, grey, greyhound, hey, heyday, obey, obeyed, obeying, prey, purvey, survey, surveyor, they, trey, whey

읽기 평가
과제: 문장을 읽습니다.

1. Jeffery did not obey Audrey's rules.
2. Shirley cooks with fresh parsley and cheese.
3. It is difficult to climb out of the steep valley.
4. Sydney is eating kidney beans and rice for dinner.
5. My attorney deposits money into a bank account.

Bonus Lesson
Reading Words with the Vowel "e"

"e" represents the short vowel /ŏ/ sound

단어의 시작 부분에서 문자 "e"는 단어 ensemble에서와 같이 짧은 모음 /ŏ/ 소리를 나타낼 수 있습니다.

Word Box	encore, en masse, ensemble, entente, entourage, entrée, entrepreneur

"e" represents the short vowel /ĭ/ sound

단어의 시작 부분에서 문자 "e"는 단어 example에서와 같이 단모음 /ĭ/ 소리를 나타낼 수 있습니다.

Word Box	eclipse, effect, efficient, eject, elective, electric, electron, eleven, elicit, eliminate, ellipse, elusive, elute, emancipate, emergency, emotion, England, English, equate, equation, equator, equip, equipment, errant, erupt, escape

Lesson 5.10
Reading Words with a Silent Letter "e"

"e" is silent

모음 "e"는 forfeit에서와 같이 묵음일 수 있습니다.

Word Box	feud, feudal, feudalism, forfeit, forfeiture, great, greater, greatest, greatly, greatness, height, heighten, heist, neutron, neutrons, yeoman, yeomanry

"e" is silent

모음 쌍의 두 번째 모음은 일반적으로 ties라는 단어에서와 같이 묵음입니다.

Word Box	allied, argue, blue, cried, cries, die, does, dried, dries, flies, fries, goes, hue, lied, lies, pie, relied, relies, shoe, spied, spies, tie, toe, tried, tries, true, Tuesday

"ed" - "e" is silent

"ed" 문자 조합이 동사의 끝에 있으면 saved라는 단어에서와 같이 문자 "e"가 묵음일 수 있습니다.

Word Box	absorbed, allowed, checked, circled, cleaned, clogged, confused, deplaned, deposed, fried, impaired, laughed, merged, named, prolonged, relaxed, refused, removed, saved, served, staged, towed, tried, washed, watched

"vowel + consonant + silent e"

"모음 + 자음 + e"패턴이 단어 끝에있을 때 마지막 모음 "e"는 단어 cake에서와 같이 묵음입니다.

Word Box	*"a" + consonant + silent "e"* ate, bake, base, cage, came, date, fade, game, lake, lane, late, pale, rake, snake *"e" + consonant + silent "e"* athlete, complete, concrete, delete, extreme, intercede, Pete, scene, supreme *"i" + consonant + silent "e"* bike, bite, fire, five, hide, hike, hive, kite, life, lime, mile, mine, pile, side, slide *"o" + consonant + silent "e"* bone, code, cone, hole, hose, mole, nose, note, poke, robe, role, rope, stone *"u" + consonant + silent "e"* brute, cube, cute, dude, duke, fluke, fume, huge, minute, mule, rule, tune *"y" + consonant + silent "e"* byte, enzyme, gigabyte, hype, megabyte, rhyme, style, terabyte, thyme, type

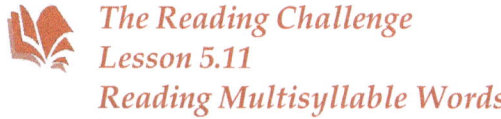

The Reading Challenge
Lesson 5.11
Reading Multisyllable Words

긴 단어를 음절이라고 하는 작은 부분으로 나누어 읽을 수 있습니다. 각 음절에는 하나의 모음 소리와 일반적으로 하나 이상의 자음 소리가 있습니다.

Three Ways to Divide Words into Syllables

1. 폐쇄음절은 자음으로 끝난다. 닫힌 음절에 모음이 하나 있는 경우 일반적으로 단모음이 있습니다.

   예시: bedbug - bed + bug

   닫힌 음절에 두 개의 모음이 있는 경우 첫 번째 모음은 일반적으로 장모음이고 두 번째 모음은 무음입니다.

   예시: seedlings - seed + lings

2. 열린 음절은 모음으로 끝납니다. 음절 끝에 오는 모음은 일반적으로 장모음입니다.

   예시: behind - be + hind

3. "모음 + 자음 + e" 음절은 단어 끝에 있습니다. 이 음절 패턴의 첫 번째 모음은 일반적으로 장모음이고 마지막 "e"는 묵음입니다.

   예시: stampede - stam + pede

Multisyllable Word Lists

2 syllable words	3 syllable words	4 syllable words
eardrum	edible	ecology
earful	elastic	ecosystem
earthly	elephant	educated
easel	eleven	elevator
eastward	emotions	embroidery
easy	endangered	emergency
eating	energy	emotional
eject	envelope	entertainer
elbow	ethical	engineering
elect	equipment	everlasting
elope	everything	environment
email	example	exacerbate
embark	excellence	experiment
embrace	exercise	explanation
emerge	excitement	evasively
every	expression	evolution

Lesson 5.12
Reading Proper and Common Nouns and Adjectives
Capitalization Rules

단어는 대문자 및/또는 소문자로 작성됩니다. 고유명사와 고유 형용사는 대문자로 시작합니다. 일반 명사와 일반 형용사는 소문자로 시작합니다.

고유명사는 특정한 사람, 장소, 사물 또는 개념을 지칭하는 단어입니다.

보통 명사는 일반적인 사람, 장소, 사물 또는 개념을 명명하는 단어입니다.

	Proper Noun	Common Noun
Person	Mr. Eastward	engineer
Place	England	eatery
Thing	Exxon Mobil	elephant
Concept		excitement

고유 형용사는 특정 사람, 장소, 사물 또는 개념을 설명하는 단어입니다.

일반적인 형용사는 일반적인 사람, 장소, 사물 또는 개념을 설명하는 단어입니다.

Proper Adjective:	Common Adjective:
Person: English citizen Thing: English tea	Person: educational specialist Thing: eagle eyes

Capitalization Rules
Uppercase Letter – "E"

- 문장을 시작하는 단어의 첫 글자는 대문자입니다.

- 특정한 사람, 장소, 사물 또는 개념을 지칭하는 단어의 첫 글자는 대문자입니다.

- 사람의 직함은 첫 글자를 대문자로 한다.

- 제목 또는 부제목에 있는 각 단어의 첫 글자는 대문자입니다.

- 대명사로서 문자 "I"는 대문자입니다.

✎ 참고: 소문자는 일반적으로 다른 모든 단어에 사용됩니다.

Lowercase Letter – "e"

- 특정한 사람, 장소, 사물 또는 이름을 나타내지 않는 단어의 첫 글자개념은소문자 로 작성됩니다.

- 문장으로 시작하지 않는 단어의 첫 글자는 소문자로 쓴다.

- 단어의 안과 끝은 모두 소문자로 표기합니다.

The Letter "e" at a Glance

Letter(s)	Sounds	Anchor Words
"e"	/ĕ/	egg
"e"	/ē/	me
"e"	/ə/	item
"ue"	/ā/	beta
"e"	/ĭ/	pretty
"ew"	/yōo/	few
"e"	/û/	diversion
"e"	/ōo/	screw
"e"	/ä/	genre
"e"	/î/	peer
"e"	/ō/	sew
"e"	/â/	where
"e"	/ŏ/	ensemble
"e"	/y/+/ĕ/	vignette
"e"	silent "e"	great

Unit E
Lesson 5.12

Unit F

F/f

 Lesson 6.0
Introduction of the Letter F/f

문자 "f"는 자음입니다. 영어 로마자 알파벳의 6번째 글자입니다. 문자는 대문자와 소문자로 작성됩니다.

	Uppercase Letter	Lowercase Letter
Print	F	f
Cursive	𝓕	𝒻

 Lesson 6.1
Reading Words with the Letter F/f

문자 "f"는 두 가지 방식으로 발음됩니다.
- fan이라는 단어에서와 같이 /f/ 소리를 나타냅니다.
- of라는 단어에서만 /v/ 소리를 나타냅니다.
- 때때로 그것은 coffee라는 단어에서처럼 조용합니다.

High Frequency, One Syllable Letter "f" Words
face, fact, fall, false, fan, far, farm, fast, fat, fee, feel, few, field, fig, fight, fill, fire, firm, fish, fist, fit, five, fix, flag, flame, flesh, flip, flour, flow, flute, fly, food, fool, for, form, friend, from, front, frost, fruit, fund, fur, fuse

fox, often 및 leaf와 같이 단어의 시작, 내부 및 끝에서 문자 "f"는 /f/ 소리를 나타냅니다.

Beginning	Within	End
/f/	/f/	/f/
false	afford	chef
family	before	leaf
flesh	office	myself
flush	suffer	proof
fruit	wafer	yourself

❖ **Reading Words with the Letter F/f**

Short Vowel Blending Table for the Letter F/f

/ă/ apple	/ĕ/ egg	/ĭ/ insect	/ŏ/ octopus	/ŭ/ up
f a t	f e l l	f i g	f o g	f u n
fa t	fe ll	fi g	fo g	fu n
fat	fell	fig	fog	fun

Long Vowel Blending Table for the Letter F/f

/ā/ ape	/ē/ eagle	/ī/ ice	/ō/ open	/yōō/ cube
f a c e	f e e t	f i r e	f o c u s	f u m e
fa ce	fee t	fi re	foc u s	fu me
face	feet	fire	focus	fume

읽기 평가
과제: 문장을 읽습니다.

1. Fish cannot fly.
2. The fruit is very fresh.
3. Fred is my best friend.
4. The fox is a fast runner.
5. Fred said, "The frog is fat."

Letter "f" Parts of Speech Table

Nouns	Verbs	Adjectives
fabric	facilitate	fabulous
factory	faded	factual
family	failed	faithful
fence	farming	fearful
festival	fasten	festive
fever	feasting	fervent
fingerprint	featured	fictional
fixture	feeding	figurative
florist	finished	Finnish
footstep	fishing	flaky
fraction	fitting	flowery
function	flourished	foolish
funnel	forgiving	formative
furnace	freezing	frosty
furniture	fussing	futuristic

Unit F Lesson 6.1

Lesson 6.2
Reading Words with the "fr" Letter Combination

"fr" represents the /f/ + /r/ sounds

"fr" 문자 조합에서 문자 "f"는 /f/ 소리를 나타내고 문자 "r"은 단어 frog에서와 같이 /r/ 소리를 나타냅니다.

Short Vowel Blending Table for the "fr" Letter Combination

/ă/ apple	/ĕ/ egg	/ĭ/ insect	/ŏ/ octopus	/ŭ/ up
fr a t	fr e t	fr i ll	fr o g	fr um p
fra t	fre t	fri ll	fro g	fru mp
frat	fret	frill	frog	frump

Long Vowel Blending Table for the "fr" Letter Combination

/ā/ ape	/ē/ eagle	/ī/ ice	/ō/ open	/o͞o/ glue
fr a m e	fr ee ze	fr i ght	fr o z en	fr ui t
fra me	free ze	fri ght	fro ze n	frui t
frame	freeze	fright	frozen	fruit

Word Box	frail, fragment, frame, France, frank, free, freeze, French, fresh, Friday, friend, frill, frizz, frock, frog, from, front, frosty, frown, frozen, fruit, frustrated, fry

Letter "fr" Parts of Speech Table

Nouns	Verbs	Adjectives
fraction	freeload	fragile
fragment	freeze	frail
freckle	freezing	frank
freestyle	frighten	free
friends	frizzle	French
fruits	frozen	fresh

✓ 읽기 평가
과제: 문장을 읽습니다.

1. Frantz was born in France.
2. My friends are very funny.
3. I fried fish in a deep frying pan.
4. On Friday, I am traveling to Finland.
5. The fruits in the bowl are fresh and juicy.

Lesson 6.3
Reading Words with the "fl" and "fle" Letter Combinations

"fl" represents the /f/ + /l/ sounds

"fl" 문자 조합에서 문자 "f"는 /f/ 소리를 나타내고 문자 "l"은 단어 flag에서와 같이 /l/ 소리를 나타냅니다.

Short Vowel Blending Table for the "fl" Letter Combination

/ă/ apple	/ĕ/ egg	/ĭ/ insect	/ŏ/ octopus	/ŭ/ up
fl a g	fl e sh	fl i p	fl o g	fl u ff
fla g	fle sh	fli p	flo g	flu ff
flag	flesh	flip	flog	fluff

Long Vowel Blending Table for the "fl" Letter Combination

/ā/ ape	/ē/ eagle	/ī/ ice	/ō/ open	/ōō/ glue
fl a r e	fl ee t	fl i gh t	fl o a t	fl u k e
fla re	flee t	fli ght	floa t	flu ke
flare	fleet	flight	float	fluke

Word Box	flag, flame, flat, flee, fleet, flesh, fling, flint, flip, flock, flog, flop, florist, floss, flossy, flounce, flounder, flour, flow, flower, fluff, fluid, fluke, flung, flush

"fle" represents the /f/ + /l/ + /ĕ/ sounds

"fle" 문자 조합이 단어의 시작 부분이나 단어 내에 있는 경우 단어 flex에서와 같이 /f/ + /l/ + /ĕ/ 소리를 나타낼 수 있습니다.

Word Box	circumflex, deflected, deflector, fleck, fledging, flesh, fleshly, flex, flexible, flexure, inflect, inflection, inflexible, reflect, reflection, reflector, reflex

"fle" represents the /f/ + /l/ + /ē/ sounds

"fle" 문자 조합이 단어의 시작 부분에 있을 때, 그것은 단어 flee에서와 같이 /f/ + /l/ + /ē/ 소리를 나타낼 수 있습니다.

Word Box	flea, fleas, flee, fleece, fleeced, fleecing, fleeing, fleet, fleeting, fleets

"fle" represents the /f/ + /ə/ + /l/ sounds + silent "e"

"fle" 문자 조합이 단어 끝에 있을 때 단어 raffle에서와 같이 /f/ + /ə/ + /l/ 소리 + 묵음 "e"를 나타냅니다.

Word Box	baffle, duffle, muffle, raffle, riffle, rifle, ruffle, scuffle, shuffle, sniffle, stifle, trifle, truffle, waffle

Lesson 6.4
Reading Words with the "ft," "lf" and "ff" Letter Combinations

"ft" represents the /f/ + /t/ sounds

"ft" 문자 조합에서 문자 "f"는 /f/ 소리를 나타내고 문자 "t"는 단어 craft에서와 같이 /t/ 소리를 나타냅니다.

Short Vowel Blending Table for the "ft" Letter Combination

/ă/ apple	/ĕ/ egg	/ĭ/ insect	/ŏ/ octopus	/ŭ/ up
r a f t	l e f t	l i f t	l o f t	t u f t
ra f t	le f t	li f t	lo f t	tu f t
raft	left	lift	loft	tuft

Word Box	after, afterward, aircraft, airlift, aloft, cleft, craft, craftsmanship, draft, drift, fifteen, fifth, fifty, forklift, gift, graft, halftime, left, lift, loft, often, raft, shaft, shift, shifts, shoplift, sift, soft, softly, software, swift, theft, thrift, thrifty

"lf" represents the /l/ + /f/ sounds

"lf" 문자 조합에서 문자 "l"은 /l/ 소리를 나타내고 문자 "f"는 단어 golf에서와 같이 /f/ 소리를 나타냅니다.

Word Box	bookshelf, elf, fulfill, fulfillment, golf, gulf, malformed, malfunction, myself, olfaction, olfactory, pelf, self, shelf, sulfate, sulfur, sulfuric, wolf, yourself

"ff" represents the /f/ sound + silent "f"

"ff" 문자 조합에서 문자 "f"는 단어 off에서와 같이 /f/ 소리를 나타냅니다.

Word Box	affirm, affix, affluent, afford, bluff, buffalo, buffet, chiffon, cliff, coffee, differ, different, difficult, diffuse, effort, fluffy, jiffy, offer, puff, scoff, staff, stuff

Lesson 6.5
Reading Words with a Silent Letter "f"

"ff" represents the /f/ sound + silent "f"

"ff" 문자 조합에서 첫 번째 문자 "f"는 /f/ 소리를 나타내고 두 번째 문자 "f"는 cliff라는 단어에서처럼 묵음입니다.

Word Box	affiliates, buffalo, buffer, buffet, caffeine, cliff, daffodils, different, effect, effective, effort, graffiti, off, official, raffle, ruffle, staff, stiff, suffer, suffocate

Lesson 6.6
Reading Singular and Plural Forms of Words Ending in "-f" and "-fe"

단수 단어가 "-f" 또는 "-fe"로 끝날 때 단어를 복수로 만들기 위해 끝을 "-ves"로 변경할 수 있습니다.

	Singular words ending in "-f" and "-fe"	Plural words ending in "-ves"

Word Box	calf
	half
	knife
	life
	loaf
	self: himself
	      herself
	      yourself
	shelf
	thief
	wife
		calves
		halves
		knives
		lives
		loaves
		selves: themselves
		        themselves
		        yourselves
		shelves
		thieves
		wives

단수 단어가 "-f" 또는 "-fe"로 끝나는 경우 문자 "-s"를 추가하여 단어를 복수로 만들 수 있습니다.

	Singular words ending in "-f" and "-fe"	Plural words ending in "-s"
Word Box	roof dwarf safe	roofs dwarfs safes

읽기 평가
과제: 문장을 읽습니다.

1. Wolves are dangerous animals.
2. The five wives have fancy dresses.
3. Elves are small, imaginary people.
4. During the flight, the boys sat by themselves.
5. The fans were placed on two wooden shelves.

Bonus Lesson
Exploring an Exception to the Letter "f"

문자 "f"는 of라는 단어에서만 /v/ 소리를 나타냅니다.

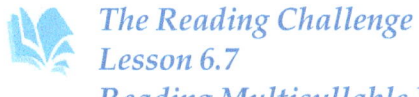

The Reading Challenge
Lesson 6.7
Reading Multisyllable Words

긴 단어를 음절이라고 하는 작은 부분으로 나누어 읽을 수 있습니다. 각 음절에는 하나의 모음 소리와 일반적으로 하나 이상의 자음 소리가 있습니다.

Three Ways to Divide Words into Syllables

1. 폐쇄음절은 자음으로 끝난다. 닫힌 음절에 모음이 하나 있는 경우 일반적으로 단모음이 있습니다.

   예시: finish - fin + ish

   닫힌 음절에 두 개의 모음이 있는 경우 첫 번째 모음은 일반적으로 장모음이고 두 번째 모음은 무음입니다.

   예시: feasting - feast + ing

2. 열린 음절은 모음으로 끝납니다. 음절 끝에 오는 모음은 일반적으로 장모음입니다.

   예시: female - fe + male

3. "모음 + 자음 + e"음절은 단어 끝에 있습니다. 이 음절 패턴의 첫 번째 모음은 일반적으로장모음이고 마지막"e"는 묵음입니다.

   예시: fertile - fer + tile

Multisyllable Word Lists

2 syllable words	3 syllable words	4 syllable words
fable	factory	fabulously
fading	family	facility
famous	fanatic	facsimile
fencing	fatally	fashionable
ferry	fervently	favorable
fertile	fibula	favoritism
festive	fictitious	festivity
fiber	filament	fettuccine
figure	filtration	flagellation
filing	fingerprint	flamboyantly
finger	flabbergast	fluctuation
foothill	flatulent	fluoridation
forgive	focusing	foreseeable
fortress	foliage	formality
fracture	forensics	fortunately
future	functional	fragmentary

Unit F Lesson 6.7

Learn To Read English With Lessons In Korean

Lesson 6.8
Reading Proper and Common Nouns and Adjectives
Capitalization Rules

단어는 대문자 및/또는 소문자로 작성됩니다. 고유명사와 고유 형용사는 대문자로 시작합니다. 일반 명사와 일반 형용사는 소문자로 시작합니다.

고유명사는 특정한 사람, 장소, 사물 또는 개념을 지칭하는 단어입니다.

보통 명사는 일반적인 사람, 장소, 사물 또는 개념을 명명하는 단어입니다.

	Proper Noun	Common Noun
Person	Frederick	father
Place	Finland	farm
Thing	February	festival
Concept		freedom

고유 형용사는 특정 사람, 장소, 사물 또는 개념을 설명하는 단어입니다.

일반적인 형용사는 일반적인 사람, 장소, 사물 또는 개념을 설명하는 단어입니다.

Proper Adjective:	Common Adjective:
Person: French citizens Thing: Finnish language	Person: funny friends Thing: flat surface

Capitalization Rules

Uppercase Letter – "F"

- 문장을 시작하는 단어의 첫 글자는 대문자입니다.

- 특정한 사람, 장소, 사물 또는 개념을 지칭하는 단어의 첫 글자는 대문자입니다.

- 사람의 직함은 첫 글자를 대문자로 한다.

- 제목 또는 부제목에 있는 각 단어의 첫 글자는 대문자입니다.

- 대명사로서 문자 "I"는 대문자입니다.

✎ 참고: 소문자는 일반적으로 다른 모든 단어에 사용됩니다.

Lowercase Letter – "f"

- 특정한 사람, 장소, 사물 또는 이름을 나타내지 않는 단어의 첫 글자개념은소자로 작성됩니다.

- 문장으로 시작하지 않는 단어의 첫 글자는 소문자로 쓴다.

- 단어의 안과 끝은 모두 소문자로 표기합니다.

The Letter "f" at a Glance		
Letter	Sounds	Anchor Words
"f"	/f/	fan
"f"	/v/	of
"f"	silent "f"	coffee

Unit G

G/g

Lesson 7.0
Introduction of the Letter G/g

문자 "g"는 자음입니다. 영어의 로마자 알파벳 7번째 글자입니다. 문자는 대문자와 소문자로 작성됩니다.

	Uppercase Letter	Lowercase Letter
Print	G	g
Cursive	*G*	*g*

Lesson 7.1
Reading Words with the Hard Letter "g"

문자 "g"는 네 가지 방식으로 발음됩니다.
- gum이라는 단어에서와 같이 /g/ 소리를 나타냅니다.
- gem이라는 단어에서와 같이 /j/ 소리를 나타냅니다.
- massage라는 단어에서와 같이 /zh/ 소리를 나타냅니다.
- laugh라는 단어에서와 같이 /f/ 소리를 나타냅니다.
- 때때로 그것은 light라는 단어에서처럼 조용합니다.

High Frequency, One Syllable Letter "g" Words
gain, game, gang, gap, garb, gate, gem, gene, get, gift, girl, give, glance, globe, glow, glue, go, goal, goat, gold, golf, grade, grand, grant, grape, great, gross, ground, group, grow, grows, guest, guide

문자 "g"는 단단한 "g" 소리 또는 부드러운 "g" 소리를 나타냅니다.

The hard "g" represents <u>one</u> sound.	The soft "g" represents <u>two</u> sounds.
• /g/ sound	• /j/ sound • /zh/ sound

✤ *Reading Words with the Hard Letter "g"*

단단한 "g"는 /g/ 소리를 나타냅니다. 문자 "g"가 모음 "a", "o" 또는 "u" 앞에 있으면 일반적으로 gate, goat, gum이라는 단어에서와 같이 /g/ 소리를 나타냅니다.

Short Vowel Blending Table for the Hard G/g

/ă/ apple	/ĕ/ egg	/ĭ/ insect	/ŏ/ octopus	/ŭ/ up
g a s			g o b	g u m
ga s			go b	gu m
gas			gob	gum

Long Vowel Blending Table for the Hard G/g

/ā/ ape	/ē/ eagle	/ī/ ice	/ō/ open	/ōō/ glue
g a t e			g oa t	gr ue l
ga t e			goa t	gr uel
gate			goat	gruel

"ga" - "g" represents the /g/ sound

"ga" 문자 조합에서 문자 "g"는 단어 mega에서와 같이 /g/ 소리를 나타냅니다.

Word Box	congregation, extravagant, gab, gain, galaxy, game, gang, gap, gas, gash, gasp, gate, gave, gaze, investigate, legal, magazine, organize, regards, segregation

"go" - "g" represents the /g/ sound

"go" 문자 조합에서 문자 "g"는 단어 bingo에서와 같이 /g/ 소리를 나타냅니다.

Word Box	category, flamingo, forgot, go, goal, goat, goes, gold, golf, gone, gong, good, goose, got, gown, negotiate, outgoing, pentagon, scapegoat, vigorous, wagon

"gu" - "g" represents the /g/ sound

"gu" 문자 조합에서 문자 "g"는 단어 guide에서와 같이 /g/ 소리를 나타냅니다.

Word Box	ambiguous, configure, distinguish, extinguish, guard, guess, guest, guide, guilt, gulf, gulp, gum, gush, gust, guy, inauguration, language, regular, yogurt

"g" represents the /g/ sound

단어 "g"가 단어 끝에 있으면 단어 bag에서와 같이 /g/ 소리를 나타냅니다.

Lesson 7.2
Reading Words with the Soft Letter "g"

문자 "g"가 모음 "e", "i" 또는 "y" 앞에 있으면 일반적으로 gel, gin 및 gym이라는 단어에서와 같이 /j/ 소리를 나타냅니다.

부드러운 "g"는 두 가지 방식으로 발음됩니다.
- gem이라는 단어에서와 같이 /j/ 소리를 나타냅니다.
- regime이라는 단어에서와 같이 /zh/ 소리를 나타냅니다.

Short Vowel Blending Table for the Soft G/g

/ă/ apple	/ĕ/ egg	/ĭ/ insect	/ŏ/ octopus	/ŭ/ up	"y" - /ĭ/ gym
	g e l	g i n			g y m
	ge l	gi n			gy m
	gel	gin			gym

Long Vowel Blending Table for the Soft G/g

/ā/ ape	/ē/ eagle	/ī/ ice	/ō/ open	/o͞o/ glue	"y" - /ī/ gyro
	g e n e	g i a n t			g y r o
	ge ne	gia nt			gy ro
	gene	giant			gyro

"ge" - "g" represents the /j/ sound

"ge" 문자 조합에서 문자 "g"는 단어 gem에서와 같이 /j/ 소리를 나타냅니다.

Word Box	age, agency, agenda, contingency, digest, edge, emerge, garage, gem, general, genetics, genius, gentle, geometry, ingested, intelligent, judge, large, rage, stage

"gi" - "g" represents the /j/ sound

"gi" 문자 조합에서 문자 "g"는 단어 gin에서와 같이 /j/ 소리를 나타냅니다.

Word Box	apologize, cardiologist, changing, digital, eligible, engine, fragile, giant, giblets, gigantic, gin, ginger, giraffe, imagine, logical, register, registry, vigil, vigilant

"gy" - "g" represents the /j/ sound

"gy" 문자 조합에서 문자 "g"는 단어 gym에서와 같이 /j/ 소리를 나타냅니다.

Word Box	allergy, analogy, apology, biology, clergy, energy, gym, gymnastics, gypsum, gypsy, gyrate, ideology, liturgy, psychology, stingy, technology, trilogy, zoology

Learn To Read English With Lessons In Korean

"dge" – "g" represents the /j/ sound

"dge" 문자 조합이 단어 끝에 있을 때 문자 "g"는 /j/ 소리를 나타내고 문자 "d"와 "e"는 단어 judge에서와 같이 묵음입니다.

Word Box	badge, bridge, cartridge, dodge, edge, fudge, grudge, judge, ledge, lodge, nudge, pledge, porridge, prejudge, ridge, sedge, sledge, sludge, smudge, wedge

"ge" – "g" represents the /zh/ sound

"ge" 문자 조합에서 문자 "g"는 massage라는 단어에서와 같이 /zh/ 소리를 나타낼 수 있습니다.

Word Box	beige, camouflage, collage, concierge, corsage, cortege, entourage, fuselage, garage, loge, massage, mirage, rouge, sabotage, triage

"ge" – "g" represents the /zh/ sound

"ge" 문자 조합에서 문자 "g"는 단어 genre에서와 같이 /zh/ 소리를 나타낼 수 있습니다.

✦ Exceptions to the hard "g" and soft "g" rules

"ge" 및 "gi" 문자 조합의 문자 "g"는 단어 get 및 girl에서와 같이 /g/ 소리를 나타낼 수 있습니다.

Letter Combinations	Words	Sound
"ge"	gear geese	/g/
"gi"	gill give gift	/g/

✦ Reading Words with the "ger" Letter Combination

"ger" – "g" represents the /g/ sound

"ger" 문자 조합이 단어 끝에 있을 때 문자 "g"는 단어 burger에서와 같이 /g/ 소리를 나타낼 수 있습니다.

Word Box	anger, bigger, blogger, chigger, defogger, digger, eager, finger, jogger, hamburger, linger, slugger, stagger, stronger, swagger, tiger, trigger

"ger" – "g" represents the /j/ sound

"ger" 문자 조합이 단어 끝에 있을 때 문자 "g"는 단어 passenger에서와 같이 /j/ 소리를 나타낼 수 있습니다.

Word Box	astrologer, challenger, charger, danger, encourager, exchanger, ginger, larger, ledger, messenger, plunger, ranger, scavenger, teenager, villager

Lesson 7.3
Reading Words with the "gr" Letter Combination

"gr" represents the /g/ + /r/ sounds

"gr" 문자 조합에서 문자 "g"는 /g/ 소리를 나타내고 문자 "r"은 단어 grass에서와 같이 /r/ 소리를 나타냅니다.

Short Vowel Blending Table for the "gr" Letter Combination

/ă/ apple	/ĕ/ egg	/ĭ/ insect	/ŏ/ octopus	/ŭ/ up
gr a b		gr i n		gr u b
gra b		gri n		gru b
grab		grin		grub

Long Vowel Blending Table for the "gr" Letter Combination

/ā/ ape	/ē/ eagle	/ī/ ice	/ō/ open	/o͞o/ glue
gr a pe	gr ee n	gr i pe	gr o w	gr ue l
gra pe	gree n	gri pe	gr ow	grue l
grape	green	gripe	grow	gruel

Letter "gr" Parts of Speech Table

Nouns	Verbs	Adjectives
grace	grabbed	gracious
grackle	grading	gradual
graduation	graduate	grand
grade	granulate	grandiose
graffiti	graphing	granular
grain	grasp	graphic
grammar	greet	greedy
grandstand	grieve	green
grease	grill	grizzly
groups	grinding	gross

 읽기 평가
과제: 문장을 읽습니다.

1. Our English grammar class is great.
2. My grandchild is going to Grenada.
3. This cereal is made with whole grains.
4. The flowers are growing in the garden.
5. The new group of students will pass my class.

Lesson 7.4
Reading Words with the "gl" and "gle" Letter Combinations

"gl" represents the /g/ + /l/ sounds

"gl" 문자 조합에서 문자 "g"는 /g/ 소리를 나타내고 문자 "l"은 단어 glue에서와 같이 /l/ 소리를 나타냅니다.

Short Vowel Blending Table for the "gl" Letter Combination

/ă/ apple	/ĕ/ egg	/ĭ/ insect	/ŏ/ octopus	/ŭ/ up
gl a ss	Gl e nn	gl i nt	gl o ss	gl u t
gla ss	Gle nn	gli nt	glo ss	glu t
glass	Glenn	glint	gloss	glut

Long Vowel Blending Table for the "gl" Letter Combination

/ā/ ape	/ē/ eagle	/ī/ ice	/ō/ open	/oō/ glue
gl a z e	gl ea n	gl i d e	gl o b e	gl u e
gla ze	glea n	gli de	glo be	gl ue
glaze	glean	glide	globe	glue

"gle" represents the /g/ + /l/ + /ĕ/ sounds

"gle" 문자 조합이 시작 부분이나 단어 내에 있는 경우 glen 및 neglectful 단어에서와 같이 /g/ + /l/ + /ĕ/ 소리를 나타낼 수 있습니다.

"gle" represents the /g/ + /l/ + /ē/ sounds

"gle" 문자 조합이 단어의 시작 부분이나 단어 안에 있는 경우 단어 agleam 및 glean에서와 같이 /g/ + /l/ + /ē/ 소리를 나타낼 수 있습니다.

"gle" represents the /g/ + /ə/ + /l/ sounds + silent "e"

"gle" 문자 조합이 단어 끝에 있을 때 단어 Google에서와 같이 /g/ + /ə/ + /l/ 소리 + 묵음 "e"를 나타냅니다.

Word Box	angle, bangle, beagle, cringle, dangle, disentangle, eagle, entangle, giggle, goggle, jingle, jungle, mingle, rectangle, single, struggle, tangle, triangle

읽기 평가
과제: 문장을 읽습니다.

1. Gloria has reading glasses.
2. I saw a glimpse of a gazelle.
3. Grace glued the box together.
4. When it's cold, I wear gloves.
5. Glenn's triangle has three equal angles.

Lesson 7.5
Reading Words with the "gh" Letter Combination

"gh" 문자 조합은 두 가지 방식으로 발음됩니다.
- ghetto라는 단어에서와 같이 /g/ 소리를 나타냅니다.
- laugh라는 단어에서와 같이 /f/ 소리를 나타냅니다.
- 때로는 sigh라는 단어에서처럼 조용합니다.

"gh" represents /g/ sound as in the word **ghetto**	"gh" represents /f/ sound as in the word **laugh**	"gh" is silent as in the word **sigh**
Ghana gherkin ghost ghastly ghetto	cough enough laughter rough tough	sigh thigh thought through weigh

"gh" represents the /g/ sound + silent "h"

"gh" 문자 조합에서 문자 "g"는 /g/ 소리를 나타낼 수 있고 문자 "h"는 단어 ghetto에서와 같이 묵음입니다.

Word Box	Ghana, Ghanaian, ghastly, gherkin, ghetto, ghost, ghostly, ghoul, spaghetti

"gh" represents the /f/ sound

"gh" 문자 조합은 laugh라는 단어에서와 같이 /f/ 소리를 나타낼 수 있습니다.

Word Box	cough, coughed, coughing, coughs, enough, laugh, laughing, laughs, laughter, rough, roughly, tough, trough

"gh" is silent

"gh" 문자 조합은 단어 sigh에서와 같이 묵음일 수 있습니다.

Word Box	although, breakthrough, dough, high, higher, neighborhood, slough, thigh, though, thoroughbred, thoroughly, through, throughout, weigh, weighed

"ght" - "gh" is silent

"ght" 문자 조합에서 문자 "g"와 "h"는 묵음이고 문자 "t"는 단어 light에서와 같이 /t/ 소리를 나타냅니다.

Word Box	bought, bright, caught, daughter, eight, fight, knight, light, might, night, ought, plight, right, sight, slightly, straight, taught, thought, tight, weight, weighty

Lesson 7.6
Reading Words with the "gn" Letter Combination

"gn" 문자 조합은 두 가지 방식으로 발음됩니다.
- ignite라는 단어에서처럼 /g/ + /n/ 소리를 나타냅니다.
- sign이라는 단어에서와 같이 /n/ 소리를 나타냅니다.

"gn" represents the /g/ + /n/ sounds

"gn" 문자 조합을 두 음절로 나눌 때 문자 "g"는 /g/ 소리를 나타내고 문자 "n"은 단어 ignite에서와 같이 /n/ 소리를 나타냅니다. 문자 "g"는 한 음절에 있고 문자 "n"은 다른 음절에 있습니다.

Word Box	cognitive, diagnosed, dignify, dignitary, dignity, ignites, ignition, ignore, magnetic, magnify, pregnant, recognition, recognized, signal, signature

"gn" has a silent "g" + /n/ sound

"gn" 문자 조합이 단어나 음절에 함께 있는 경우 문자 "g"는 묵음이고 문자 "n"은 단어 sign에서와 같이 /n/ 소리를 나타냅니다.

Word Box	align, benign, champagne, cologne, design, designer, designing, foreign, foreigner, malign, realign, realigned, reign, resign, resigning, resigns, vignette

Letter "gn" Parts of Speech Table

Nouns	Verbs	Adjectives
magnet	designing	cognate
magnitude	diagnose	cognitive
ignition	dignify	diagnostic
pregnancy	dignified	diamagnetic
cognition	dignifying	igneous
diagnosis	ignite	ignoble
dignitary	ignited	ignorant
dignity	igniting	magnetic
recognition	ignore	magnificent
signal	recognize	pregnable
signature	recognized	recognizable
signet	recognizing	recognizant
vignette	signals	signatory
designer	signalize	signatories
willingness	signify	significant

Lesson 7.7
Reading Words with a Silent Letter "g"

"g" is silent

문자 "g"는 diaphragm 및 phlegm과 같이 무음일 수 있습니다.

"gg" represents the /g/ sound + silent "g"

"gg" 문자 조합이 음절에 함께 있는 경우 첫 번째 문자 "g"는 /g/ 소리를 나타내고 두 번째 문자 "g"는 단어 goggle에서와 같이 묵음입니다.

Word Box	aggregate, aggressive, boggle, clogged, dagger, egg, giggle, goggle, hugged, jiggle, joggle, juggle, logged, nugget, plugged, plugging, sluggard, smuggle, snuggle, straggle, struggle, toboggan, toggle, tugged, wiggle, unplugged

"gg" represents the /j/ sound + silent "g"

"gg" 문자 조합이 음절에 함께 있는 경우 첫 번째 문자 "g"는 /j/ 소리를 나타내고 두 번째 문자 "g"는 단어 suggest에서와 같이 묵음입니다.

Word Box	exaggerate, exaggeration, suggest, suggested, suggestion, suggestive, suggests

"gg" represents the /g/ + /j/ sounds

"gg" 문자 조합이 음절에 함께 있는 경우 첫 번째 문자 "g"는 /j/ 소리를 나타내고 두 번째 문자 "g"는 단어 suggest에서와 같이 묵음입니다.

"ght" - "gh" is silent

"ght" 문자 조합에서 문자 "g"와 "h"는 단어 light에서와 같이 묵음입니다.

Word Box	bought, bright, caught, daughter, eight, fight, knight, light, might, night, ought, plight, right, sight, slightly, straight, taught, thought, tight, weight, weighty

"gn" has a silent "g" + /n/ sound

"gn" 문자 조합에서 문자 "g"는 단어 sign에서와 같이 묵음일 수 있습니다.

Word Box	align, aligning, alignment, assign, assigned, bologna, campaign, design, designer, foreign, gnash, gnat, gnaw, gnome, gnu, malign, reign, reigned

Reading Multisyllable Words

assign ⇨ assignment

design ⇨ designer

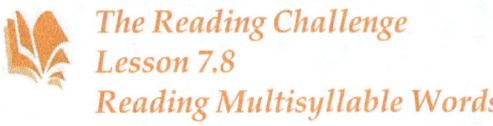

The Reading Challenge
Lesson 7.8
Reading Multisyllable Words

긴 단어를 음절이라고 하는 작은 부분으로 나누어 읽을 수 있습니다. 각 음절에는 하나의 모음 소리와 일반적으로 하나 이상의 자음 소리가 있습니다.

Three Ways to Divide Words into Syllables

1. 폐쇄음절은 자음으로 끝난다. 닫힌 음절에 모음이 하나 있는 경우 일반적으로 단모음이 있습니다.

   예시: ginger - gin + ger

   닫힌 음절에 두 개의 모음이 있는 경우 첫 번째 모음은 일반적으로 장모음이고 두 번째 모음은 무음입니다.

   예시: goalie - goal + ie

2. 열린 음절은 모음으로 끝납니다. 음절 끝에 오는 모음은 일반적으로 장모음입니다.

   예시: giant - gi + ant

3. "모음 + 자음 + e"음절은 단어 끝에 있습니다. 이 음절 패턴의 첫 번째 모음은 일반적으로 장모음이고 마지막 "e"는 묵음입니다.

   예시: zygote - zy + gote

Multisyllable Word Lists

2 syllable words	3 syllable words	4 syllable words
gainful	galaxy	generation
gallant	gallbladder	generator
gallop	gallery	geranium
gamer	gasoline	glaciation
garage	gathering	gladiator
garbage	gazebo	glamorizer
garden	generous	gloriously
garland	genesis	glycogenic
ghetto	genetics	gradually
giblets	gentleman	graduation
gimmick	gingerly	grammatical
grateful	glorious	graphically
greatly	grasshopper	gravitation
greedy	gravity	Guatemala

Lesson 7.9
Reading Proper and Common Nouns and Adjectives Capitalization Rules

단어는 대문자 및/또는 소문자로 작성됩니다. 고유명사와 고유 형용사는 대문자로 시작합니다. 일반 명사와 일반 형용사는 소문자로 시작합니다.

고유명사는 특정한 사람, 장소, 사물 또는 개념을 지칭하는 단어입니다.

보통 명사는 일반적인 사람, 장소, 사물 또는 개념을 명명하는 단어입니다.

	Proper Noun	Common Noun
Person	Grandmother (when used as a name)	grandmother (not when used as a name)
Place	Germany	ground
Thing	Google, LLC	goat
Concept	Gnosticism	generosity

고유 형용사는 특정 사람, 장소, 사물 또는 개념을 설명하는 단어입니다.

일반적인 형용사는 일반적인 사람, 장소, 사물 또는 개념을 설명하는 단어입니다.

Proper Adjective:	Common Adjective:
Person: German citizens Thing: Greek root words	Person: generous parents Thing: gigantic bag of chips

Capitalization Rules
Uppercase Letter – "G"

- 문장을 시작하는 단어의 첫 글자는 대문자입니다.

- 특정한 사람, 장소, 사물 또는 개념을 지칭하는 단어의 첫 글자는 대문자입니다.

- 사람의 직함은 첫 글자를 대문자로 한다.

- 제목 또는 부제목에 있는 각 단어의 첫 글자는 대문자입니다.

- 대명사로서 문자 "I"는 대문자입니다.

✎ 참고: 소문자는 일반적으로 다른 모든 단어에 사용됩니다.

Lowercase Letter – "g"

- 특정한 사람, 장소, 사물 또는 이름을 나타내지 않는 단어의 첫 글자개념은소문자로 작성됩니다.

- 문장으로 시작하지 않는 단어의 첫 글자는 소문자로 쓴다.

- 단어의 안과 끝은 모두 소문자로 표기합니다.

The Letter "g" at a Glance

Letter(s)	Sound	Anchor Words
"g"	/g/	gum
"g"	/j/	gem
"g"	/zh/	massage
"gh"	/f/	laugh
"g"	silent "g"	light

H/h

Lesson 8.0
Introduction of the Letter H/h

문자 "h"는 자음입니다. 그것은 영어의 로마 알파벳의 8 번째 문자입니다. 문자는 대문자와 소문자로 작성됩니다.

	Uppercase Letter	Lowercase Letter
Print	H	h
Cursive	*H*	*h*

Lesson 8.1
Reading Words with the Letter H/h

문자 "h"는 한 가지 방식으로 발음됩니다.
- 그것은 단어 hat에서와 같이 /h/ 소리를 나타냅니다.
- 때로는 cheetah라는 단어에서처럼 조용합니다.

High Frequency, One Syllable Letter "h" Words
had, hail, hair, half, hall, ham, hand, hang, hard, hat, hatch, have, he, head, heal, heart, heat, help, hen, her, here, hide, high, hike, hill, hit, hits, hold, hole, home, hop, hope, horn, horse, hose, hot, hut

단어의 시작 부분과 단어 내에서 문자 "h"는 단어 hat 및 ahead에서와 같이 /h/ 소리를 나타냅니다.

Beginning	Within	End
/h/	/h/	/h/
hat	ahead	

Short Vowel Blending Table for the Letter H/h

/ă/ apple	/ĕ/ egg	/ĭ/ insect	/ŏ/ octopus	/ŭ/ up
h a ck	h e l p	h i tch	h o g	h u g
ha ck	hel p	hi tch	ho g	hu g
hack	help	hitch	hog	hug

❖ *Reading Words with the Letter H/h*

Long Vowel Blending Table for the Letter H/h

/ā/ ape	/ē/ eagle	/ī/ ice	/ō/ open	/yōō/ cube
h ai l	h ee l	h i d e	h o l e	h u g e
hai l	hee l	hi de	ho le	hu ge
hail	heel	hide	hole	huge

Letter "h" Parts of Speech Table

Nouns	Verbs	Adjectives
hammer	hacked	hairy
hardship	hampered	half
headache	harbored	happy
headquarter	healed	harsh
helicopter	helped	healthy
highway	hesitates	helpful
historian	hiding	herbal
holiday	hiking	hidden
hopscotch	hitting	hilarious
hospital	holding	holistic
humanist	honored	homesick
hunger	hopping	honest
hustler	humbled	huge
hybrid	hurdled	husky
hypocrite	hyphenate	hygienic

읽기 평가
과제: 문장을 읽습니다.

1. He could not lift the heavy hammer.
2. Howard placed the harness on his horse.
3. Harry's horse ate a hardy amount of hay.
4. A huge helicopter hovered over my house.
5. They played their harps in perfect harmony.

Lesson 8.2
Reading Words with the Letter "h" Combinations: "ch," "gh," "ph," "rh," "sch," "sh," "th" and "wh"

문자 "h" 조합의 각 문자는 빠르게 발음됩니다. 글자들이 서로 섞여서 뚜렷한 자음을 만들 수 있습니다. 차트는 문자 "h" 조합으로 만들어진 소리를 보여줍니다.

Letter Combinations	Sounds	Anchor Words
"ch"	/ch/	chess, chicken
"ch"	/k/	chaos, character
"ch"	/sh/	brochure, machine
"ch"	silent "ch"	fuchsia, yacht
"gh"	/g/ + silent "h"	Ghana, ghetto
"gh"	/f/	enough, laugh
"gh" / "ght"	silent "gh"	sigh, sight
"ph"	/f/	elephant, telephone
"ph"	/p/ + /h/	uphill, haphazard
"rh"	/r/ + silent "h"	rhinestone, rhino
"rh"	/r/ + /h/	neighborhood, perhaps
"sch"	/s/ + /k/	school, scholar
"sch"	/sh/	schilling, schwa
"sh"	/sh/	fish, she, show
"th"	soft /th/	teeth, thin
"th"	hard /th/	brother, the
"th"	/t/ + silent "h"	Thailand, thyme
"th"	silent "th"	asthma, northeaster
"wh"	/hw/	whale, wheat
"wh"	/w/	whale, wheat
"wh"	silent "w" + /h/	who, wholesome

Reading Words with the "shh" and "thh" Letter Combinations

"shh" represents the /sh/ + /h/ sounds

fishhook이라는 단어에서처럼 "sh" 문자 조합을 두 음절로 나눌 때 "sh" 문자 조합은 /sh/ 소리를 나타내고 문자 "h"는 /h/ 소리를 나타냅니다.

"thh" represents the /th/ + /h/ sounds

"th" 문자 조합을 두 음절로 나눌 때 "th" 문자 조합은 /th/ 소리를 나타내고 문자 "h"는 단어 withhold에서 /h/ 소리를 나타냅니다.

Word Box	/sh/ + /h/ sounds: fishhook, fishhooks /th/ + /h/ sounds: bathhouse, withheld, withhold

 Bonus Lesson
The Position of the Letter "h"

At the beginning of a word, "h" represents the /h/ sound	Within a word, "h" represents the /h/ sound	At the end of a word, "h" is silent in the "ah," "oh" and "uh" letter combinations
habitation	apprehension	cheetah
habitual	apprehensive	Gullah
habituate	beforehand	huh
hairspray	behavior	hurrah
Haitian	carbohydrate	matzoh
hamburger	dehumidify	menorah
handicap	dehydration	messiah
headlight	exhibition	mitzvah
helicopter	inhabitant	oh
highlights	inheritance	Oprah
histogram	policyholder	pharaoh
horizontal	prehistoric	pooh
hummingbird	prohibition	savannah
hydroelectric	stockholder	Yeshivah

✓ 읽기 평가
과제: 문장을 읽습니다.

1. Whitney is dancing in the savannah.
2. The child's tricycle has three wheels.
3. The chemist works in the science lab.
4. Everyone laughed at the funny jokes.
5. Student athletes play many competitive sports.

Lesson 8.3
Reading Words with a Silent Letter "h"

"h" is silent

문자 "h"는 단어 hour에서와 같이 묵음일 수 있습니다.

Word Box	annihilate, Bahrain, Bhutan, biorhythm, cirrhosis, Cohen, Delhi, diarrhea, exhibit, exhume, graham, Gullah, heir, hemorrhage, herb, honest, honestly, honor, hour, hourly, hurrah, John, khaki, rhinoceros, rhubarb, rhyme, rhyming, rhythm, silhouette, shepherd, shepherdess, spaghetti, vehement, vehicle, yeah

"h" is silent

문자 "h"는 "ph", "th", "gh", "ch", "rh" 및 "wh"와 같은 문자 조합에서 묵음일 수 있습니다.

Word Box	"ph" shepherd, shepherdess "th" Thai, Thailand, Thais, Thames, thyme "gh" aghast, ghastly, ghetto, ghost, fight, light, night, right, sigh, sight "ch" fuchsia, yacht, yachtsman, yachtsmen, yachtswoman, yachtswomen "rh" rhetoric, rheumatic, rhinestone, rhinoceros, rhubarb, rhyme, rhythm "wh" whale, whether, which, whine, whirl, whisker, whisper, white, whiz

"h" is silent

문자 "h"는 cheetah와 같이 단어나 음절의 끝에서 묵음이 될 수 있습니다.

Word Box	annihilate, bah, blah, cheetah, Fahrenheit, hah, hurrah, messiah, oh, ooh, pharaoh, pooh, Sarah, savannah, Shiloh, Torah, Utah, verandah, yeah

"exh" - "h" is silent

"exh" 문자 조합에서 문자 "h"는 일반적으로 단어 exhibit에서와 같이 묵음입니다.

Word Box	exhaust, exhaustion, exhaustive, exhibit, exhibition, exhibitor, exhilarate, exhilarating, exhort, exhortation, exhume, exhumed, exhuming, inexhaustible

☞ 예외: exhale - /h/ 소리

읽기 평가
과제: 문장을 읽습니다.

1. My sister, Hattie, is in her high chair.
2. Harvey dug a large hole behind the house.
3. Hope Hotel has a fabulous Thai restaurant.
4. Honestly, the sound of Hazel's harp is beautiful.
5. I have a flight from Bangkok, Thailand to Savannah, Georgia.

The Reading Challenge
Lesson 8.4
Reading Multisyllable Words

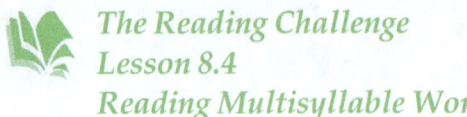

긴 단어를 음절이라고 하는 작은 부분으로 나누어 읽을 수 있습니다. 각 음절에는 하나의 모음 소리와 일반적으로 하나 이상의 자음 소리가 있습니다.

Three Ways to Divide Words into Syllables

1. 폐쇄음절은 자음으로 끝난다. 닫힌 음절에 모음이 하나 있는 경우 일반적으로 단모음이 있습니다.

    예시: habit - hab + bit

    닫힌 음절에 두 개의 모음이 있는 경우 첫 번째 모음은 일반적으로 장모음이고 두 번째 모음은 무음입니다.

    예시: heater - heat + er

2. 열린 음절은 모음으로 끝납니다. 음절 끝에 오는 모음은 일반적으로 장모음입니다.

    예시: hero - he + ro

3. "모음 + 자음 + e"음절은 단어 끝에 있습니다. 이 음절 패턴의 첫 번째 모음은 일반적으로 장모음이고 마지막 "e"는 묵음입니다.

    예시: humanize - hu + man + ize

Multisyllable Word Lists

2 syllable words	3 syllable words	4 syllable words
habit	hairdresser	habitual
happen	hamburger	harmonica
happy	happily	hectometer
hazel	headquarters	helicopter
helping	holiday	heredity
hero	Honduras	homogenous
hidden	honeycomb	horizontal
himself	hospital	hospitalize
honors	however	hostility
hopping	hurricane	humidity
hugging	hydration	Hungarian
human	hydraulic	hysterical
humble	hyphenate	hypertension

Learn To Read English With Lessons In Korean

Lesson 8.5
Reading Proper and Common Nouns and Adjectives
Capitalization Rules

단어는 대문자 및/또는 소문자로 작성됩니다. 고유명사와 고유 형용사는 대문자로 시작합니다. 일반 명사와 일반 형용사는 소문자로 시작합니다.

고유명사는 특정한 사람, 장소, 사물 또는 개념을 지칭하는 단어입니다.

보통 명사는 일반적인 사람, 장소, 사물 또는 개념을 명명하는 단어입니다.

	Proper Noun	Common Noun
Person	Hausa	husband
Place	Henry St.	house
Thing	Hausa	hat
Concept	Hinduism	humor

고유 형용사는 특정 사람, 장소, 사물 또는 개념을 설명하는 단어입니다.

일반적인 형용사는 일반적인 사람, 장소, 사물 또는 개념을 설명하는 단어입니다.

Proper Adjective:	Common Adjective:
Person: Hungarian citizens Thing: Hebrew language	Person: healthy patients Thing: heavy bag

Capitalization Rules
Uppercase Letter – "H"

- 문장을 시작하는 단어의 첫 글자는 대문자입니다.

- 특정한 사람, 장소, 사물 또는 개념을 지칭하는 단어의 첫 글자는 대문자입니다.

- 사람의 직함은 첫 글자를 대문자로 한다.

- 제목 또는 부제목에 있는 각 단어의 첫 글자는 대문자입니다.

- 대명사로서 문자 "I"는 대문자입니다.

✎ 참고: 소문자는 일반적으로 다른 모든 단어에 사용됩니다.

Lowercase Letter – "h"

- 특정한 사람, 장소, 사물 또는 이름을 나타내지 않는 단어의 첫 글자개념은소문자로 작성됩니다.

- 문장으로 시작하지 않는 단어의 첫 글자는 소문자로 쓴다.

- 단어의 안과 끝은 모두 소문자로 표기합니다.

The Letter "h" at a Glance		
Letter	Sound	Anchor Words
"h"	/h/	hat
"h"	silent "h"	cheeta<u>h</u>

Unit H
Lesson 8.5

I/i

Lesson 9.0
Introduction of the Letter I/i

문자 "i"는 모음입니다. 그것은 영어의 로마 알파벳의 9 번째 문자입니다. 문자는 대문자와 소문자로 작성됩니다.

	Uppercase Letter	Lowercase Letter
Print	I	i
Cursive	*I*	*i*

Lesson 9.1
Reading Words with the Letter I/i

문자 "i"는 일곱가지 방식으로 발음됩니다.
- insect라는 단어에서와 같이 단모음 /ĭ/ 소리를 나타냅니다.
- bike라는 단어에서와 같이 장모음 /ī/ 소리를 나타냅니다.
- pencil이라는 단어에서와 같이 슈와 모음 /ə/ 소리를 나타냅니다.
- taxi라는 단어에서처럼 장모음 /ē/ 소리를 나타냅니다.
- girl이라는 단어에서와 같이 모음 /û/ 소리를 나타냅니다.
- nirvana라는 단어에서처럼 모음 /î/ 소리를 나타냅니다.
- meringue라는 단어에서와 같이 단모음 /ă/ 소리를 나타냅니다.
- 때때로 그것은 maid라는 단어에서와 같이 침묵합니다.

High Frequency, One Syllable Letter "i" Words

Short vowel words:

if, in, is, it, big, bin, bit, did, dig, dim, dip, drift, drill, flip, fish, fit, fix, flint, flip, hill, him, hit, kid, lid, lip, pin, pit, sit, tin, tip, win

Long vowel words:

bite, drive, kite, file, fine, hide, high, ice, lime, line, mile, mine, nine, pine, rice, ride, side, size, slice, tide, tile, time, wife, wise

Lesson 9.2
Reading Words with the Short Vowel "i" Sound

"i" represents the short vowel /ĭ/ sound

단어의 시작 부분에서 문자 "i"는 일반적으로 단어 in에서와 같이 단모음 /ĭ/ 소리를 나타냅니다.

자음이 문자 "i"의 앞뒤에 올 때 일반적으로 단어 big 및 dish에서와 같이 단모음 /ĭ/ 소리를 나타냅니다.

Beginning	Within	End
/ĭ/	/ĭ/	/ĭ/
in	dish	

참고: 단어 끝에 있는 문자 "i"는 단모음 /ĭ/ 소리를 나타내지 않습니다.

✣ Short Vowel "i" Word Families

"ib" - "i" represents the short vowel /ĭ/ sound

"ib" 단어 패밀리의 문자 "i"는 단어 bib에서와 같이 단모음 /ĭ/ 소리를 나타냅니다.

Word Box	bib, crib, fib, glib, nib, rib *Multisyllable Words:* Carib, sparerib

"ick" - "i" represents the short vowel /ĭ/ sound

"ick" 단어 패밀리의 문자 "i"는 단어 sick에서와 같이 단모음 /ĭ/ 소리를 나타냅니다.

Word Box	brick, chick, click, flick, kick, lick, Nick, pick, prick, quick, Rick, sick, slick, stick, thick, tick, trick, wick *Multisyllable Words:* broomstick, candlestick, chopstick, drumstick, gimmick, handpick, homesick, lovesick, maverick, sidekick, toothpick, yardstick

Word Box	kicker, licker, licking, nickel, nickelodeon, nickname, picket, picking, pickle, picky, sickle, slicker, sticker, sticking, ticker, ticket, tickle, ticklish, wicker

"id" - "i" represents the short vowel /ĭ/ sound

"id" 단어 패밀리의 문자 "i"는 단어 did에서와 같이 단모음 /ĭ/ 소리를 나타냅니다.

Word Box	bid, did, hid, grid, id, kid, lid, rid, slid, squid

"ift" - "i" represents the short vowel /ĭ/ sound

"ift" 단어 패밀리의 문자 "i"는 단어 lift에서와 같이 단모음 /ĭ/ 소리를 나타냅니다.

Word Box	gift, lift, rift, sift, shift, swift, thrift

"ig" - "i" represents the short vowel /ĭ/ sound

"ig"어족의 문자 "i"는 단어 wig에서와 같이 단모음 /ĭ/ 소리를 나타냅니다.

Word Box	big, brig, dig, fig, gig, grig, jig, pig, rig, swig, twig, wig, zig

"ill" - "i" represents the short vowel /ĭ/ sound

"ill" 단어 패밀리의 문자 "i"는 단어 fill에서와 같이 단모음 /ĭ/ 소리를 나타냅니다.

Word Box	bill, chill, dill, drill, fill, frill, gill, grill, hill, ill, Jill, mill, pill, sill, skill, spill, still, thrill, till, will

"im" - "i" represents the short vowel /ĭ/ sound

"im" 단어 패밀리의 문자 "i"는 단어 dim에서와 같이 단모음 /ĭ/ 소리를 나타냅니다.

Word Box	brim, dim, grim, him, Jim, Kim, prim, rim, skim, slim, swim, Tim, trim, whim

"imp" - "i" represents the short vowel /ĭ/ sound

"imp" 단어 패밀리의 문자 "i"는 chimp라는 단어에서와 같이 단모음 /ĭ/ 소리를 나타냅니다.

Word Box	blimp, chimp, limp, primp, scrimp, shrimp, skimp

"in" - "i" represents the short vowel /ĭ/ sound

"in" 단어 패밀리의 문자 "i"는 단어 tin에서와 같이 단모음 /ĭ/ 소리를 나타냅니다.

Word Box	bin, chin, din, fin, gin, grin, in, kin, pin, skin, spin, thin, tin, twin, win

Word Box	coincidence, incapable, incompetent, inconsistent, incumbent, indent, index, infant, infer, inflate, inner, mince, minister, ministry, ringer, window, windy

"ing" - "i" represents the short vowel /ĭ/ sound

"ing" 단어 패밀리의 문자 "i"는 단어 sing에서와 같이 단모음 /ĭ/ 소리를 나타냅니다.

Word Box	Bing, bring, cling, ding, fling, king, Ming, ping, ring, sing, sling, spring sting, string, swing, thing, wing, wring, zing

"ink" - "i" represents the short vowel /ĭ/ sound

"ing" 단어 패밀리의 문자 "i"는 단어 sink 에서와 같이 단모음 /ĭ/ 소리를 나타냅니다.

Word Box	blink, brink, chink, clink, dink, drink, fink, ink, jink, kink, link, mink, pink, plink, prink, rink, shrink, sink, slink, stink, think, wink

"ip" - "i" represents the short vowel /ĭ/ sound

"ip" 단어 패밀리의 문자 "i"는 단어 zip에서와 같이 단모음 /ĭ/ 소리를 나타냅니다.

Word Box	blip, chip, clip, dip, drip, flip, grip, hip, lip, nip, pip, rip, ship, sip, skip, slip, strip, tip, trip, whip, zip

"is" - "i" represents the short vowel /ĭ/ sound

"is" 단어 패밀리의 문자 "i"는 단어 his 및 this에서와 같이 단모음 /ĭ/ 소리를 나타냅니다.

"it" - "i" represents the short vowel /ĭ/ sound

"it" 단어 패밀리의 문자 "i"는 단어 sit에서와 같이 단모음 /ĭ/ 소리를 나타냅니다.

Word Box	bit, fit, flit, hit, it, kit, knit, lit, pit, quit, sit, skit, slit, spit, split, twit, wit

"iz" - "i" represents the short vowel /ĭ/ sound

"iz" 단어 패밀리의 문자 "i"는 quiz 및 whiz 단어에서와 같이 단모음 /ĭ/ 소리를 나타냅니다.

Lesson 9.3
Reading Words with the Long Vowel "i" Sound

"i" represents the long vowel /ī/ sound

문자 "i"는 단어 ice에서와 같이 장모음 /ī/ 소리를 나타낼 수 있습니다. 장모음은 글자 이름으로 발음됩니다.

Beginning	Within	End
/ī/	/ī/	/ī/
ice	tie	hi

✣ **"i" + consonant + silent "e" word families**

장모음 /ī/ 소리에는 VCe, CVCe, CCVCe 및 CCCVCe의 네 가지 패턴 변형이 있습니다. VCe 패턴은 많은 장모음 단어의 끝에 있습니다.

"vowel + consonant + silent e" patterns	Target Words
VCe	ice
CVCe	bike
CCVCe	smile
CCCVCe	strike

"ice" - "i" represents the long vowel /ī/ sound

"i" + 자음 + "e" 패턴이 단어 끝에 있을 때 모음 "i"는 일반적으로 장모음 /ī/ 소리를 나타내고 자음은 그 소리를 나타내고 모음 "e"는 무음입니다 mice라는 단어에서.

Word Box	dice, ice, mice, nice, price, rice, slice, spice, splice, thrice, twice, vice

☞ 예외: service - /ĭ/ 소리

"ide" - "i" represents the long vowel /ī/ sound

"i" + 자음 + "e" 패턴이 단어 끝에 있을 때 모음 "i"는 일반적으로 장모음 /ī/ 소리를 나타내고 자음은 그 소리를 나타내고 모음 "e"는 무음입니다 side라는 단어에서.

Word Box	bide, bride, glide, hide, pride, ride, side, slide, stride, tide, wide
	Multisyllable Words:
	aside, beside, collide, confide, decide, divide, inside, outside, provide, seaside

"ife" - "i" represents the long vowel /ī/ sound

"i" + 자음 + "e" 패턴이 단어 끝에 있을 때 모음 "i"는 일반적으로 장모음 /ī/ 소리를 나타내고 자음은 그 소리를 나타내고 모음 "e"는 무음입니다 life라는 단어에서.

Word Box	fife, knife, life, strife, wife

"ile" - "i" represents the long vowel /ī/ sound

"i" + 자음 + "e" 패턴이 단어 끝에 있을 때 모음 "i"는 일반적으로 장모음 /ī/ 소리를 나타내고 자음은 그 소리를 나타내고 모음 "e"는 무음입니다 file라는 단어에서.

Word Box	bile, file, mile, Nile, pile, smile, stile, tile, vile, while
	Multisyllable Words:
	agile, awhile, compile, fragile, hostile, juvenile, mobile, reptile, volatile

☞ 예외: agile, docile, fragile, hostile - /ī/ 소리 또는 /ə/ 소리

"ime" - "i" represents the long vowel /ī/ sound

"i" + 자음 + "e" 패턴이 단어 끝에 있을 때 모음 "i"는 일반적으로 장모음 /ī/ 소리를 나타내고 자음은 그 소리를 나타내고 모음 "e"는 무음입니다 sublime라는 단어에서.

Word Box	chime, clime, crime, dime, grime, lime, mime, prime, slime, time, rime

"ine" - "i" represents the long vowel /ī/ sound

"i" + 자음 + "e" 패턴이 단어 끝에 있을 때 모음 "i"는 일반적으로 장모음 /ī/ 소리를 나타내고 자음은 그 소리를 나타내고 모음 "e"는 무음입니다 pine라는 단어에서.

Word Box	brine, chine, cline, dine, fine, line, mine, nine, pine, sine, shine, shrine, spine, swine, tine, trine, twine, vine, whine, wine

"ine" - "i" represents the long vowel /ē/ sound

"i" + 자음 + "e" 패턴이 단어 끝에 올 때 모음 "i"는 단어 machine 및 magazine에서와 같이 장모음 /ē/ 소리를 나타낼 수 있습니다.

"ine" - "i" represents the short vowel /ĭ/ sound

"i" + 자음 + "e" 패턴이 단어 끝에 있을 때 모음 "i"는 단어 discipline 및 engine에서와 같이 단모음 /ĭ/ 소리를 나타낼 수 있습니다.

"ire" - "i" represents the long vowel /ī/ sound

"i" + 자음 + "e" 패턴이 단어 끝에 있을 때 모음 "i"는 일반적으로 장모음 /ī/ 소리를 나타내고 자음은 그 소리를 나타내고 모음 "e"는 무음입니다 fire라는 단어에서.

Word Box	fire, hire, mire, shire, spire, tire, wire
	Multisyllable Words: acquire, admire, aspire, attire, backfire, bonfire, campfire, conspire, desire, empire, entire, esquire, expire, hardwire, inspire, retire, sapphire, satire, umpire

"ite" - "i" represents the long vowel /ī/ sound

"i" + 자음 + "e" 패턴이 단어 끝에 있을 때 모음 "i"는 일반적으로 장모음 /ī/ 소리를 나타내고 자음은 그 소리를 나타내고 모음 "e"는 무음입니다 kite라는 단어에서.

Word Box	bite, cite, kite, lite, mite, quite, rite, site, spite, sprite, white, write
	Multisyllable Words: despite, dynamite, excite, ignite, incite, invite, polite, recite, satellite

☞ 예외: definite, hypocrite - /ĭ/ 소리

"ive" - "i" represents the long vowel /ī/ sound

"i" + 자음 + "e" 패턴이 단어 끝에 있을 때 모음 "i"는 일반적으로 장모음 /ī/ 소리를 나타내고 자음은 그 소리를 나타내고 모음 "e"는 무음입니다 live라는 단어에서.

Word Box	dive, drive, five, live, strive
	Multisyllable Words: alive, arrive, archive, beehive, contrive, deprive, revive, survive

☞ 예외: defensive, exclusive, progressive - /ĭ/ 소리

"ild" - "i" represents the long vowel /ī/ sound

"ild" 문자 조합에서 문자 "i"는 단어 child 및 mild에서와 같이 장모음 /ī/ 소리를 나타낼 수 있습니다.

Word Box	childish, mild, milder, mildest, mildly, wild, wilder, wildest, wildly, wildness

☞ 예외: children, wilderness - /ĭ/ 소리

"ind" - "i" represents the long vowel /ī/ sound

"ind" 문자 조합에서 문자 "i"는 단어 find 및 kind에서와 같이 장모음 /ī/ 소리를 나타낼 수 있습니다.

"ight" - "i" represents the long vowel /ī/ sound

"밤" 문자 조합에서 문자 "i"는 단어 bright에서와 같이 장모음 /ī/ 소리를 나타냅니다.

Word Box	blight, fight, flight, fright, knight, light, might, night, right, sight, slight, tight
	Multisyllable Words: alright, brighten, delight, flashlight, highlight, overnight, playwright, tonight

☞ 예외: straight – 조용한 "i"

"eight" - "ei" represents the long vowel /ā/ sound

"8" 문자 조합에서 문자 "e"와 "i"는 단어 eight에서와 같이 장모음 /ā/ 소리를 나타냅니다.

Word Box	eight, eighteen, eighteenth, eightieth, eighty, freight, freighter, weight, weightless, weightlessly, weightlessness, weightlifter, weightlifting, weighty

☞ 예외: height – /ī/ 소리

Long Vowel "i" Cards

"ibe"	"ice"	"ide"
bribe	price	bride
scribe	slice	glide
tribe	twice	pride

"ipe"	"ite"	"ive"
stripe	sprite	drive
swipe	white	strive
tripe	write	thrive

읽기 평가
과제: 문장을 읽습니다.

1. The heat intensifies at lunchtime.
2. I have nine pencils inside my desk.
3. The intern puts raisins on his cereal.
4. I read an interesting book about pilgrims.
5. The speed limit is fifty-five miles per hour.

Lesson 9.4
Reading Words with Letter "i" Vowel Pairs

두 개의 모음이 음절이나 단어에 함께 있을 때 첫 번째 모음은 일반적으로 장모음을 나타내고 두 번째 모음은 무음입니다.

두 개의 모음을 두 개의 음절로 나눌 때 각 모음은 개별 소리를 나타냅니다.

"ia" represents the long vowel /ī/ sound
단어 또는 음절에 "ia" 모음 조합이 함께 있을 때 문자 "i"는 장모음 /ī/ 소리를 나타내고 "a"는 단어 dial에서와 같이 묵음입니다.

Word Box	dial, dialing, diaper, redial, trial

단어 상자에 있는 단어는 장모음 /ī/ 소리 또는 장모음 /ī/ + /ə/ 소리의 두 가지 방식으로 발음될 수 있다는 점에 유의하는 것이 중요합니다.

Word Box	/ī/ sound	/ī/ + /ə/ sounds
dial	✓	✓
trial	✓	✓
diaper	✓	✓

"ia" represents the long vowel /ī/ + /ə/ sounds
"ia" 모음 조합을 두 음절로 나눌 때 문자 "i"는 장모음 /ī/ 소리를 나타내고 모음 "a"는 단어 bias에서와 같이 슈와 모음 /ə/ 소리를 나타낼 수 있습니다.

Word Box	appliance, bias, compliance, defiant, denial, diabetes, diabetic, diabolical, diagram, dial, dialect, diamond, diaper, diary, diatom, giant, liability, liable, podiatry, psychiatrist, psychiatry, reliable, reliant, undeniable, viable

☞ 예외: dialysis - /ī/ + /ă/ 소리

"ie" represents the long vowel /ī/ sound
"ie" 모음 조합이 단어나 음절에 함께 있는 경우 문자 "i"는 장모음 /ī/ 소리를 나타낼 수 있고 문자 "e"는 단어 tie에서와 같이 묵음입니다.

Word Box	cried, cries, die, dried, dries, flies, fried, fries, hie, lie, lied, lies, pie, pied, pies, spied, spies, tie, tied, ties, tried, tries, vie, vied allied, applied, certified, classified, diversified, edified, fortified, identified, justified, modified, occupied, qualified, relied, satisfied, signified, supplied

"ie" has a silent "i" + long vowel /ē/ sound

"ie" 모음 조합이 단어나 음절에 함께 있는 경우 문자 "i"는 묵음이 될 수 있고 문자 "e"는 단어 cookies에서와 같이 장모음 /ē/ 소리를 나타낼 수 있습니다.

Word Box	babies, belief, believe, berries, brief, brownie, chief, cities, cookies, copies, families, field, grief, hobbies, niece, parties, pennies, relief, shield, thief, yield

"ie" represents the long vowel /ī/ + /ə/ sounds

"ie" 모음 조합을 두 음절로 나눌 때, 문자 "i"는 장모음 /ī/ 소리를 나타내고, 문자 "e"는 슈와 모음 /ə/ 소리를 나타낼 수 있습니다. 이는 단어 science에서와 같습니다.

Word Box	client, clientele, hierarchy, hieratic, hieroglyph, hieroglyphic, science, scientific, scientists

"ie" represents the long vowel /ī/ + /ĭ/ sounds

ie 모음 조합을 두 음절로 나눌 때 diet 및 quiet 단어에서와 같이 문자 "i"는 장모음 /ī/ 소리를 나타내고 문자 "e"는 단모음 /ĭ/ 소리를 나타낼 수 있습니다..

"ie" - "i" represents the long vowel /ē/ sound

"ier" 및 "est" 문자 조합에서 문자 "i"는 단어 happy와 happiest에서와 같이 장모음 /ē/ 소리를 나타낼 수 있습니다.

Word Box	"ier" represents long vowel /ē/ + /ə/ + /r/ sounds	"iest" represents long vowel /ē/ + /ĕ/ + /s/ + /t/ sounds
early	earlier	earliest
easy	easier	easiest
tiny	tinier	tiniest

"io" represents the /y/ + /ə/ sounds

"io" 모음 조합이 단어 또는 음절에 함께 있는 경우 union이라는 단어에서와 같이 모음 /y/ + /ə/ 소리를 나타냅니다.

Word Box	communion, companion, dominion, grunion, junior, medallion, million, minion, octillion, onion, opinion, quintillion, rebellion, senior, trillion, union

"iu" represents the long vowel /ē/ + /ə/ sounds

"iu"모음 조합을 두 음절로 나눌 때 문자 "i"는 장모음 /ē/ 소리를 나타내고 문자 "u"는 단어 sodium에서와 같이 슈와 모음 /ə/ 소리를 나타냅니다.

Word Box	aquarium, consortium, delirium, emporium, medium, millennium, podium, potassium, premium, radium, radius, sodium, stadium, symposium, tedium

Lesson 9.5
Reading Words with the Final Letter "i"

마지막 문자 "i"는 두 가지 방식으로 발음됩니다.
- hi라는 단어에서처럼 장모음 /ī/ 소리를 나타냅니다.
- taxi라는 단어에서와 같이 장모음 /ē/ 소리를 나타냅니다.

"i" represents the long vowel /ī/ sound

문자 "i"가 단어 또는 음절의 끝에 있으면 hi라는 단어에서와 같이 장모음 /ī/ 소리를 나타낼 수 있습니다.

Word Box	
	Final letter "i"
	alibi, alkali, alumni, anti, cacti, chi, fungi, hi, I, octopi, phi, stimuli, syllabi
	Only letter "i" in the first syllable
	icon, Idaho, idea, ideal, identical, identify, identity, Iris, Irish, iron, item
	Letter "i" is at the end of the first syllable
	bias, bicarbonate, biceps, bicycle, bifocal, bilateral, bilingual, binary, bio, biology, bipolar, Chinese, cider, citation, dilate, dilute, dinette, dinosaur, direct, diverge, divert, fiber, final, finalize, giant, liable, library, license, Siberia, silence, silent, sinus, siren, triangle, triceps, tricycle, trifle, vibrate, vibration

"i" represents the long vowel /ē/ sound

다음절 단어 끝에 'i'라는 글자가 있으면 taxi 라는 단어처럼 장모음 /ē/ 소리를 나타낼 수 있습니다.

Word Box	
	bikini, broccoli, chili, confetti, deli, Fiji, graffiti, Haiti, Hindi, Jacuzzi, kiwi, macaroni, maxi, Miami, mini, multi, pepperoni, Pepsi, potpourri, Punjabi, quasi, roti, safari, salami, semi, sushi, Swahili, taxi, teriyaki, yogi, ziti, zucchini

"io" represents the long vowel /ē/ + /ō/ sounds

"io" 모음 조합을 두 음절로 나눌 때 문자 "i"는 장모음 /ē/ 소리를 나타내고 문자 "o"는 장모음 /ō/ 소리를 나타낼 수 있습니다. 이는 cardio 및 radio와 같이 단어입니다.

"io" represents the long vowel /ē/ + /ŏ/ sounds

"io" 모음 조합을 두 음절로 나눌 때 문자 "i"는 장모음 /ē/ 소리를 나타내고 문자 "o"는 audiology 및 cardiology 단어에서와 같이 단모음/ŏ/ 소리를 나타낼 수 있습니다.

"io" represents the long vowel /ē/ + /ə/ sounds

"io" 모음 조합을 두 음절로 나눌 때 문자 "i"는 장모음 /ē/ 소리를 나타내고 문자 "o"는 단어 cardiograph에서와 같이 슈화 모음 /ə/ 소리를 나타낼 수 있습니다.

Lesson 9.6
Reading Letter "i" Words with the Schwa Vowel Sound

"i" represents the schwa vowel /ə/ sound

모음 "i"는 cabinet이라는 단어에서와 같이 슈와 모음 /ə/ 소리를 나타낼 수 있습니다. 슈와 모음은 /ŭ/ + /h/ 소리와 비슷합니다.

Schwa it!

Beginning	Within	End
/ə/	/ə/	/ə/
	cabinet	

문자 "i"가 단어 안에 있으면 animal이라는 단어에서와 같이 슈와 모음 /ə/ 소리를 나타낼 수 있습니다.

Word Box	admiral, animal, binocular, capillary, captivate, carnivore, civil, condiment, clarinet, criminal, crucible, imagination, laminate, nominal, nominee, nostril, optimum, original, pediment, pencil, pestilent, pollinate, sediment, similar, similarity, simile, specification, stabilize, stamina, testimony

"ify" - "i" represents the schwa vowel /ə/ sound

"ify" 문자 조합에서 문자 "i"는 단어 classify에서와 같이 슈와 모음 /ə/ 소리를 나타냅니다.

Word Box	amplify, beautify, certify, clarify, classify, diversify, exemplify, falsify, fortify, glorify, identify, intensify, justify, modify, mystify, notify, pacify, purify

"ily" - "i" represents the schwa vowel /ə/ sound

"ily" 문자 조합에서 문자 "i"는 단어 family에서와 같이 슈와 모음 /ə/ 소리를 나타냅니다.

Word Box	cozily, easily, extraordinarily, happily, heavily, lazily, luckily, monetarily, nosily, primarily, readily, speedily, tastily, temporarily, verily, voluntarily

☞ 예외: lily – /ĭ/ 소리; daily – 조용한 "i"

Parts of Speech Table

Nouns	Verbs	Adjectives
animals	annihilate	civil
centipede	assimilate	classified
continent	calibrate	continental
decimal	cannibalize	criminal
experiment	captivate	intelligent
pencil	duplicate	pessimistic
president	participate	similar

Lesson 9.7
Reading Words with the "ir" Letter Combination

"ir" 문자 조합에서 문자 "i"는 다섯 가지 방식으로 발음됩니다.
- mirror라는 단어와 같이 단모음 /ĭ/ 소리를 나타냅니다.
- virus라는 단어에서와 같이 장모음 /ī/ 소리를 나타냅니다.
- bird라는 단어에서와 같이 모음 /û/ 소리를 나타냅니다.
- nirvana라는 단어에서처럼 모음 /î/ 소리를 나타냅니다.
- 그것은 단어 giraffe에서와 같이 슈와 모음 /ə/ 소리를 나타냅니다.

"ir" represents the short vowel /ĭ/ + /r/ sounds

"ir" 문자 조합은 단어 mirror에서와 같이 단모음 /ĭ/ + /r/ 소리를 나타낼 수 있습니다.

Word Box	irregular, irreplaceable, irreproachable, irresistible, irrespective, irresponsible, irreverence, irrigate, irrigation, irritate, miracle, mirage, mirror, spiritual

"ir" represents the long vowel /ī/ + /r/ sounds

"ir" 문자 조합은 virus라는 단어에서와 같이 장모음 /ī/ + /r/ 소리를 나타낼 수 있습니다.

Word Box	acquire, admire, environment, irate, Ireland, iris, Irish, ironic, irony, irradiate, inspire, mire, pirate, retire, siren, viral, virology, virulent, virus, wire, wiry

"ir" represents the short vowel /ĭ/ + /r/ sounds or long vowel /ī/ + /r/ sounds

"ir" 문자 조합은 direct 및 directory라는 단어에서와 같이 단모음 /ĭ/ + /r/ 소리 또는 장모음 /ī/ + /r/ 소리를 나타낼 수 있습니다.

"ir" represents the vowel /û/ + /r/ sounds

"ir" 문자 조합은 bird라는 단어에서와 같이 모음 /û/ + /r/ 소리를 나타낼 수 있습니다.

Word Box	affirm, bird, birth, chirp, circle, circus, dirt, fir, firm, first, gird, girl, girth, irk, quirk, shirt, sir, skirt, squirm, stir, swirl, third, thirst, thirsty, virtual, virtue

"ir" represents the vowel /î/ + /r/ sounds

"ir" 문자 조합은 conspiracy, souvenir 및 nirvana라는 단어에서와 같이 모음 /î/ + /r/ 소리를 나타낼 수 있습니다.

"ir" represents the schwa vowel /ə/ + /r/ sounds

"ir" 문자 조합은 단어 giraffe에서와 같이 슈와 모음 /ə/ + /r/ 소리를 나타낼 수 있습니다.

Word Box	aspirate, aspiration, aspirator, aspirin, circadian, circuitous, circumference, confirmation, giraffe, inspiration, inspirational, transpiration, virago, Virginia

Lesson 9.8
Reading Letter "i" Words with the Long Vowel /ē/ Sound

문자 "i"는 단어 chic 및 Belize에서와 같이 장모음 /ē/ 소리를 나타낼 수 있습니다.

"i" represents the long vowel /ē/ sound

단어 "i"가 단어 끝에 있으면 ski 단어에서와 같이 장모음 /ē/ 소리를 나타낼 수 있습니다.

Word Box	bikini, broccoli, chili, Haiti, hibachi, Hindi, kiwi, macaroni, Malawi, Mali, maxi, Miami, mini, origami, pepperoni, Pepsi, safari, salami, scampi, ski, taxi

"io" represents the long vowel /ē/ + /ō/ sounds

"io"모음 조합을 두 음절로 나눌 때 문자 "i"는 장모음 /ē/ 소리를 나타내고 문자 "o"는 단어 trio와 같이 장모음 /ō/ 소리를 나타낼 수 있습니다.

Word Box	audio, audiobook, barrio, capriccio, cardio, cardiovascular, cheerio, folio, Ontario, patio, pistachio, polio, portfolio, radio, ratio, ravioli, scenario, studio

Grammar Highlight

"i" represents the long vowel /ē/ sound

"ier" 및 "est" 문자 조합에서 문자 "i"는 단어 earlier 및 earliest에서와 같이 장모음 /ē/ 소리를 나타냅니다.

Word Box	"ier" represents long vowel /ē/ + /ə/ + /r/ sounds comparative adjectives	"iest" represents long vowel /ē/ + /ĕ/ + /s/ + /t/ sounds superlative adjectives
cozy	cozier	coziest
early	earlier	earliest
easy	easier	easiest
merry	merrier	merriest
nosy	nosier	nosiest
tiny	tinier	tiniest

읽기 평가
과제: 문장을 읽습니다.

1. Lisa likes to drive her red car.
2. The trio will sing six new songs.
3. All the kids ate pizza for dinner.
4. My antique radio is on the patio.
5. Irene ate macaroni and shrimp scampi.

Lesson 9.9
Reading Words with a Silent Letter "i"

모음 "i"는 business 및 view와 같이 무음일 수 있습니다.

"ie" has a silent "i" + long vowel /ē/ sound

"ie" 모음 조합이 단어나 음절에 함께 있는 경우 문자 "i"는 묵음이 될 수 있고 문자 "e"는 단어 cookies에서와 같이 장모음 /ē/ 소리를 나타냅니다.

Word Box	abilities, achieve, babies, belief, believe, berries, brief, brownie, chief, cities, field, grief, movie, niece, parties, pennies, relief, rotisserie, shield, thief, yield

☞ 예외: friend -/ĕ/ 소리

"i" is silent

문자 "i"가 모음 쌍의 두 번째 모음이면 grain이라는 단어에서와 같이 묵음일 수 있습니다.

Word Box	aide, afraid, aim, attain, bail, bait, daily, detail, either, heifer, Jamaica, nail, obtain, paid, pain, rail, receipt, sail, stain, straight, suit, trait, vain, wail, waist

Grammar Highlight

"ie" has a silent "i" + long vowel /ē/ sound

"ies" 및 "ied" 문자 조합에서 문자 "i"는 단어 studies 및 studied에서와 같이 묵음일 수 있습니다.

Word Box	"ies" has a silent "i" + long vowel /ē/ + /z/ sounds	"ied" has a silent "i" + long vowel /ē/ + /d/ sounds
Present Tense Verbs	3rd Person Singular Verbs	Past Tense Verbs
carry	carries	carried
copy	copies	copied
hurry	hurries	hurried
marry	marries	married
tarry	tarries	tarried
worry	worries	worried

Silent Letter "i" at a Glance		
Letter	Sound	Anchor Words
"i"	silent "i"	grain
"i"	silent "i"	business

The Reading Challenge
Lesson 9.10
Reading Multisyllable Words

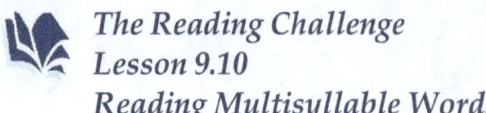

긴 단어를 음절이라고 하는 작은 부분으로 나누어 읽을 수 있습니다. 각 음절에는 하나의 모음 소리와 일반적으로 하나 이상의 자음 소리가 있습니다.

Three Ways to Divide Words into Syllables

1. 폐쇄음절은 자음으로 끝난다. 닫힌 음절에 모음이 하나 있는 경우 일반적으로 단모음이 있습니다.

   예시: finish - fin + ish

   닫힌 음절에 두 개의 모음이 있는 경우 첫 번째 모음은 일반적으로 장모음이고 두 번째 모음은 무음입니다.

   예시: allied - al + lied

2. 열린 음절은 모음으로 끝납니다. 음절 끝에 오는 모음은 일반적으로 장모음입니다.

   예시: private - pri + vate

3. "모음 + 자음 + e"음절은 단어 끝에 있습니다. 이 음절 패턴의 첫 번째 모음은 일반적으로 장모음이고 마지막 "e"는 묵음입니다.

   예시: invite - in + vite

Multisyllable Word Lists

2 syllable words	3 syllable words	4 syllable words
illness	icicle	identical
impact	idealize	illegally
impress	influence	illustrator
index	illustrate	impediment
insane	imagine	impossible
inside	important	information
into	industry	intelligent
invade	insurance	intercessor
Irish	intellect	interior
iron	intercept	ironical
island	invited	irregular
issue	inundate	isolated
item	itemize	itinerant

Lesson 9.11
Reading Proper and Common Nouns and Adjectives
Capitalization Rules

단어는 대문자 및/또는 소문자로 작성됩니다. 고유명사와 고유 형용사는 대문자로 시작합니다. 일반 명사와 일반 형용사는 소문자로 시작합니다.

고유명사는 특정한 사람, 장소, 사물 또는 개념을 지칭하는 단어입니다.

보통 명사는 일반적인 사람, 장소, 사물 또는 개념을 명명하는 단어입니다.

	Proper Noun	Common Noun
Person	Inuit	inspector
Place	India	inside
Thing	Internet	igloo
Concept	Islam	innovation

고유 형용사는 특정 사람, 장소, 사물 또는 개념을 설명하는 단어입니다.

일반적인 형용사는 일반적인 사람, 장소, 사물 또는 개념을 설명하는 단어입니다.

Proper Adjective:	Common Adjective:
Person: Indian citizen	Person: intelligent student
Thing: Indonesian food	Thing: icy road

Capitalization Rules
Uppercase Letter – "I"

- 문장을 시작하는 단어의 첫 글자는 대문지입니다.

- 특정한 사람, 장소, 사물 또는 개념을 지칭하는 단어의 첫 글자는 대문자입니다.

- 사람의 직함은 첫 글자를 대문자로 한다.

- 제목 또는 부제목에 있는 각 단어의 첫 글자는 대문자입니다.

- 대명사로서 문자 "I"는 대문자입니다.

✎ 참고: 소문자는 일반적으로 다른 모든 단어에 사용됩니다.

Lowercase Letter – "i"

- 특정한 사람, 장소, 사물 또는 이름을 나타내지 않는 단어의 첫 글자개념은 소문자로 작성됩니다.

- 문장으로 시작하지 않는 단어의 첫 글자는 소문자로 쓴다.

- 단어의 안과 끝은 모두 소문자로 표기합니다.

The Letter "i" at a Glance		
Letter(s)	Sounds	Anchor Words
"i"	/ĭ/	insect
"i"	/ī/	bike
"i"	/ə/	pencil
"i"	/ē/	taxi
"i"	/û/	girl
"i"	/î/	nirvana
"i"	/ă/	meringue
"i"	silent "i"	maid

J/j

Lesson 10.0
Introduction of the Letter J/j

문자 "j"는 자음입니다. 영어 로마자 알파벳의 10번째 글자입니다. 문자는 대문자와 소문자로 작성됩니다.

	Uppercase Letter	Lowercase Letter
Print	J	j
Cursive	*J*	*j*

Lesson 10.1
Reading Words with the Letter J/j

문자 "j"는 세 가지 방식으로 발음됩니다.

- jet이라는 단어에서와 같이 /j/ 소리를 나타냅니다.
- Navajo라는 단어에서와 같이 /h/ 소리를 나타냅니다.
- fjord라는 단어에서와 같이 /y/ 소리를 나타냅니다.

High Frequency, One Syllable Letter "j" Words
jab, jack, jade, jail, jam, jar, jaw, jay, jazz, jeans, jeep, jeer, jest, jet, jib, jig, jive, job, jock, jog, join, joint, joist, joke, jot, joule, jounce, joust, jowl, joy, judge, judged, jug, jugs, juice, juke, jump, June, junk, just

시작 부분과 단어 내에서 문자 "j"는 jet 및 ajar라는 단어에서와 같이 /j/ 소리를 나타냅니다.

Beginning	Within	End
/j/	/j/	/j/
jet	ajar	

Short Vowel Blending Table for the Letter J/j

/ă/ apple	/ĕ/ egg	/ĭ/ insect	/ŏ/ octopus	/ŭ/ up
j a m	j e t	j i g	j o b	j u g
ja m	je t	ji g	jo b	ju g
jam	jet	jig	job	jug

❖ Reading Words with the Letter J/j

Long Vowel Blending Table for the Letter J/j

/ā/ ape	/ē/ eagle	/ī/ ice	/ō/ open	/o͞o/ glue
j a d e	j e e p	j i v e	j o k e	J u n e
ja de	jee p	ji ve	jo ke	Ju ne
jade	jeep	jive	joke	June

Letter "j" Parts of Speech Table

Nouns	Verbs	Adjectives
jab	jabbed	jade
jacket	jabbing	jagged
jade	jacketed	Jamaican
jail	jailed	Japanese
jalopy	jeopardize	jawed
jam	jingled	jawless
jeep	jingling	jazzy
jelly	jogging	jealous
jersey	joined	jellylike
job	joining	jeweled
jockey	joked	jobless
joint	joking	jocular
journal	jolting	joint
judge	jostle	jolly
juice	jotting	jovial
jumper	judged	joyful
junction	judging	joyous
jury	juggling	jubilant
justice	jumbled	juicy
justification	jumped	jumbo
juxtaposition	justify	jumpy

✓ **읽기 평가**
과제: 문장을 읽습니다.

1. The jellybeans are in the jar.
2. Jordan's jacket is in the closet.
3. Jim is jumping in the jungle gym.
4. Joyce and Joel like to listen to jazz.
5. Jasmine and Joy ate jam and bread.

Unit J Lesson 10.1

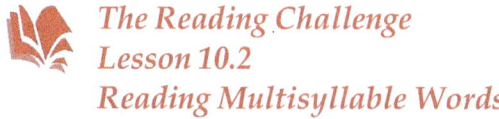

The Reading Challenge
Lesson 10.2
Reading Multisyllable Words

긴 단어를 음절이라고 하는 작은 부분으로 나누어 읽을 수 있습니다. 각 음절에는 하나의 모음 소리와 일반적으로 하나 이상의 자음 소리가 있습니다.

Three Ways to Divide Words into Syllables

1. 폐쇄음절은 자음으로 끝난다. 닫힌 음절에 모음이 하나 있는 경우 일반적으로 단모음이 있습니다.

   예시: jester - jes + ter

   닫힌 음절에 두 개의 모음이 있는 경우 첫 번째 모음은 일반적으로 장모음이고 두 번째 모음은 무음입니다.

   예시: jailbird – jail + bird

2. 열린 음절은 모음으로 끝납니다. 음절 끝에 오는 모음은 일반적으로 장모음입니다.

   예시: joey - jo + ey

3. "모음 + 자음 + e" 음절은 단어 끝에 있습니다. 이 음절 패턴의 첫 번째 모음은 일반적으로 장모음이고 마지막 "e"는 묵음입니다.

   예시: juxtapose - jux + ta + pose

Multisyllable Word Lists

2 syllable words	3 syllable words	4 syllable words
jacket	jackhammer	jacaranda
jargon	Jamaica	jalapeno
jaybird	jamboree	jambalaya
jealous	janitor	January
jelly	Japanese	jeremiad
jewel	jawbreaker	Jeremiah
journey	jealousy	jocundity
joyful	jellyfish	Johannesburg
juggle	jeopardize	journalistic
juicy	jewelry	jubilantly
July	joyfully	jubilation
jumbo	jubilant	juridical
jumper	juvenile	jurisdiction
jumping	Jupiter	jurisprudence
jungle	justify	juxtaposing

Lesson 10.3
Reading Proper and Common Nouns and Adjectives
Capitalization Rules

단어는 대문자 및/또는 소문자로 작성됩니다. 고유명사와 고유 형용사는 대문자로 시작합니다. 일반 명사와 일반 형용사는 소문자로 시작합니다.

고유명사는 특정한 사람, 장소, 사물 또는 개념을 지칭하는 단어입니다.

보통 명사는 일반적인 사람, 장소, 사물 또는 개념을 명명하는 단어입니다.

	Proper Noun	Common Noun
Person	Jimmy	janitor
Place	Jamaica	junior high school
Thing	January	jello
Concept	Judaism	joy

고유 형용사는 특정 사람, 장소, 사물 또는 개념을 설명하는 단어입니다.

일반적인 형용사는 일반적인 사람, 장소, 사물 또는 개념을 설명하는 단어입니다.

Proper Adjective:	Common Adjective:
Person: Japanese citizen	Person: jolly clown
Thing: Jeffersonian Era	Thing: junk food

Capitalization Rules

Uppercase Letter – "J"

- 문장을 시작하는 단어의 첫 글자는 대문자입니다.

- 특정한 사람, 장소, 사물 또는 개념을 지칭하는 단어의 첫 글자는 대문자입니다.

- 사람의 직함은 첫 글자를 대문자로 한다.

- 제목 또는 부제목에 있는 각 단어의 첫 글자는 대문자입니다.

- 대명사로서 문자 "I"는 대문자입니다.

✎ 참고: 소문자는 일반적으로 다른 모든 단어에 사용됩니다.

Lowercase Letter – "j"

- 특정한 사람, 장소, 사물 또는 이름을 나타내지 않는 단어의 첫 글자개념은소문자 로 작성됩니다.

- 문장으로 시작하지 않는 단어의 첫 글자는 소문자로 쓴다.

- 단어의 안과 끝은 모두 소문자로 표기합니다.

The Letter "j" at a Glance		
Letter	Sound	Anchor Word
"j"	/j/	jet
"j"	silent "j"	

Unit J
Lesson 10.3

Unit K

K/k

 Lesson 11.0
Introduction of the Letter K/k

문자 "k"는 자음입니다. 그것은 영어의 로마 알파벳의 열한 번째 문자입니다. 문자는 대문자와 소문자로 작성됩니다.

	Uppercase Letter	Lowercase Letter
Print	K	k
Cursive	𝒦	𝓀

 Lesson 11.1
Reading Words with the Letter K/k

문자 "k"는 한 가지 방식으로 발음됩니다.
- king이라는 단어에서처럼 /k/ 소리를 나타냅니다.
- 때때로 그것은 knee라는 단어에서와 같이 침묵합니다.

High Frequency, One Syllable Letter "k" Words
kale, karts, keel, keen, keep, keg, kelp, ken, kept, ketch, key, keys, kick, kicks, kid, kids, kind, king, kiss, kit, knack, knew, knife, knight, knit, knits, knob, knobs, knock, knoll, knot, knots, know, known

단어의 시작, 내부 및 끝에서 문자 "k"는 kit, rocket 및 back이라는 단어에서와 같이 /k/ 소리를 나타냅니다.

Beginning	Within	End
/k/	/k/	/k/
kale	baskets	back
keep	cracker	bookmark
ketchup	leakage	chipmunk
keyboard	pumpkin	gimmick
kidneys	spoken	midweek
knockout	sticker	nonstick
koalas	walking	unlock

Reading Words with the Letter K/k

Short Vowel Blending Table for the Letter K/k

/ă/ apple	/ĕ/ egg	/ĭ/ insect	/ŏ/ octopus	/ŭ/ up
k a pp a	K e n	k i t	ko m chu b a	k u ng fu
ka pp a	Ke n	ki t	kom chu ba	ku ng fu
kappa	Ken	kit	komchuba	kung fu

Long Vowel Blending Table for the Letter K/k

/ā/ ape	/ē/ eagle	/ī/ ice	/ō/ open	/o͞o/ glue
K a t e	k ee n	k i te	k o sh er	K u w ai t
Ka te	kee n	ki te	kosh er	Ku wait
Kate	keen	kite	kosher	Kuwait

Letter "k" Parts of Speech Table

Nouns	Verbs	Adjectives
kale	keening	kaleidoscopic
kava	keep	kapok
kazoo	keeping	keen
keeper	keeps	kempt
kernel	kept	Kenyan
kerosene	keyed	kept
ketchup	kicked	khaki
keyboard	kicking	kinesthetic
keynote	kissed	kind
kickoff	kneeling	kinetic
kidney	knitting	kinky
kilometer	knocked	Korean
kingdom	knotted	kosher
kitchen	knows	knitted

읽기 평가
과제: 문장을 읽습니다.

1. The king's knights are brave.
2. The kids are flying their kites.
3. Keanna enjoys singing karaoke.
4. Kathy and Kim are from Kuwait.
5. Kristen read a book about Helen Keller.

Lesson 11.2
Reading Words with the Letter "k" and "ck" Letter Combination

"k" represents the /k/ sound

문자 "k"는 cake라는 단어에서와 같이 /k/ 소리를 나타냅니다.

Long Vowel Blending Table for the Letter "k"

/ā/ ape	/ē/ eagle	/ī/ ice	/ō/ open	/yōō/ cube
t a k e	d e k e	b i k e	s p o k e	p u k e
ta ke	de ke	bi ke	spo ke	pu ke
take	deke	bike	spoke	puke

"ck" has a silent "c" + /k/ sound

"ck" 문자 조합은 luck이라는 단어에서와 같이 /k/ 소리를 나타냅니다.

Short Vowel Blending Table for the "ck" Letter Combination

/ă/ apple	/ĕ/ egg	/ĭ/ insect	/ŏ/ octopus	/ŭ/ up
b a ck	ch e ck	ch i ck	cl o ck	ch u ck
ba ck	che ck	chi ck	clo ck	chu ck
back	check	chick	clock	chuck

Word Box	acknowledge, back, black, block, bucket, chick, chicken, deck, dock, duck, jacket, kick, lack, lick, lock, luck, neck, nickel, pack, pick, pickle, sick, sock

Long Vowel Cards for the Letter "k"

"ake"	"eke"	"ike"	"oke"	"uke"
bake cake fake	deke eke peke	bike hike strike	awoke broke smoke	duke fluke juke

Short Vowel Cards for the Letter "ck"

"ack"	"eck"	"ick"	"ock"	"uck"
black pack track	check neck speck	brick click pick	block clock lock	chuck duck stuck

Lesson 11.3
Reading Words with the "kle" Letter Combination

"kle" represents the /k/ + /l/ + /ĕ/ sounds

"kle" 문자 조합이 단어의 시작 부분에 있는 경우 kleptomania 및 kleptomaniac 단어에서와 같이 /k/ + /l/ + /ĕ/ 소리를 나타낼 수 있습니다.

"kle" represents the /k/ + /l/ + /ĭ/ sounds

"kle" 문자 조합이 단어 내에 있는 경우 booklet이라는 단어에서와 같이 /k/ + /l/ + /ĭ/ 소리를 나타낼 수 있습니다.

Word Box	anklet, booklet, feckless, fecklessly, fecklessness, reckless, recklessly, recklessness, thankless, thanklessness

"kle" represents the /k/ + /l/ + /ē/ sounds

"kle" 문자 조합이 단어의 시작 부분에 있으면 Kleenex라는 단어에서와 같이 /k/ + /l/ + /ē/ 소리를 나타낼 수 있습니다.

"kler" represents the /k/ + /l/ + /ə/ + /r/ sounds

"kler" 문자 조합이 단어 끝에 있으면 sprinkler라는 단어에서와 같이 /k/ + /l/ + /ə/ + /r/ 소리를 나타냅니다.

Word Box	buckler, sparkler, sprinkler, stickler, swashbuckler, tackler

"kle" represents the /k/ + /ə/ + /l/ sounds + silent "e"

"kle" 문자 조합이 음절이나 단어의 끝에 있으면 freckle 단어에서와 같이 /k/ + /ə/ + /l/ 소리 + 묵음 "e"를 나타냅니다.

Word Box	ankle, buckle, chuckle, crackle, fickle, huckleberry, knuckle, periwinkle, pickle, shackle, sickle, sparkle, sprinkle, suckle, tackle, tickle, twinkle, winkle, wrinkle

"kle" represents /k/ + /ə/ + /l/ sounds + silent "e"	"kles" represents /k/ + /ə/ + /l/ + /s/ sounds	"kled" represents /k/ + /ə/ + /l/ + /d/ sounds
Present Tense Verbs	Third-Person Present Tense Verbs	Past Tense Verbs
buckle	buckles	buckled
crackle	crackles	crackled
shackle	shackles	shackled
wrinkle	wrinkles	wrinkled

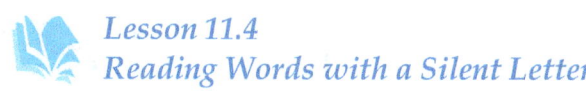
Lesson 11.4
Reading Words with a Silent Letter "k"

"kn" has a silent "k" + /n/ sound

"kn" 문자 조합에서 문자 "k"는 묵음이고 문자 "n"은 knock이라는 단어에서처럼 /n/ 소리를 나타냅니다.

| Word Box | knack, knap, knave, knead, knee, kneed, kneel, knell, knew, knife, knight, knit, knives, knob, knock, knot, knots, know, knowledge, known, knuckle, knurl |

☞ 예외: knish /k/ + /n/ 소리

Short Vowel Blending Table for the "kn" Letter Combination

/ă/ apple	/ĕ/ egg	/ĭ/ insect	/ŏ/ octopus	/ŭ/ up
kn a c k	kn e l t	kn i t	kn o t	kn uc kle
kna ck	kn e lt	kni t	kno t	knu ckle
knack	knelt	knit	knot	knuckle

Long Vowel Blending Table for the "kn" Letter Combination

/ā/ ape	/ē/ eagle	/ī/ ice	/ō/ open	/yōō/ cube
k n a ve	k n ee l	k n i ght	k n o w	k n ew
kna ve	knee l	kni ght	kn ow	kn ew
knave	kneel	knight	know	knew

읽기 평가
과제: 문장을 읽습니다.

1. Karen and Kim know how to tie a square knot.
2. Kennedy's book is entitled, "Knowledge is Power."
3. The star football player has a serious knee injury.
4. In Kingston, Jamaica many girls know how to knit.
5. The stainless steel knives are in the wooden cabinet.

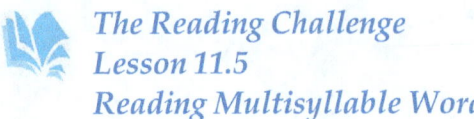

The Reading Challenge
Lesson 11.5
Reading Multisyllable Words

긴 단어를 음절이라고 하는 작은 부분으로 나누어 읽을 수 있습니다. 각 음절에는 하나의 모음 소리와 일반적으로 하나 이상의 자음 소리가 있습니다.

Three Ways to Divide Words into Syllables

1. 폐쇄음절은 자음으로 끝난다. 닫힌 음절에 모음이 하나 있는 경우 일반적으로 단모음이 있습니다.

   예시: kidnap - kid + nap

   닫힌 음절에 두 개의 모음이 있는 경우 첫 번째 모음은 일반적으로 장모음이고 두 번째 모음은 무음입니다.

   예시: keeper - keep + er

2. 열린 음절은 모음으로 끝납니다. 음절 끝에 오는 모음은 일반적으로 장모음입니다.

   예시: kosher - ko + sher

3. "모음 + 자음 + e" 음절은 단어 끝에 있습니다. 이 음절 패턴의 첫 번째 모음은 일반적으로 장모음이고 마지막 "e"는 묵음입니다.

   예시: keynote - key + note

Multisyllable Word Lists

2 syllable words	3 syllable words	4 syllable words
kazoo	kangaroo	Kalamazoo
keeper	karate	kaleidoscope
ketchup	Kennedy	kamikaze
Kenya	Kentucky	karaoke
keyboard	keratin	karyotype
kidding	ketamine	katakana
kindle	kidnapping	keratinous
kindness	kilogram	kilocycle
kingdom	kilowatt	kiloliter
kissing	kindhearted	kilometer
kitchen	kinetic	kindheartedness
kitten	koala	kindergarten
knitting	Korea	kinesthetic
knockout	knowingly	kirigami
knowledge	knucklehead	knowledgeable

Lesson 11.6
Reading Proper and Common Nouns and Adjectives
Capitalization Rules

단어는 대문자 및/또는 소문자로 작성됩니다. 고유명사와 고유 형용사는 대문자로 시작합니다. 일반 명사와 일반 형용사는 소문자로 시작합니다.

고유명사는 특정한 사람, 장소, 사물 또는 개념을 지칭하는 단어입니다.

보통 명사는 일반적인 사람, 장소, 사물 또는 개념을 명명하는 단어입니다.

	Proper Noun	Common Noun
Person	Mr. Kingsley	king
Place	Kuwait	kitchen
Thing	Kleenex	kiwi
Concept		kindness

고유 형용사는 특정 사람, 장소, 사물 또는 개념을 설명하는 단어입니다.

일반적인 형용사는 일반적인 사람, 장소, 사물 또는 개념을 설명하는 단어입니다.

Proper Adjective:	Common Adjective:
Person: King Henry VIII Thing: Kuwaiti Restaurant	Person: kind man Thing: kinky hair

Capitalization Rules
Uppercase Letter – "K"

- 문장을 시작하는 단어의 첫 글자는 대문자입니다.

- 특정한 사람, 장소, 사물 또는 개념을 지칭하는 단어의 첫 글자는 대문자입니다.

- 사람의 직함은 첫 글자를 대문자로 한다.

- 제목 또는 부제목에 있는 각 단어의 첫 글자는 대문자입니다.

- 대명사로서 문자 "I"는 대문자입니다.

✎ 참고: 소문자는 일반적으로 다른 모든 단어에 사용됩니다.

Lowercase Letter – "k"

- 특정한 사람, 장소, 사물 또는 이름을 나타내지 않는 단어의 첫 글자개념은소문자로 작성됩니다.

- 문장으로 시작하지 않는 단어의 첫 글자는 소문자로 쓴다.

- 단어의 안과 끝은 모두 소문자로 표기합니다.

The Letter "k" at a Glance

Letter	Sounds	Anchor Words
"k"	/k/	king
"k"	silent "k"	knee

Unit K
Lesson 11.6

L/l

Lesson 12.0
Introduction of the Letter L/l

문자 "l"은 자음입니다. 그것은 영어의 로마 알파벳에서 열두 번째 문자입니다. 문자는 대문자와 소문자로 작성됩니다.

	Uppercase Letter	Lowercase Letter
Print	L	l
Cursive	ℒ	ℓ

Lesson 12.1
Reading Words with the Letter L/l

문자 "l"은 두 가지 방식으로 발음됩니다.
- lab라는 단어에서와 같이 /l/ 소리를 나타냅니다.
- colonel이라는 단어에서만 /r/ 소리를 나타냅니다.
- 때로는 talk라는 단어에서와 같이 침묵합니다.

High Frequency, One Syllable Letter "l" Words
lab, lace, lack, lake, lamb, land, lane, large, last, late, laugh, law, learn, least, leave, left, leg, lend, less, let, lick, lid, lie, life, lift, light, like, lot, loud, love, low, lump, lunch, lung, lure, lurk, lush, lute

단어의 시작, 내부 및 끝에서 문자 "l"은 단어 lap, below 및 bowl에서와 같이 /l/ 소리를 나타냅니다.

Beginning	Within	End
/l/	/l/	/l/
lap	below	bowl
let	class	goal
lid	floor	mail
life	false	pool
lift	glass	royal
love	place	school
lunch	select	total
lungs	table	trail

Reading Words with the Letter L/l

Short Vowel Blending Table for the Letter L/l

/ă/ apple	/ĕ/ egg	/ĭ/ insect	/ŏ/ octopus	/ŭ/ up
l a b	l e d	l i p	l o g	l u m p
la b	le d	li p	lo g	lu mp
lab	led	lip	log	lump

Long Vowel Blending Table for the Letter L/l

/ā/ ape	/ē/ eagle	/ī/ ice	/ō/ open	/o͞o/ glue
l a ce	l e a d	l i fe	l o g o	l u n ar
la ce	lea d	li fe	lo g o	lun a r
lace	lead	life	logo	lunar

Multisyllable Word Lists

2 syllable words	3 syllable words	4 syllable words
label	ladybug	laminator
ladder	lavender	lavatory
lavish	legacy	legendary
leather	lemonade	legislation
legal	liable	legislator
legend	liberty	librarian
letter	library	liberation
limit	lingering	limitation
listen	listening	literacy
little	location	literally
lobster	logical	literature
logic	logistics	litigation
lotion	longitude	locomotion
loyal	luxury	longevity
lyrics	lyrical	lubricating

읽기 평가
과제: 문장을 읽습니다.

1. Larry is a lazy lawyer.
2. Lin takes music lessons.
3. Lincoln found a lucky clover.
4. My lovely flowers are lilacs and lilies.
5. At lunchtime, Lucy wrote a long letter.

Lesson 12.2
Reading Words with the Letter "l" Combinations
"bl," "cl," "fl," "gl," "pl" and "sl"

문자 "l" 조합의 각 문자는 빠르게 발음됩니다. 글자가 합쳐져 뚜렷한 자음 소리를 냅니다.

"bl" represents the /b/ + /l/ sounds

"bl" 문자 조합은 black이라는 단어에서와 같이 /b/ + /l/ 소리를 나타냅니다.

Word Box	black, blade, blame, blank, blanket, blaze, bleach, bleed, blend, blew, blind, blink, block, blood, bloom, blouse, blow, blue, bluff, blunder, blurt, blush

"cl" represents the /k/ + /l/ sounds

"cl" 문자 조합은 clown이라는 단어에서와 같이 /k/ + /l/ 소리를 나타냅니다.

Word Box	claim, clam, clap, clarify, clash, clasp, class, clay, clean, clear, clerk, clever, click, cliff, climb, clip, clock, close, closet, cloud, clown, club, clue, clutch

"fl" represents the /f/ + /l/ sounds

"fl" 문자 조합은 flower라는 단어에서와 같이 /f/ + /l/ 소리를 나타냅니다.

Word Box	flag, flake, flame, flamingo, flap, flash, flat, flavor, flea, flee, fleet, flew, flexible, flight, flip, flock, float, flood, floor, flop, flora, flow, flower, flu, flute, flies, fly

"gl" represents the /g/ + /l/ sounds

"gl" 문자 조합은 단어 glance에서와 같이 /g/ + /l/ 소리를 나타냅니다.

Word Box	glacier, glad, glance, gland, glare, glass, gleam, glee, glide, glimpse, glisten, glitter, gloat, gloomy, glorious, glory, gloss, glossy, glove, glucose, glue

"pl" represents the /p/ + /l/ sounds

"pl" 문자 조합은 plenty라는 단어에서와 같이 /p/ + /l/ 소리를 나타냅니다.

Word Box	place, plain, plan, planet, plant, plastic, plate, play, player, plaza, please, pledge, plentiful, plot, plow, pluck, plugs, plum, plunge, plus, plywood

"sl" represents the /s/ + /l/ sounds

"sl" 문자 조합은 단어 sleepy에서와 같이 /s/ + /l/ 소리를 나타냅니다.

Word Box	slack, slang, slant, slate, sled, sleek, sleep, sleeve, slender, slice, slide, slippers, slogan, slope, sloth, slow, slum, slumber, slump, slurp, slush, slushy, sly

Lesson 12.3
Reading Words with a Silent Letter "l"

"l" is silent

문자 "l"은 단어 calf에서와 같이 묵음일 수 있습니다.

| Word Box | almonds, balk, balm, calf, calm, calves, chalk, could, DeKalb, embalm, folk, half, halves, Norfolk, palm, polka, psalm, salmon, salve, stalk, talk, yolk |

"l" is silent

문자 "l"은 "d", "f", "k", "m" 또는 "v" 문자 앞에 올 때 무음일 수 있습니다.

"l" letter combinations	"l" is silent	"l" represents the /l/ sound
"ld"	could, should, would	bold, gold, mold, old, world
"lf"	calf, half	fulfill, golf, gulf, self, wolf
"lk"	chalk, folk, stalk, talk, walk, yolk	alkalize, hulky, milk, silky
"lm"	almond, alms, calm, psalm, salmon	almost, film, helmet, realm
"lv"	calves, halves	elves, ourselves, shelves

"ould" – "l" is silent

"ould" 문자 조합에서 문자 "l"은 단어 would에서와 같이 묵음일 수 있습니다.

| Word Box | could, couldn't, should, shouldn't, would, wouldn't |

"ould" – "l" represents the /l/ sound

"ould" 문자 조합에서 문자 "l"은 boulder 및 shoulder라는 단어에서와 같이 /l/ 소리를 나타낼 수 있습니다.

"ll" represents the /l/ sound + silent "l"

"ll" 문자 조합에서 첫 번째 문자 "l"은 /l/ 소리를 나타내고 두 번째 문자 "l"은 단어 tallest에서처럼 묵음입니다.

| Word Box | ball, belly, call, chill, collect, dollar, drill, ellipse, enroll, fall, fell, follow, gallon, gill, grill, hall, hallmark, hallow, hello, hill, pillow, valley, wall, wallpaper |

✓ 읽기 평가
과제: 문장을 읽습니다.

1. Linda did not go to Lithuania.
2. Luther is a lawyer at Lincoln Law Office.
3. "The Lion King" is Mr. Lin's favorite musical.
4. Mr. Lindsey teaches English language arts.
5. Lucy learned that the capital of Peru is Lima.

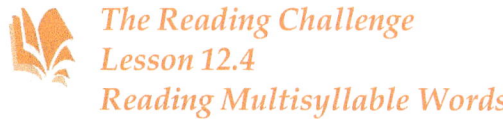

The Reading Challenge
Lesson 12.4
Reading Multisyllable Words

긴 단어를 음절이라고 하는 작은 부분으로 나누어 읽을 수 있습니다. 각 음절에는 하나의 모음 소리와 일반적으로 하나 이상의 자음 소리가 있습니다.

Three Ways to Divide Words into Syllables

1. 폐쇄음절은 자음으로 끝난다. 닫힌 음절에 모음이 하나 있는 경우 일반적으로 단모음이 있습니다.

    예시: limit - lim + it

    닫힌 음절에 두 개의 모음이 있는 경우 첫 번째 모음은 일반적으로 장모음이고 두 번째 모음은 무음입니다.

    예시: leaping - leap + ing

2. 열린 음절은 모음으로 끝납니다. 음절 끝에 오는 모음은 일반적으로 장모음입니다.

    예시: label - la + bel

3. "모음 + 자음 + e"음절은 단어 끝에 있습니다. 이 음절 패턴의 첫 번째 모음은 일반적으로 장모음이고 마지막 "e"는 묵음입니다.

    예시: lifetime - life + time

Multisyllable Word Lists

2 syllable words	3 syllable words	4 syllable words
lady	laminate	laminated
laptop	lavender	laterally
lawyer	legally	legendary
legal	lemonade	legionary
legend	leveling	legislation
lemon	liable	legislator
letter	liberty	legitimate
lily	library	liberation
limit	ligament	limitations
linger	limited	linoleum
lipstick	limousine	liquidator
lively	linguistics	literally
London	liquidate	literacy
losing	listening	liquidated
loving	location	locomotion
lucky	lovable	locomotive
lunar	luxury	luxurious

Lesson 12.5
Reading Proper and Common Nouns and Adjectives
Capitalization Rules

단어는 대문자 및/또는 소문자로 작성됩니다. 고유명사와 고유 형용사는 대문자로 시작합니다. 일반 명사와 일반 형용사는 소문자로 시작합니다.

고유명사는 특정한 사람, 장소, 사물 또는 개념을 지칭하는 단어입니다.

보통 명사는 일반적인 사람, 장소, 사물 또는 개념을 명명하는 단어입니다.

	Proper Noun	Common Noun
Person	Lily	librarian
Place	Liberty Square	library
Thing	Labrador	lemon
Concept		liberty

고유 형용사는 특정 사람, 장소, 사물 또는 개념을 설명하는 단어입니다.

일반적인 형용사는 일반적인 사람, 장소, 사물 또는 개념을 설명하는 단어입니다.

Proper Adjective:	Common Adjective:
Person: Lithuanian dancer Thing: Latin textbook	Person: loving mother Thing: loud music

Capitalization Rules

Uppercase Letter – "L"

- 문장을 시작하는 단어의 첫 글자는 대문자입니다.

- 특정한 사람, 장소, 사물 또는 개념을 지칭하는 단어의 첫 글자는 대문자입니다.

- 사람의 직함은 첫 글자를 대문자로 한다.

- 제목 또는 부제목에 있는 각 단어의 첫 글자는 대문자입니다.

- 대명사로서 문자 "I"는 대문자입니다.

✎ 참고: 소문자는 일반적으로 다른 모든 단어에 사용됩니다.

Lowercase Letter – "l"

- 특정한 사람, 장소, 사물 또는 이름을 나타내지 않는 단어의 첫 글자개념은소문자 로 작성됩니다.

- 문장으로 시작하지 않는 단어의 첫 글자는 소문자로 쓴다.

- 단어의 안과 끝은 모두 소문자로 표기합니다.

The Letter "l" at a Glance		
Letter	Sounds	Anchor Words
"l"	/l/	lab
"l"	/r/	colonel
"l"	silent "l"	talk

Unit M

M/m

Lesson 13.0
Introduction of the Letter M/m

문자 "m"은 자음입니다. 그것은 영어의 로마 알파벳의 열세 번째 문자입니다. 문자는 대문자와 소문자로 작성됩니다.

	Uppercase Letter	Lowercase Letter
Print	M	m
Cursive	𝓜	𝓶

Lesson 13.1
Reading Words with the Letter M/m

문자 "m"는 한 가지 방식으로 발음됩니다.
- mop이라는 단어에서와 같이 /m/ 소리를 나타냅니다.
- 때때로 그것은 mnemonic이라는 단어에서처럼 조용합니다.

High Frequency, One Syllable Letter "m" Words
mad, made, maid, mail, make, male, mall, man, map, Mars, me, meal, mean, meat, men, mess, might, mild, milk, mill, mind, mine, miss, mist, mood, moon, mole, more, most, mouse, mouth, move

단어의 시작, 내부 및 끝에서 문자 "m"은 moon, number 및 drum이라는 단어에서와 같이 /m/ 소리를 나타냅니다.

Beginning	Within	End
/m/	/m/	/m/
math	element	alarm
method	family	bottom
mineral	human	drum
missing	number	esteem
moon	promote	germ
money	remain	redeem
monkey	segment	storm
monthly	symbol	system
musical	thermal	team

Learn To Read English With Lessons In Korean

✤ Reading Words with the Letter M/m

Short Vowel Blending Table for the Letter M/m

/ă/ apple	/ĕ/ egg	/ĭ/ insect	/ŏ/ octopus	/ŭ/ up
m a d	m e t	m i ss	m o p	m u d
ma d	me t	mi ss	mo p	mu d
mad	met	miss	mop	mud

Long Vowel Blending Table for the Letter M/m

/ā/ ape	/ē/ eagle	/ī/ ice	/ō/ open	/yōō/ cube
m a d e	m e a n	m i n e	m o a t	m u l e
ma de	me an	mi ne	moa t	mu le
made	mean	mine	moat	mule

Letter "m" Parts of Speech Table

Nouns	Verbs	Adjectives
machine	magnetized	magenta
magazine	maintains	magical
magnet	maltreat	magnetic
manners	managed	magnificent
meadow	manipulate	majestic
meeting	mediated	meager
memory	memorizing	meaningful
miracle	metabolized	merciful
mistake	minimized	milky
mission	misinterpret	minimal
mobility	mobilizing	moody
mother	modifying	motionless
movement	motivated	motivated
muffler	multiplied	multicolored
multiplication	murmuring	multicultural

 읽기 평가
과제: 문장을 읽습니다.

1. Mack made meatballs for dinner.
2. Mary is learning about mammals.
3. My maid is cleaning the mansion.
4. Mom and Dad are listening to music.
5. Meg and Matt are getting married in March.

Lesson 13.2
Reading Words with a Silent Letter "m"

"mn" - "m" is silent

"mn" 문자 조합에서 문자 "m"은 묵음일 수 있고 문자 "n"은 단어 mnemonic에서와 같이 /n/ 소리를 나타냅니다.

Word Box	mnemonic, mnemonically, mnemonics, Mnemosyne, Mnemosynes

☞ 예외: amnesty, chimney, gymnastics - /m/ + /n/ 소리
　　　　column - /m/ 소리 + 조용한 "n"

"mm" represents the /m/ sound + silent "m"

"mm" 문자 조합에서 첫 번째 문자 "m"은 /m/ 소리를 나타내고 두 번째 문자 "m"은 단어 hammer에서와 같이 묵음입니다.

Word Box	ammonia, comma, commit, common, community, commute, dilemma, gimmick, grammar, hammer, hummingbird, immediately, immense, immune, mammal, mammoth, Mommy, recommend, summer, summit, symmetry

Reading Multisyllable Words

magnet
⇩
magnetic
⇩
magnetically

magic
⇩
magical
⇩
magically

meaning
⇩
meaningful
⇩
meaningfully

metaphor
⇩
metaphorical
⇩
metaphorically

읽기 평가
과제: 문장을 읽습니다.

1. Ms. Mendell is eating a big, juicy mango.
2. My mother is the matriarch of our family.
3. While in Milwaukee, I saw the Milky Way.
4. In the morning, I received a call from Mom.
5. The menu was written by the executive chef.

The Reading Challenge
Lesson 13.3
Reading Multisyllable Words

긴 단어를 음절이라고 하는 작은 부분으로 나누어 읽을 수 있습니다. 각 음절에는 하나의 모음 소리와 일반적으로 하나 이상의 자음 소리가 있습니다.

Three Ways to Divide Words into Syllables

1. 폐쇄음절은 자음으로 끝난다. 닫힌 음절에 모음이 하나 있는 경우 일반적으로 단모음이 있습니다.

   예시: manic - man + ic

   닫힌 음절에 두 개의 모음이 있는 경우 첫 번째 모음은 일반적으로 장모음이고 두 번째 모음은 무음입니다.

   예시: meaning - mean + ing

2. 열린 음절은 모음으로 끝납니다. 음절 끝에 오는 모음은 일반적으로 장모음입니다.

   예시: media - me + dia

3. "모음 + 자음 + e"음절은 단어 끝에 있습니다. 이 음절 패턴의 첫 번째 모음은 일반적으로 장모음이고 마지막"e"는 묵음입니다.

   예시: mandate - man + date

Multisyllable Word Lists

2 syllable words	3 syllable words	4 syllable words
mango	magical	macaroni
master	manicure	Madagascar
matching	mercury	magnesium
measure	medical	magnificent
member	medicine	material
milkshake	melody	maturity
millions	metaphor	medication
minutes	Mexico	mechanical
moment	mineral	millimeter
morning	minister	minority
motion	miracle	miserable
motive	mosquito	moderation
mountain	musical	monopoly
mustard	multiple	motorcycle
music	mystery	mysterious

Lesson 13.4
Reading Proper and Common Nouns and Adjectives
Capitalization Rules

단어는 대문자 및/또는 소문자로 작성됩니다. 고유명사와 고유 형용사는 대문자로 시작합니다. 일반 명사와 일반 형용사는 소문자로 시작합니다.

고유명사는 특정한 사람, 장소, 사물 또는 개념을 지칭하는 단어입니다.

보통 명사는 일반적인 사람, 장소, 사물 또는 개념을 명명하는 단어입니다.

	Proper Noun	Common Noun
Person	Mom (when used as a name)	mom (not when used as a name)
Place	Mozambique	museum
Thing	March	money
Concept	Mandaeism	mourn

고유 형용사는 특정 사람, 장소, 사물 또는 개념을 설명하는 단어입니다.

일반적인 형용사는 일반적인 사람, 장소, 사물 또는 개념을 설명하는 단어입니다.

Proper Adjective:	Common Adjective:
Person: Miami Dolphins Thing: Ming Dynasty	Person: magnificent mother Thing: many ducks

Capitalization Rules
Uppercase Letter – "M"

- 문장을 시작하는 단어의 첫 글자는 대문자입니다.

- 특정한 사람, 장소, 사물 또는 개념을 지칭하는 단어의 첫 글자는 대문자입니다.

- 사람의 직함은 첫 글자를 대문자로 한다.

- 제목 또는 부제목에 있는 각 단어의 첫 글자는 대문자입니다.

- 대명사로서 문자 "I"는 대문자입니다.

✎ 참고: 소문자는 일반적으로 다른 모든 단어에 사용됩니다.

Lowercase Letter – "m"

- 특정한 사람, 장소, 사물 또는 이름을 나타내지 않는 단어의 첫 글자개념은소문자로 작성됩니다.

- 문장으로 시작하지 않는 단어의 첫 글자는 소문자로 쓴다.

- 단어의 안과 끝은 모두 소문자로 표기합니다.

The Letter "m" at a Glance		
Letter	Sound	Anchor Words
"m"	/m/	mop
"m"	silent "m"	mnemonic

N/n

Lesson 14.0
Introduction of the Letter N/n

문자 "n"은 자음입니다. 그것은 영어의 로마 알파벳의 열네 번째 문자입니다. 문자는 대문자와 소문자로 작성됩니다.

	Uppercase Letter	Lowercase Letter
Print	N	n
Cursive	*N*	*n*

Lesson 14.1
Reading Words with the Letter N/n

문자 "n"은 두 가지 방식으로 발음됩니다.
- nut라는 단어에서와 같이 /n/ 소리를 나타냅니다.
- bank라는 단어에서와 같이 /ng/ 소리를 나타냅니다.
- 때때로 autumn이라는 단어에서와 같이 침묵합니다.

High Frequency, One Syllable Letter "n" Words
nail, name, nap, near, neat, neck, need, nerve, nest, net, new, news, next, nice, night, nine, ninth, nip, no, node, noise, none, noon, nope, nor, nose, not, note, noun, now, numb, nurse, nut

단어의 시작, 내부 및 끝에서 문자 "n"은 단어 nut, inside 및 tan에서와 같이 /n/ 소리를 나타냅니다.

Beginning	Within	End
/n/	/n/	/n/
name	bend	been
natal	count	born
need	inside	crown
newly	lane	moon
niece	menu	soon
nine	rent	thin
nomad	tend	train
nut	tone	turn

❖ Reading Words with the Letter N/n

Short Vowel Blending Table for the Letter N/n

/ă/ apple	/ĕ/ egg	/ĭ/ insect	/ŏ/ octopus	/ŭ/ up
n a p	n e ck	n i p	n o d	n u t
na p	ne ck	ni p	no d	nu t
nap	neck	nip	nod	nut

Long Vowel Blending Table for the Letter N/n

/ā/ ape	/ē/ eagle	/ī/ ice	/ō/ open	/ōō/ glue
n a me	n e ed	n i ne	n o de	n u ke
na me	nee d	ni ne	no de	nu ke
name	need	nine	node	nuke

"nk" represents the /ng/ + /k/ sounds

"nk" 문자 조합에서 문자 "n"은 단어 bank에서와 같이 /ng/ 소리를 나타냅니다.

Word Box	ankle, anklet, bank, brink, drink, honk, hunk, ink, junk, link, mink, pink, plank, plink, plunk, rank, sank, shrunk, sink, thank, think, thinking, wink

"n" represents the /ng/ sound

문자 "n"은 단어 precinct에서와 같이 /ng/ 소리를 나타냅니다.

Word Box	delinquency, delinquent, pancreas, pancreatitis, precinct, punctual, punctuation, puncture, relinquish, relinquishing, tranquil, tranquilizer

Letter "n" Parts of Speech Table

Nouns	Verbs	Adjectives
nature	nabbed	natural
nectar	nailed	naval
nitrate	neglect	negative
novel	nipped	nervous
number	nodding	normal

읽기 평가
과제: 문장을 읽습니다.

1. Nick has a nice necktie.
2. The narrator sounds nasal.
3. My niece, Nicola, is from New Delhi.

Unit N Lesson 14.1

Lesson 14.2
Reading Words with the "ng" Letter Combination

"ng" 문자 조합은 네 가지 방식으로 발음됩니다.
- bang이라는 단어에서와 같이 /ng/ 소리를 나타냅니다.
- engage라는 단어에서와 같이 /n/ + /g/ 소리를 나타냅니다.
- ginger라는 단어에서와 같이 /n/ + /j/ 소리를 나타냅니다.
- congress라는 단어에서와 같이 /ng/ + /g/ 소리를 나타냅니다.

"ng" represents the /ng/ sound
한 음절에 "ng" 문자 조합이 함께 있을 때 단어 bang에서와 같이 /ng/ 소리를 나타냅니다.

Word Box	belong, bring, clung, flung, hang, king, length, long, lung, ring, sang, sing, slang, sling, spring, sting, strength, sung, swing, swung, thing, tongue, wrong, young

"ng" represents the /ng/ sound
"ing" 문자 조합이 동사에 추가될 때 문자 "n"과 "g"는 단어 coming에서와 같이 /ng/ 소리를 나타냅니다.

Word Box	acting, aging, being, boring, boxing, camping, caring, coping, crying, eating, fading, filing, lining, loving, lying, paving, rating, riding, running, saving, tying

"ng" represents the /n/ + /g/ sounds
"ng" 문자 조합을 두 음절로 나누면 engage라는 단어에서와 같이 /n/ + /g/ 소리를 나타낼 수 있습니다.

Word Box	congratulate, congratulation, downgrade, engage, engaged, engaging, engagement, engrave, engraver, engross, engrossing, engulf, mangrove, ongoing, ungainly, ungovernable, ungracious, ungrateful, unguarded

"ng" represents the /n/ + /j/ sounds
"ng" 문자 조합은 단어 ginger에서와 같이 /n/ + /j/ 소리를 나타낼 수 있습니다.

Word Box	angel, arrange, avenger, challenger, change, congest, endanger, engine, engineer, exchange, fringe, lounge, manger, messenger, orange, plunge, plunger, ranger, rearrange, revenge, sponge, strange, stranger, syringe

"ng" represents the /ng/ + /g/ sounds
"ng" 문자 조합을 두 음절로 나누면 congress라는 단어와 같이 /ng/ + /g/ 소리를 나타낼 수 있습니다.

Word Box	angrily, angry, congregate, congregation, congress, congressional, congruency, congruent, gangrene, hungrily, hungry, mongrel, tangram

Lesson 14.3
Reading Words with a Silent Letter "n"

"nn" represents the /n/ sound + silent "n"

"nn" 문자 조합에서 첫 번째 문자 "n"은 /n/ 소리를 나타내고 두 번째 문자 "n"은 단어 dinner에서와 같이 묵음입니다.

Word Box	banner, bunny, channel, connect, fanny, flannel, funnel, funny, inn, innate, inner, innovation, manner, nanny, penny, questionnaire, sunny, tennis

"mn" represents the /m/ sound + silent "n"

"mn" 문자 조합에서 문자 "m"은 /m/ 소리를 나타내는 반면 문자 "n"은 autumn이라는 단어에서처럼 묵음일 수 있습니다.

Word Box	autumn, column, columns, condemn, damn, hymn, hymns, solemn, solemnly

"mn" represents the /m/ + /n/ sounds

"mn" 문자 조합에서 문자 "m"은 /m/ 소리를 나타내고 문자 "n"은 단어 firmness에서와 같이 /n/ 소리를 나타낼 수 있습니다.

Word Box	alumni, amnesia, amnesty, chimney, columnist, gymnast, indemnity, insomnia, omnipotent, omnipresent, omniscient, omnivorous, remnant

Bonus Lesson
Reading Words with the Letter "n" Blends

"nd" represents the /n/ + /d/ sounds

"nd" 문자 조합에서 문자 "n"은 /n/ 소리를 나타내고 문자 "d"는 단어 band에서와 같이 /d/ 소리를 나타냅니다.

Word Box	and, band, bland, conduct, condiment, find, found, friend, fund, grand, ground, indent, index, intend, mend, pond, round, sound, stand, under

"nt" represents the /n/ + /t/ sounds

"nt" 문자 조합에서 문자 "n"은 /n/ 소리를 나타내고 문자 "t"는 단어 ant에서와 같이 /t/ 소리를 나타냅니다.

Word Box	ant, blunt, cent, control, dent, different, entrance, font, frequent, interact, lament, lint, paint, painting, pant, pint, rant, rent, rented, renting, student

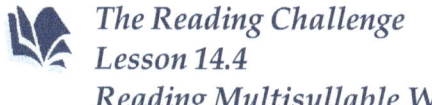

The Reading Challenge
Lesson 14.4
Reading Multisyllable Words

긴 단어를 음절이라고 하는 작은 부분으로 나누어 읽을 수 있습니다. 각 음절에는 하나의 모음 소리와 일반적으로 하나 이상의 자음 소리가 있습니다.

Three Ways to Divide Words into Syllables

1. 폐쇄음절은 자음으로 끝난다. 닫힌 음절에 모음이 하나 있는 경우 일반적으로 단모음이 있습니다.

   예시: napkin - nap + kin

   닫힌 음절에 두 개의 모음이 있는 경우 첫 번째 모음은 일반적으로 장모음이고 두 번째 모음은 무음입니다.

   예시: neatly - neat + ly

2. 열린 음절은 모음으로 끝납니다. 음절 끝에 오는 모음은 일반적으로 장모음입니다.

   예시: nomad - no + mad

3. "모음 + 자음 + e"음절은 단어 끝에 있습니다. 이 음절 패턴의 첫 번째 모음은 일반적으로 장모음이고 마지막 "e"는 묵음입니다.

   예시: numerate - nu + mer + ate

Multisyllable Word Lists

2 syllable words	3 syllable words	4 syllable words
napkin	narrator	naturally
nature	national	navigator
needle	natural	necessary
neither	nautical	negatively
nervous	negative	Nigerian
nibble	negligent	nominated
nickel	networking	nonsensical
nightly	nitrogen	nonviolent
nitrate	nobody	noticeable
notice	noticing	notorious
nothing	nocturnal	numeracy
notion	notary	numeration
nourish	November	numerator
nugget	nursery	nutritionist
number	nutrition	nutritiously

Lesson 14.5
Reading Proper and Common Nouns and Adjectives
Capitalization Rules

단어는 대문자 및/또는 소문자로 작성됩니다. 고유명사와 고유 형용사는 대문자로 시작합니다. 일반 명사와 일반 형용사는 소문자로 시작합니다.

고유명사는 특정한 사람, 장소, 사물 또는 개념을 지칭하는 단어입니다.

보통 명사는 일반적인 사람, 장소, 사물 또는 개념을 명명하는 단어입니다.

	Proper Noun	Common Noun
Person	Nancy	novice
Place	New Zealand	nurse's station
Thing	Nestle Inc.	nut
Concept		nuisance

고유 형용사는 특정 사람, 장소, 사물 또는 개념을 설명하는 단어입니다.

일반적인 형용사는 일반적인 사람, 장소, 사물 또는 개념을 설명하는 단어입니다.

Proper Adjective:	Common Adjective:
Person: Nigerian citizen	Person: nosey neighbors
Thing: Norwegian Airlines	Thing: noisy pets

Capitalization Rules

Uppercase Letter – "N"

- 문장을 시작하는 단어의 첫 글자는 대문자입니다.

- 특정한 사람, 장소, 사물 또는 개념을 지칭하는 단어의 첫 글자는 대문자입니다.

- 사람의 직함은 첫 글자를 대문자로 한다.

- 제목 또는 부제목에 있는 각 단어의 첫 글자는 대문자입니다.

- 대명사로서 문자 "I"는 대문자입니다.

✎ 참고: 소문자는 일반적으로 다른 모든 단어에 사용됩니다.

Lowercase Letter – "n"

- 특정한 사람, 장소, 사물 또는 이름을 나타내지 않는 단어의 첫 글자개념은소문자 로 작성됩니다.

- 문장으로 시작하지 않는 단어의 첫 글자는 소문자로 쓴다.

- 단어의 안과 끝은 모두 소문자로 표기합니다.

The Letter "n" at a Glance		
Letter	Sounds	Anchor Words
"n"	/n/	nut
"n"	/ng/	bank
"n"	silent "n"	autumn

Unit O

O/o

Lesson 15.0
Introduction of the Letter O/o

문자 "o"는 모음입니다. 그것은 영어의 로마 알파벳에서 열다섯 번째 글자입니다. 문자는 대문자와 소문자로 작성됩니다.

	Uppercase Letter	Lowercase Letter
Print	O	o
Cursive	𝒪	𝑜

Lesson 15.1
Reading Words with the Letter O/o

문자 "o"는 열셋가지 다른 방식으로 발음됩니다.
- frog라는 단어에서처럼 단모음 /ŏ/ 소리를 나타냅니다.
- go 에서처럼 장모음 /ō/ 소리를 나타냅니다.
- o'clock이라는 단어에서와 같이 슈와 모음 /ə/ 소리를 나타냅니다.
- one이라는 단어에서와 같이 /w/+/ŭ/ 소리를 나타냅니다.
- cool이라는 단어에서와 같이 장모음 /o͞o/ 소리를 나타냅니다.
- book이라는 단어에서처럼 모음 /o͝o/ 소리를 나타냅니다.
- cloth 단어에서와 같이 모음 /ô/ 소리를 나타냅니다.
- oil이라는 단어에서처럼 모음 /oi/ 소리를 나타냅니다.
- memoir라는 단어에서와 같이 모음 /ä/ 소리를 나타냅니다.
- son이라는 단어에서와 같이 단모음 /ŭ/ 소리를 나타냅니다.
- women이라는 단어에서와 같이 단모음 /ĭ/ 소리를 나타냅니다.
- colonel이라는 단어에서처럼 모음 /û/ 소리를 나타냅니다.
- cow라는 단어에서처럼 모음 /ou/ 소리를 나타냅니다.
- 때로는 people이라는 단어에서와 같이 침묵합니다.

High Frequency, One Syllable Letter "o" Words

Short vowel words: block, box, clock, cop, dot, fog, got, hot, job, jog, lock, log, lot, mom, mop, not, on, ox, plot, pot, rot, son, top, won

Long vowel words: bold, broke, choke, close, code, cold, cone, fold, froze, go, hole, joke, nose, poke, rode, role, rose, spoke, stoke, woke

Lesson 15.2
Reading Words with the Short Vowel "o" Sound

"o" represents the short vowel /ŏ/ or /ô/ sound

단어의 시작 부분에서 문자 "o"는 일반적으로 on이라는 단어에서와 같이 단모음 /ŏ/ 또는 /ô/ 소리를 나타냅니다.

문자 "o"는 일반적으로 단어 또는 음절 내에서 유일한 모음일 때 단모음/ŏ/또는 /ô/ 소리를 나타냅니다.

자음이 문자 "o"의 앞뒤에 올 때 일반적으로 job, frog 및 lock 단어에서와 같이 짧은 모음/ŏ/ 또는 /ô/ 소리를 나타냅니다.

Beginning	Within	End
/ŏ/	/ŏ/	/ŏ/
on	frog	

✎ 참고: 단어 끝에 있는 문자 "o"는 단모음/ŏ/소리를 나타내지 않습니다.

✤ **Short Vowel "o" Word Families**

"ob" - "o" represents the short vowel /ŏ/ sound
"ob" 단어 family의 모음 "o"는 단어 job에서와 같이 짧은 모음/ŏ/ 소리를 나타냅니다.

Word Box	Bob, blob, cob, hob, gob, glob, job, knob, mob, rob, sob, slob, snob, throb

"ock" - "o" represents the short vowel /ŏ/ sound
"ock" 단어 패밀리의 모음 "o"는 sock이라는 단어에서와 같이 짧은 모음/ŏ/ 소리를 나타냅니다.

Word Box	block, chock, clock, crock, dock, flock, frock, hock, jock, knock, lock, mock, pock, rock, shock, smock, sock, stock

"od" - "o" represents the short vowel /ŏ/ sound
"od" 단어 family의 모음 "o"는 단어 sod에서와 같이 짧은 모음 /ŏ/ 소리를 나타냅니다.

Word Box	cod, clod, mod, nod, pod, plod, prod, rod, shod, sod, trod

"og" - "o" represents the short vowel /ŏ/ sound
"og" 단어 패밀리의 모음 "o"는 frog라는 단어에서와 같이 짧은 모음/ŏ/ 소리를 나타냅니다.

| Word Box | blog, bog, clog, cog, flog, fog, frog, hog, jog, log, smog |

☞ 예외: dog - /ô/ 소리

"oss" - "o" represents the short vowel /ŏ/ sound
"os" 단어 패밀리의 모음 "o"는 단어 toss에서와 같이 짧은 모음/ŏ/ 소리를 나타냅니다.

| Word Box | boss, cross, dross, floss, gloss, moss, Ross, toss |

"op" - "o" represents the short vowel /ŏ/ sound
"op" 단어 패밀리의 모음 "o"는 단어 mop에서와 같이 짧은 모음/ŏ/ 소리를 나타냅니다.

| Word Box | bop, chop, cop, drop, flop, fop, hop, mop, plop, pop, prop, sop, shop, stop, top |

"ot" - "o" represents the short vowel /ŏ/ sound
"ot" 단어 패밀리에서 모음 "o"는 단어 pot에서와 같이 짧은 모음/ŏ/ 소리를 나타냅니다.

| Word Box | blot, cot, dot, got, hot, jot, knot, lot, plot, pot, not, rot, shot, slot, spot, tot |

"ox" - "o" represents the short vowel /ŏ/ sound
"ox" 단어 가족의 모음 "o"는 단어 fox에서와 같이 짧은 모음/ŏ/ 소리를 나타냅니다.

| Word Box | box, fox, lox, ox, pox, sox |

읽기 평가
과제: 문장을 읽습니다.

1. Don locked the toy fox in the box.
2. The oversized rock fell off the dock.
3. Tom drove to the prom at one o'clock.
4. I saw the flock of birds fly over the pond.
5. My mother's pot is on the kitchen counter.

Lesson 15.3
Reading Words with the Long Vowel "o" Sound

"o" represents the long vowel /ō/ sound

문자 "o"는 oats라는 단어에서와 같이 장모음 /ō/ 소리를 나타낼 수 있습니다. 장모음은 글자 이름으로 발음됩니다.

Beginning	Within	End
/ō/	/ō/	/ō/
oats	bone	go

✤ **"o" + consonant + silent "e" word families**

장모음 /ō/ 소리에는 VCe, CVCe, CCVCe 및 CCCVCe의 네 가지 패턴 변형이 있습니다. VCe 패턴은 많은 장모음 단어의 끝에 있습니다.

"vowel + consonant + silent e" patterns	Target Words
VCe	ode
CVCe	pole
CCVCe	broke
CCCVCe	stroke

"ode" - "o" represents the long vowel /ō/ sound

"o" + 자음 + "e" 패턴이 단어 끝에 있을 때 모음 "o"는 일반적으로 장모음 /ō/ 소리를 나타내고 자음은 그 소리를 나타내고 모음 "e"는 무음입니다 rode라는 단어에서.

Word Box	code, lode, mode, node, ode, rode, strode
	Multisyllable Words:
	episode, explode

"oke" - "o" represents the long vowel /ō/ sound

"o" + 자음 + "e" 패턴이 단어 끝에 있을 때 모음 "o"는 일반적으로 장모음 /ō/ 소리를 나타내고 자음은 그 소리를 나타내고 모음 "e"는 무음입니다 broke라는 단어에서.

Word Box	broke, choke, joke, poke, smoke, spoke, stoke, stroke, woke, yoke
	Multisyllable Words:
	awoke, provoke

"ole" – "o" represents the long vowel /ō/ sound

"o" + 자음 + "e" 패턴이 단어 끝에 있을 때 모음 "o"는 일반적으로 장모음 /ō/ 소리를 나타내고 자음은 그 소리를 나타내고 모음 "e"는 무음입니다 hole라는 단어에서.

Word Box	dole, hole, mole, pole, role, sole, stole, vole, whole

"one" – "o" represents the long vowel /ō/ sound

"o" + 자음 + "e" 패턴이 단어 끝에 있을 때 모음 "o"는 일반적으로 장모음 /ō/ 소리를 나타내고 자음은 그 소리를 나타내고 모음 "e"는 무음입니다 zone라는 단어에서.

Word Box	bone, clone, cone, drone, lone, phone, pone, prone, scone, shone, stone, throne, tone, zone

☞ 예외: one - /w/ + /ŭ/ 소리; none - /ŭ/ 소리; gone - /ǒ/ 소리 또는 /ô/ 소리

"ope" – "o" represents the long vowel /ō/ sound

"o" + 자음 + "e" 패턴이 단어 끝에 있을 때 모음 "o"는 일반적으로 장모음 /ō/ 소리를 나타내고 자음은 그 소리를 나타내고 모음 "e"는 무음입니다 hope라는 단어에서.

Word Box	cope, grope, hope, lope, mope, nope, pope, rope, scope, slope *Multisyllable Words:* antelope, elope, envelope, horoscope, interlope, microscope, telescope

"ose" – "o" represents the long vowel /ō/ sound

"o" + 자음 + "e" 패턴이 단어 끝에 있을 때 모음 "o"는 일반적으로 장모음 /ō/ 소리를 나타내고 자음은 그 소리를 나타내고 모음 "e"는 무음입니다 expose라는 단어에서.

Word Box	chose, close, dose, hose, nose, pose, prose, rose, those

"ote" – "o" represents the long vowel /ō/ sound

"o" + 자음 + "e" 패턴이 단어 끝에 있을 때 모음 "o"는 일반적으로 장모음 /ō/ 소리를 나타내고 자음은 그 소리를 나타내고 모음 "e"는 무음입니다 devote라는 단어에서.

Word Box	cote, dote, mote, note, quote, rote, smote, tote, vote, wrote

Unit O
Lesson 15.3

Lesson 15.4
Reading Words with Letter "o" Vowel Pairs

두 개의 모음이 음절이나 단어에 함께 있을 때 첫 번째 모음은 일반적으로 장모음을 나타내고 두 번째 모음은 무음입니다.

"oa" represents the long vowel /ō/ sound + silent "a"

"oa" 모음 조합이 단어나 음절에 함께 있을 때 문자 "o"는 일반적으로 장모음 /ō/ 소리를 나타내고 문자 "a"는 boat 단어에서와 같이 묵음입니다.

Word Box	coal, float, gloat, goad, goal, goalie, goat, groan, hoax, load, loaf, loam, loan, moan, moat, oak, oat, oath, roach, road, roam, roast, soak, soap, toad, toast

"oe" represents the long vowel /ō/ sound + silent "e"

"oe" 모음 조합이 단어나 음절에 함께 있을 때 문자 "o"는 일반적으로 장모음 /ō/ 소리를 나타내고 문자 "e"는 aloe 단어에서와 같이 묵음입니다.

Word Box	banjoes, doe, echoes, foe, goes, heroes, hoe, hoedown, Joe, mistletoes, oboe, pekoe, potatoes, roe, Tahoe, tiptoe, toe, toenail, toes, tomatoes, woeful

☞ 예외: does - /ŭ/ 소리 ; canoe, shoe - /o͞o/ 소리

"oi" represents the vowel /oi/ sound

"oi" 모음 조합이 단어 또는 음절에 함께 있을 때 단어 oil 에서와 같이 모음 /oi/ 소리를 나타냅니다. 두 모음에 하나의 새로운 소리가 있다는 점에 유의하는 것이 중요합니다.

Word Box	android, appoint, avoid, boil, broil, choice, coil, coin, cloister, exploit, foil, hoist, invoice, join, joint, moist, moisture, noise, oil, poinsettia, point, poise, rejoice, soil, spoil, steroid, toil, turmoil, typhoid, voice, void, voided

☞ 예외: memoir - /ä/ 소리 또는 /ô/ 소리

"oo" represents the long vowel /o͞o/ sound

단어나 음절에 "oo" 모음 조합이 함께 있는 경우 단어 cool 에서와 같이 장모음 /o͞o/ 소리를 나타낼 수 있습니다.

Word Box	doom, gloom, harpoon, igloo, kazoo, lagoon, loom, loon, loony, loop, loose, mood, moon, pool, proof, roost, rooster, scoop, tool, toot, tooth, troop, zoom

"oo" represents the vowel /o͝o/ sound

"oo" 모음 조합이 단어나 음절에 함께 있을 때, 그것은 단어 cook 에서와 같이 모음 /o͝o/ 소리를 나타낼 수 있습니다.

Word Box	book, brook, cook, crook, foot, good, hood, hook, look, nook, poor, shook, stood, took, wood, wooded, wooden, woody, woof, wool, woolen, woolly

✣ Reading Words with the "ou" letter combination

"ou" 문자 조합은 7가지 방식으로 발음됩니다.
- out이라는 단어에서처럼 모음 /ou/ 소리를 나타냅니다.
- soup이라는 단어에서처럼 장모음 /o͞o/ 소리를 나타냅니다.
- court라는 단어에서처럼 모음 /ô/ 소리를 나타냅니다.
- soul이라는 단어에서와 같이 장모음 /ō/ 소리를 나타냅니다.
- tour라는 단어에서처럼 모음 /o͝o/ 소리를 나타냅니다.
- famous라는 단어에서와 같이 슈와 모음 /ə/ 소리를 나타냅니다.
- couple이라는 단어에서와 같이 단모음 /ŭ/ 소리를 나타냅니다.

"ou" represents the vowel /ou/ sound

"ou" 모음 조합은 단어 out에서와 같이 모음 /ou/ 소리를 나타낼 수 있습니다.

Word Box	amount, couch, council, count, doubt, drought, ground, hour, house, loud, lousy, mount, mountain, mouse, mouth, noun, pronoun, rebound, sound

"ou" represents the long vowel /o͞o/ sound

"ou" 모음 조합은 단어 soup에서와 같이 장모음 /o͞o/ 소리를 나타낼 수 있습니다.

Word Box	bayou, cougar, coup, coupon, group, soup, through, wound, you, youth

"ou" represents the vowel /ô/ sound

"ou" 모음 조합은 단어 court에서와 같이 모음 /ô/ 소리를 나타낼 수 있습니다.

Word Box	bought, brought, cough, course, court, courtier, fought, four, fourth, mourn, mourning, ought, pour, sought, thought, thoughtful, thoughtless, trough

"ou" represents the long vowel /ō/ sound + silent "u"

"ou" 모음 조합은 soul 및 thorough 단어에서와 같이 장모음 /ō/ 소리를 나타낼 수 있습니다.

"ou" represents the vowel /o͝o/ sound + silent "u"

"ou" 모음 조합은 could 및 tour 단어에서와 같이 모음 /o͝o/ 소리를 나타낼 수 있습니다.

"ou" represents the schwa vowel /ə/ sound

"ou" 모음 조합은 famous 및 tremulous라는 단어에서와 같이 슈와 모음 /ə/ 소리를 나타낼 수 있습니다.

"ou" has a silent "o" + short vowel /ŭ/ sound

The "ou" vowel combination can represent the short vowel /ŭ/ sound, as in the words cousin and touch.

Lesson 15.5
Reading Words with the Final Letter "o"

"o" represents the long vowel /ō/ sound

단어 "o"가 단어 또는 음절의 끝에 있으면 단어 go에서와 같이 장모음 /ō/ 소리를 나타냅니다.

Word Box	*Letter "o" is at end of the first syllable* chosen, cocoa, coed, focus, grocer, hotel, modem, motel, open, poker, solo, token *Final letter "o"* alamo, avocado, bravo, cargo, combo, flamingo, ghetto, go, ho, hydro, info, largo, manifesto, metro, mosquito, no, photo, pinto, placebo, portfolio, pro, psycho, radio, so, solo, turbo, undergo, veto, video, volcano, yo-yo, zero

Bonus Lesson
Reading Words with the "oll" and "ost" Letter Combinations

"oll" - "o" represents the long vowel /ō/ sound

"oll" 문자 조합의 모음 "o"는 단어 poll에서와 같이 장모음 /ō/ 소리를 나타냅니다.

Word Box	droll, knoll, poll, roll, scroll, stroll, toll, troll *Multisyllable Words:* bankroll, enroll, enrolling, enrollment, payroll, polling, rolling, stroller, unroll

☞ 예외: doll - /ŏ/ 소리

"ost" - "o" represents the long vowel /ō/ sound

"ost" 문자 조합에서 모음 "o"는 단어 most에서와 같이 장모음 /ō/ 소리를 나타낼 수 있습니다.

Word Box	ghost, host, most, post *Multisyllable Words:* almost, hosted, hostess, hosting, mostly, postage, postal, poster, posting

☞ 예외: hostel - /ŏ/ 소리; cost - /ô/ 소리; lost - /ŏ/ 소리 또는 /ô/ 소리

읽기 평가
과제: 문장을 읽습니다.

1. I will go to the condo's focus group.
2. The hotel doors will open in a moment.
3. Owen will open the box with the yo-yo.
4. Today, the pro golf team is a coed group.
5. Alejandro plans to go to the hotel for dinner.

Lesson 15.6
Reading Letter "o" Words with the Schwa Vowel Sound

"o" represents the schwa vowel /ə/ sound

모음 "o"는 단어 o'clock에서와 같이 슈와 모음 /ə/ 소리를 나타낼 수 있습니다.

Beginning	Within	End
/ə/	/ə/	/ə/
of	parrot	

| Word Box | *First letter "o"*
objective, oblige, oblivious, observance, observant, observe, obsess, obstruct, obtain, occasion, occur, o'clock, of, offense, official, officiate, oppose, original

Letter "o" within a word
bish<u>o</u>p, can<u>o</u>py, cens<u>o</u>r, col<u>o</u>r, comf<u>o</u>rt, cust<u>o</u>mer, devel<u>o</u>p, doct<u>o</u>r, flav<u>o</u>r, freed<u>o</u>m, gall<u>o</u>p, lem<u>o</u>n, less<u>o</u>n, may<u>o</u>r, mem<u>o</u>ry, numerat<u>o</u>r, parl<u>o</u>r, pers<u>o</u>n |

Bonus Lesson
Reading Words with the "ow" Letter Combination

세 개의 "ow" 문자 조합 소리:
- 그것은 단어 cow에서와 같이 모음 /ou/ 소리를 나타냅니다.
- glow라는 단어에서와 같이 장모음 /ō/ 소리를 나타냅니다.
- knowledge라는 단어에서와 같이 단모음 /ŏ/ 소리를 나타냅니다.

"ow" represents the vowel /ou/ sound + silent "w"

"ow" 문자 조합이 단어나 음절에 함께 있을 때 단어 cow에서와 같이 모음 /ou/ 소리를 나타낼 수 있습니다.

| Word Box | brown, cow, coward, crowd, crown, down, drowsy, flower, gown, meow, now, plow, powder, power, towel, tower, town, township, vowel, vow, wow |

"ow" represents the long vowel /ō/ sound + silent "w"

"ow" 문자 조합이 단어나 음절에 함께 있을 때 단어 glow에서와 같이 장모음 /ō/ 소리를 나타낼 수 있습니다.

| Word Box | arrow, below, blow, crow, flow, flown, glow, grow, know, low, mow, pillow, row, show, shown, snow, throw, thrown, tomorrow, tow, window, yellow |

"ow" represents the short vowel /ŏ/ sound + silent "w"

"ow" 문자 조합이 단어나 음절에 함께 있으면 knowledge라는 단어에서와 같이 짧은 모음 /ŏ/ 소리를 나타낼 수 있습니다.

Lesson 15.7
Reading Words with Vowel "o" Sounds: /ŏ/, /ō/ and /o͞o/

세 글자 "o" 소리:
- frog라는 단어에서와 같이 짧은 모음 /ŏ/ 소리를 나타냅니다.
- go에서와 같이 장모음 /ō/ 소리를 나타냅니다.
- to와 같이 장모음 /o͞o/ 소리를 나타냅니다.

"o" represents the short vowel /ŏ/ sound

모음 "o"는 단어 frog에서와 같이 짧은 모음 /ŏ/ 소리를 나타낼 수 있습니다.

Word Box	cop, block, box, chomp, clock, crop, dot, drop, fog, frost, got, honk, hot, job, jog, lock, log, lot, mom, mop, not, odd, on, ox, plot, pot, rock, rot, shot, spot

"o" represents the long vowel /ō/ sound

모음 "o"는 단어 go에서와 같이 장모음 /ō/ 소리를 나타낼 수 있습니다.

Word Box	bold, bone, broke, choke, code, cold, cone, close, fold, go, grow, hole, hope, joke, mode, no, nose, poke, roast, rode, role, rose, soap, spoke, stoke, woke

"o" represents the long vowel /o͞o/ sound

모음 "o"는 단어 to에서와 같이 장모음 /o͞o/ 소리를 나타낼 수 있습니다.

Word Box	do, doers, doing, lose, move, moveable, movement, movers, movies, moving, prove, proved, proven, proving, to, too, two, who, whoever, whosoever

Bonus Lesson
Reading Letter "o" Words with the Short Vowel /ŭ/ Sound

"o" represents the short vowel /ŭ/ sound

문자 "o"는 단어 dove에서와 같이 짧은 모음 /ŭ/ 소리를 나타낼 수 있습니다.

Word Box	above, blood, brother, brotherhood, come, done, dozen, from, front, frontage, frontier, love, money, mother, none, onion, other, shovel, some, somersault, something, sometimes, son, sponge, stomach, ton, tongue, tons, won, wonder

읽기 평가
과제: 문장을 읽습니다.

1. My mom gave me two dollars.
2. Do you know the story's plot?
3. Who is going to mop the kitchen floor?
4. The court officer proved his innocence.
5. Tonight, my family will go to the show.

Lesson 15.8
Reading Words with the "or" and "ore" Letter Combinations

"or" represents the vowel /ô/ + /r/ sounds

"또는" 문자 조합이 단어의 시작 부분에 있을 때 일반적으로 orange라는 단어에서처럼 모음 /ô/ + /r/ 소리를 나타냅니다.

Word Box	or, oral, orate, orator, oratory, orbit, orca, orchid, order, orderly, ordinal, ordinance, organ, organic, organize, origin, ornate, orphan, orthopedics

"or" represents the vowel /ô/ + /r/ sounds

"or" 문자 조합이 단어 안에 있으면 corn이라는 단어에서처럼 모음 /ô/ + /r/ 소리를 나타낼 수 있습니다.

Word Box	border, born, cork, corn, dormant, for, forest, forestry, forget, fork, horn, horse, lord, north, pork, port, short, shortage, sorbet, sort, torch, tore, tort, worn

"or" represents the schwa vowel /ə/ + /r/ sounds

"or" 문자 조합이 단어의 시작 부분에 있으면 oregano라는 단어에서와 같이 슈와 모음 /ə/ + /r/ 소리를 나타낼 수 있습니다.

"or" represents the schwa vowel /ə/ + /r/ sounds

"or" 문자 조합이 단어 내에 있으면 correct라는 단어에서와 같이 슈와 모음 /ə/ + /r/ 소리를 나타낼 수 있습니다.

Word Box	corolla, corona, corral, correct, correction, correlative, corrode, corrupt, forensic, forget, forgive, forlorn, morale, morality, morass, morel, Morocco

"or" represents the schwa vowel /ə/ + /r/ sounds

"or" 문자 조합이 단어 끝에 있을 때 단어 doctor에서와 같이 슈와 모음 /ə/ + /r/ 소리를 나타냅니다.

Word Box	accelerator, chancellor, commentator, conductor, coordinator, distributor, doctor, instructor, investigator, professor, refrigerator, supervisor, translator

"ore" represents the vowel /ô/ + /r/ sounds + silent "e"

"ore" 문자 조합이 단어 끝에 있을 때 문자 "o"는 단어 chore에서와 같이 모음 /ô/ 소리를 나타냅니다.

Word Box	bore, chore, core, fore, lore, more, ore, pore, score, shore, sore, snore, spore, store, swore, tore, wore

Multisyllable Words:

adore, albacore, bedsore, before, deplore, encore, explore, eyesore, herbivore, ignore, implore, offshore, omnivore, restore, seashore, sophomore, therefore

Lesson 15.9
Reading Words with a Silent Letter "o"

"o" is silent

모음 "o"는 colonel이라는 단어에서와 같이 묵음일 수 있습니다.

"eo" - "o" is silent

"eo" 모음 조합에서 모음 "o"는 단어 people에서와 같이 묵음일 수 있습니다.

Word Box	jeopardize, jeopardized, jeopardizing, jeopardy, Leonard, leopard, people

"oe" - "o" is silent

"oe" 모음 조합에서 모음 "o"는 단어 subpoenas에서와 같이 묵음일 수 있습니다.

Word Box	amoeba, amoebic, onomatopoeia, onomatopoetic, phoebe, phoenix, subpoena

"ou" - "o" is silent

"ou" 모음 조합에서 모음 "o"는 단어 young에서와 같이 묵음일 수 있습니다.

Word Box	couple, country, double, doubles, doublet, Douglas, rough, roughly, touch, touching, touchy, tough, toughen, trouble, younger, youngest, youngster

Silent Letter "o" at a Glance		
Letters	Sound	Anchor Words
"o"	silent "o"	colonel
"eo"	silent "o"	people
"oe"	silent "o"	subpoenas
"ou"	silent "o"	young

읽기 평가
과제: 문장을 읽습니다.

1. Leonard was served with a subpoena.
2. Douglas said, "Do not touch the iron!"
3. The young couple is going to get married.
4. An amoeba is a single-celled simple organism.
5. A lapidary rough rock is a semi-precious gemstone.

The Reading Challenge
Lesson 15.10
Reading Multisyllable Words

긴 단어를 음절이라고 하는 작은 부분으로 나누어 읽을 수 있습니다. 각 음절에는 하나의 모음 소리와 일반적으로 하나 이상의 자음 소리가 있습니다.

Three Ways to Divide Words into Syllables

1. 폐쇄음절은 자음으로 끝난다. 닫힌 음절에 모음이 하나 있는 경우 일반적으로 단모음이 있습니다.

   예시: complex - com + plex

   닫힌 음절에 두 개의 모음이 있는 경우 첫 번째 모음은 일반적으로 장모음이고 두 번째 모음은 무음입니다.

   예시: floating - float + ing

2. 열린 음절은 모음으로 끝납니다. 음절 끝에 오는 모음은 일반적으로 장모음입니다.

   예시: provide - pro + vide

3. "모음 + 자음 + e" 음절은 단어 끝에 있습니다. 이 음절 패턴의 첫 번째 모음은 일반적으로 장모음이고 마지막 "e"는 묵음입니다.

   예시: devote - de + vote

Multisyllable Word Lists

2 syllable words	3 syllable words	4 syllable words
object	oasis	obesity
oceans	objective	officially
offense	observing	operator
office	odyssey	opposition
often	offering	optimistic
olive	official	organizes
onion	omnivore	organizing
other	opponent	ordinary
orbit	optional	oregano
order	orator	origami
organ	outdated	original
outrage	outrageous	ornamental
outside	oxygen	overrated
oven	overall	overreact
oyster	overcome	overwhelming

Lesson 15.11
Reading Proper and Common Nouns and Adjectives
Capitalization Rules

단어는 대문자 및/또는 소문자로 작성됩니다. 고유명사와 고유 형용사는 대문자로 시작합니다. 일반 명사와 일반 형용사는 소문자로 시작합니다.

고유명사는 특정한 사람, 장소, 사물 또는 개념을 지칭하는 단어입니다.

보통 명사는 일반적인 사람, 장소, 사물 또는 개념을 명명하는 단어입니다.

	Proper Noun	Common Noun
Person	Mr. Owens	operator
Place	Ontario	outside
Thing	Oreo	octopus
Concept		optimism

고유 형용사는 특정 사람, 장소, 사물 또는 개념을 설명하는 단어입니다.

일반적인 형용사는 일반적인 사람, 장소, 사물 또는 개념을 설명하는 단어입니다.

Proper Adjective:	Common Adjective:
Person: Omani citizen	Person: outstanding student
Thing: Omani food	Thing: operating room

Capitalization Rules

Uppercase Letter – "O"

- 문장을 시작하는 단어의 첫 글자는 대문자입니다.

- 특정한 사람, 장소, 사물 또는 개념을 지칭하는 단어의 첫 글자는 대문자입니다.

- 사람의 직함은 첫 글자를 대문자로 한다.

- 제목 또는 부제목에 있는 각 단어의 첫 글자는 대문자입니다.

- 대명사로서 문자 "I"는 대문자입니다.

✎ 참고: 소문자는 일반적으로 다른 모든 단어에 사용됩니다.

Lowercase Letter – "o"

- 특정한 사람, 장소, 사물 또는 이름을 나타내지 않는 단어의 첫 글자개념은 소문자 로 작성됩니다.

- 문장으로 시작하지 않는 단어의 첫 글자는 소문자로 쓴다.

- 단어의 안과 끝은 모두 소문자로 표기합니다.

The Letter "o" at a Glance

Letter(s)	Sounds	Anchor Words
"o"	/ŏ/	frog
"o"	/ō/	go
"o"	/ə/	o'clock
"o"	/w/+/ŭ/	one
"oo"	/o͞o/	cool
"oo"	/o͝o/	book
"o"	/ô/	cloth
"oi"	/oi/	oil
"oi"	/ä/	memoir
"o"	/ŭ/	son
"o"	/ĭ/	women
"o"	/û/	colonel
"ow"	/ou/	cow
"o"	silent "o"	people

Unit O
Lesson 15.11

Learn To Read English With Lessons In Korean

Unit P

P/p

 Lesson 16.0
Introduction of the Letter P/p

문자 "p"는 자음입니다. 그것은 영어의 로마 알파벳의 열여섯 번째 글자입니다. 문자는 대문자와 소문자로 작성됩니다.

	Uppercase Letter	Lowercase Letter
Print	P	p
Cursive	P	p

 Lesson 16.1
Reading Words with the Letter P/p

문자 "p"는 한 가지 방식으로 발음됩니다.
- pan이라는 단어에서와 같이 /p/ 소리를 나타냅니다.
- 때때로 그것은 cupboard라는 단어에서처럼 조용합니다.

High Frequency, One Syllable Letter "p" Words

pad, page, paid, pail, pain, paint, pair, pan, park, part, pass, past, pat, peace, peach, peck, peek, peel, pet, pick, pie, piece, point, poor, pop, plan, plant, plug, plum, plus, price, pro, pull, push, pushed

단어의 시작, 내부 및 끝에서 문자 "p"는 단어 pan, capital 및 cup에서와 같이 /p/ 소리를 나타냅니다.

Beginning	Within	End
/p/	/p/	/p/
pan	capital	cup
pause	collapse	develop
pencil	inspired	gossip
pineapple	repeated	handicap
politics	shipping	lollipop
presents	tropical	workshop

❖ Reading Words with the Letter P/p

Short Vowel Blending Table for the Letter P/p

/ă/ apple	/ĕ/ egg	/ĭ/ insect	/ŏ/ octopus	/ŭ/ up
p a d	p e t	p i t	p o t	p u ll
pa d	pe t	pi t	po t	pu ll
pad	pet	pit	pot	pull

Long Vowel Blending Table for the Letter P/p

/ā/ ape	/ē/ eagle	/ī/ ice	/ō/ open	/yōō/ cube
p a c e	p e e k	p i e	p o l e	p u k e
pac e	pee k	p ie	po le	pu ke
pace	peek	pie	pole	puke

Word Box	cap, cheap, chip, chop, clip, crop, cup, deep, dip, flop, group, help, hip, hop, lamp, lip, map, mop, nap, nip, rip, step, stoop, sweep, tip, top, tulip, zap, zip

Letter "p" Parts of Speech Table

Nouns	Verbs	Adjectives
package	pacifies	Pacific
padlock	packing	palatial
pageant	paralyzed	papal
pajamas	peeling	pandemic
pamphlet	persuade	peculiar
Panama	picturing	playful
peacock	pinched	plural
pillow	plotting	poetic
plaintiff	pointing	polished
planet	polished	purebred
potassium	punched	purple
potpourri	puzzled	pushy

읽기 평가
과제: 문장을 읽습니다.

1. I saw parakeets and parrots in the park.
2. Paul and Pam have physics first period.
3. Our parents live on Pennsylvania Avenue.
4. Pat picked up the package at the post office.
5. The pharmacist works at the new pharmacy.

Lesson 16.2
Reading Words with the "ph" Letter Combination

"ph" 문자 조합은 세 가지 방식으로 발음됩니다.
- uphill이라는 단어에서와 같이 /p/ + /h/ 소리를 나타냅니다.
- phone이라는 단어에서와 같이 /f/ 소리를 나타냅니다.
- shepherd라는 단어에서와 같이 /p/ 소리를 나타냅니다.

"ph" represents the /p/ + /h/ sounds

"ph" 문자 조합을 두 음절로 나눌 때 문자 "p"는 /p/ 소리를 나타내고 문자 "h"는 단어 uphill에서와 같이 /h/ 소리를 나타냅니다. 문자 "p"는 한 음절에 있고 문자 "h"는 다른 음절에 있습니다.

Word Box	cupholder, haphazard, upheaval, upheave, upheaves, upheld, uphill, uphold, upholder, upholding, upholds, upholster, upholsterer, upholstery

"ph" represents the /f/ sound

"ph" 문자 조합이 한 음절에 함께 있을 때 단어 phone에서와 같이 /f/ 소리를 나타낼 수 있습니다.

Word Box	alphabet, amphibian, atmosphere, asphalt, autograph, biography, dolphin, elephant, geography, graphic, nephew, orphan, pamphlet, paragraph, phase, phonics, photo, photograph, physicist, sophisticate, telegraphic, triumph

"ph" represents the /p/ sound + silent "h"

"ph" 문자 조합에서 문자 "p"는 /p/ 소리를 나타낼 수 있고 문자 "h"는 단어 shepherd 및 shepherdess에서와 같이 묵음입니다.

Reading Multisyllable Words

alphabet
⇩
alphabetical
⇩
alphabetically

photo
⇩
photograph
⇩
photographic

읽기 평가
과제: 문장을 읽습니다.

1. The elephant in the photo is from India.
2. I read the powerful book, "Autobiography of Malcolm X."
3. Philip donated money to the newly constructed orphanage.
4. We were elected to preserve, defend and uphold the Constitution.
5. Phyllis furnished her living room with an upholstered sofa and loveseat.

Lesson 16.3
Reading Words with the "pr" Letter Combination

"pr" represents the /p/ + /r/ sounds

"pr" 문자 조합에서 문자 "p"는 /p/ 소리를 나타내고 문자 "r"은 단어 prize에서와 같이 /r/ 소리를 나타냅니다.

Word Box	express, impress, practice, pray, press, prince, princess, pride, prize, problem, prolong, promise, propel, proper, proud, prude, prudent, spring, surprise

Short Vowel Blending Table for the "pr" Letter Combination

/ă/ apple	/ĕ/ egg	/ĭ/ insect	/ŏ/ octopus	/ŭ/ up
pr a n k	pr e ss	pr i m	pr o d	spr u ng
pra n k	pre ss	pri m	pro d	spru ng
prank	press	prim	prod	sprung

Long Vowel Blending Table for the "pr" Letter Combination

/ā/ ape	/ē/ eagle	/ī/ ice	/ō/ open	/o͞o/ glue
pr a y	pr ea ch	pr i de	pr o b e	pr u n e
pr ay	prea ch	pri de	pro be	pru ne
pray	preach	pride	probe	prune

Letter "pr" Parts of Speech Table

Nouns	Verbs	Adjectives
praise	practiced	practical
presenter	predestined	predictable
president	preferred	preferable
pressure	preserving	pregnant
prevention	presiding	prehistoric
printer	pretending	preliminary
prison	prevailed	preliterate
prisoner	prevented	premarital
probate	printing	premature
procedure	proceeded	premium
prodigy	processing	prenatal
profile	proclaimed	problematic
program	provided	propelling
projector	provoked	prudent

Lesson 16.4
Reading Words with the "pl" and "ple" Letter Combinations

"pl" represents the /p/ + /l/ sounds

"pl" 문자 조합에서 문자 "p"는 /p/ 소리를 나타내고 문자 "l"은 단어 plan에서와 같이 /l/ 소리를 나타냅니다.

Word Box	place, plain, plan, plane, planet, plank, plate, play, please, pleasure, pled, pledge, plenty, plight, plod, plop, plot, plow, plug, plum, plump, plural

Short Vowel Blending Table for the "pl" Letter Combination

/ă/ apple	/ĕ/ egg	/ĭ/ insect	/ŏ/ octopus	/ŭ/ up
p l a n	p l e d	p l i n k	p l o t	p l u g
plan	pled	plink	plot	plug

Long Vowel Blending Table for the "pl" Letter Combination

/ā/ ape	/ē/ eagle	/ī/ ice	/ō/ open	/ōō/ glue
p l a y	p l e a t	p l i g h t		P l u t o
play	pleat	plight		Pluto

"ple" represents the /p/ + /ə/ + /l/ sounds + silent "e"

"ple" 문자 조합이 단어 끝에 있으면 people이라는 단어에서와 같이 /p/ + /ə/ + /l/ 소리 + 묵음 "e"를 나타냅니다. 슈와 모음 /ə/ 소리가 /p/와 /l/ 소리 사이에 삽입된다는 점에 유의하는 것이 중요합니다.

Word Box	apple, couple, cripple, dimple, example, people, pimple, pineapple, principle, purple, ripple, sample, simple, staple, steeple, trample, triple

"ple" represents the /p/ + /l/ + /ĕ/ sounds

"ple" 문자 조합이 단어의 시작 부분이나 단어 내에 있는 경우 pledge라는 단어에서와 같이 /p/ + /l/ + /ĕ/ 소리를 나타낼 수 있습니다.

Word Box	complex, complexion, duplex, multiplex, pleasant, pleasure, pledge, plenteous, perplex, replenish, splendid, splendidly, splendor, triplex

☞ 예외: droplet, helpless - /ĭ/ 소리; implement - /ə/ 소리

"ple" represents the /p/ + /l/ + /ē/ sounds

"ple" 문자 조합이 시작 또는 단어 내에 있는 경우 completion이라는 단어에서와 같이 /p/ + /l/ + /ē/ 소리를 나타낼 수 있습니다.

Word Box	complete, completing, completive, deplete, depletion, plea, plead, pleaded, pleading, please, pleasing, pleat, plebe, plenary, replete, repletion, spleen

Lesson 16.5
Reading Words with a Silent Letter "p"

"p" is silent

문자 "p"는 단어 corps에서와 같이 묵음일 수 있습니다.

Word Box	corps, coup, cupboard, raspberry, receipt, receipts, sapphire

"pp" represents the /p/ sound + silent "p"

"pp" 문자 조합에서 첫 번째 문자 "p"는 /p/ 소리를 나타내고 두 번째 문자 "p"는 단어 puppet에서와 같이 묵음입니다.

Word Box	approve, clipper, dropping, flipper, floppy, grasshopper, happen, happy, opposite, oppress, pepper, puppet, puppy, slippery, support, upper, zipper

"ps" has a silent "p" + /s/ sound

"ps" 문자 조합이 단어의 시작 부분에 있을 때 문자 "p"는 묵음이고 문자 "s"는 psychology라는 단어에서처럼 /s/ 소리를 나타냅니다.

Word Box	psalm, pseudo, psych, psychiatry, psychic, psychoactive, psychoanalysis, psychodrama, psychology, psychopath, psychosis, psychosomatic

"ps" represents the /p/ + /s/ sounds

"ps" 문자 조합이 단어 내 또는 단어 끝에 있을 때 문자 "p"는 /p/ 소리를 나타내고 문자 "s"는 capsules 및 caps라는 단어에서와 같이 /s/ 소리를 나타냅니다.

Word Box	*"ps" within a word* biopsy, calypso, capsized, capsize, cheapskate, knapsack, lapse, pepsin *"ps" at the end of a word* camps, dips, flips, groups, hips, jumps, keeps, laps, maps, raps, stamps

"pn" has a silent "p" + /n/ sound

"pn" 문자 조합이 단어의 시작 부분에 있을 때 문자 "p"는 묵음이고 문자 "n"은 단어 pneumonia에서와 같이 /n/ 소리를 나타냅니다.

Word Box	pneumatic, pneumatical, pneumococcus, pneumonia, pneumonic

"pt" has a silent "p" + /t/ sound

"pt" 문자 조합에서 문자 "p"는 묵음일 수 있고 문자 "t"는 단어 receipt에서와 같이 /t/ 소리를 나타냅니다.

Word Box	ptarmigan, pterodactyl, pterosaur, Ptolemy, ptomaine, receipt, receipts

*The Reading Challenge
Lesson 16.6
Reading Multisyllable Words*

긴 단어를 음절이라고 하는 작은 부분으로 나누어 읽을 수 있습니다. 각 음절에는 하나의 모음 소리와 일반적으로 하나 이상의 자음 소리가 있습니다.

Three Ways to Divide Words into Syllables

1. 폐쇄음절은 자음으로 끝난다. 닫힌 음절에 모음이 하나 있는 경우 일반적으로 단모음이 있습니다.

    예시: packing - pack + ing

    닫힌 음절에 두 개의 모음이 있는 경우 첫 번째 모음은 일반적으로 장모음이고 두 번째 모음은 무음입니다.

    예시: peeping - peep + ing

2. 열린 음절은 모음으로 끝납니다. 음절 끝에 오는 모음은 일반적으로 장모음입니다.

    예시: pilot - pi + lot

3. "모음 + 자음 + e"음절은 단어 끝에 있습니다. 이 음절 패턴의 첫 번째 모음은 일반적으로 장모음이고 마지막"e"는 묵음입니다.

    예시: provide - pro + vide

Multisyllable Word Lists

2 syllable words	3 syllable words	4 syllable words
paddle	pacemaker	panacea
parade	Pakistan	panorama
parcel	pajamas	paralegal
pardon	parable	paramedic
party	parliament	pedestrian
pecan	pediment	pediatrics
pepper	penalty	photography
photo	pelican	planetary
picture	pilgrimage	plasticity
pigment	pioneer	plentifully
pilgrim	pocketbook	plurality
pipeline	porcupines	polyvalent
platform	powerhouse	proclamation
pressure	presenter	proclivity

Lesson 16.7
Reading Proper and Common Nouns and Adjectives
Capitalization Rules

단어는 대문자 및/또는 소문자로 작성됩니다. 고유명사와 고유 형용사는 대문자로 시작합니다. 일반 명사와 일반 형용사는 소문자로 시작합니다.

고유명사는 특정한 사람, 장소, 사물 또는 개념을 지칭하는 단어입니다.

보통 명사는 일반적인 사람, 장소, 사물 또는 개념을 명명하는 단어입니다.

	Proper Noun	Common Noun
Person	Peter	principal
Place	Poland	plaza
Thing	Parliament	puppy
Concept		pleasure

고유 형용사는 특정 사람, 장소, 사물 또는 개념을 설명하는 단어입니다.

일반적인 형용사는 일반적인 사람, 장소, 사물 또는 개념을 설명하는 단어입니다.

Proper Adjective:	Common Adjective:
Person: Principal Carter Thing: Polish language	Person: petite lady Thing: purple hat

Capitalization Rules

Uppercase Letter – "P"

- 문장을 시작하는 단어의 첫 글자는 대문자입니다.

- 특정한 사람, 장소, 사물 또는 개념을 지칭하는 단어의 첫 글자는 대문자입니다.

- 사람의 직함은 첫 글자를 대문자로 한다.

- 제목 또는 부제목에 있는 각 단어의 첫 글자는 대문자입니다.

- 대명사로서 문자 "I"는 대문자입니다.

✎ 참고: 소문자는 일반적으로 다른 모든 단어에 사용됩니다.

Lowercase Letter – "p"

- 특정한 사람, 장소, 사물 또는 이름을 나타내지 않는 단어의 첫 글자개념은 소문자로 작성됩니다.

- 문장으로 시작하지 않는 단어의 첫 글자는 소문자로 쓴다.

- 단어의 안과 끝은 모두 소문자로 표기합니다.

읽기 평가
과제: 문장을 읽습니다.

1. The pharmacist prepared the pills.
2. The parade will end at Poodle Plaza.
3. Panama's capital city is Panama City.
4. Pam attended Palmer Primary School.
5. Pat and Paul are performing in a play.

The Letter "p" at a Glance		
Letter	**Sounds**	**Anchor Words**
"p"	/p/	pan
"p"	silent "p"	cupboard

Unit Q

Q/q

Lesson 17.0
Introduction of the Letter Q/q

문자 "q"는 자음입니다. 그것은 영어의 로마 알파벳의 열일곱 번째 문자입니다. 문자는 대문자와 소문자로 작성됩니다.

	Uppercase Letter	Lowercase Letter
Print	Q	q
Cursive	*Q*	*q*

Lesson 17.1
Reading Words with the Letter Q/q

문자 "q"는 한 가지 방식으로 발음됩니다.
- queen이라는 단어에서와 같이 /k/ 소리를 나타냅니다.
- Iraq라는 단어에서와 같이 /k/ 소리를 나타냅니다.
- 때로는 racquet이라는 단어에서처럼 조용합니다.

High Frequency, One Syllable Letter "q" Words
quack, quail, quaint, quark, quart, quartz, queen, quench, quest, quick, quiet, quill, quilt, quip, quirk, quirt, quit, quite, quiz, quote

문자 "q"에는 고유한 소리가 없습니다. 문자 "k"에서 /k/ 소리를 차용합니다.

"q" represents the /k/ sound

단어의 시작, 내부 및 끝에서 문자 "q"와 "qu" 문자 조합은 단어 Qatar, antique 및 Iraq에서와 같이 /k/ 소리를 나타낼 수 있습니다.

Beginning	Within	End
/k/	/k/	/k/
Qatar	antique	Iraq

"qu" represents the /k/ + /w/ sounds

"qu" 문자 조합의 /k/+/w/ 소리를 발음할 때 화자의 입술은 일반적으로 작은 원형 구멍을 형성하고 바깥쪽으로 빠르게 확장됩니다. 무성음이라 진동이 없습니다.

❖ Reading Words with the Letter Q/q

시작 부분과 단어 내에서 "qu" 문자 조합은 question 및 equator라는 단어에서와 같이 /k/ + /w/ 소리를 나타낼 수 있습니다.

Beginning	Within	End
/k/ + /w/	/k/ + /w/	/k/ + /w/
question	equator	

Short Vowel Blending Table for the Letter Q/q

/ă/ apple	/ĕ/ egg	/ĭ/ insect	/ŏ/ octopus	/ŭ/ up
qu a ck	qu e s t	qu i ck	qu o kk a	
qua ck	qu est	qui ck	quo kka	
quack	quest	quick	quokka	

Long Vowel Blending Table for the Letter Q/q

/ā/ ape	/ē/ eagle	/ī/ ice	/ō/ open	/yōō/ cube
qu ake	qu ee n	qu ie t	qu o te	q ueue
qua ke	quee n	quie t	quo te	q ueue
quake	queen	quiet	quote	queue

Letter "qu" Parts of Speech Table

Nouns	Verbs	Adjectives
quality	quacked	quadrennial
quantity	quacking	quadruple
quantum	qualifies	quantitative
queen	quarrel	quarterfinal
quest	quench	quarterly
question	questions	questionable
quota	quilted	quickest
quotation	quivering	quintessential
quote	quoting	quirky

읽기 평가
과제: 문장을 읽습니다.

1. Mrs. Quincy bought a quart of milk.
2. My mom cuts the quiche into quarters.
3. Queenie ran quickly across the finish line.
4. Quintin asks a lot of interesting questions.
5. Quadri said, "Quadrilaterals are polygons."

Lesson 17.2
Reading Words with the Letter "q" and "qu" Letter Combination

"qu" represents the /k/ + /w/ sounds

"qu" 문자 조합은 일반적으로 단어 queen에서와 같이 /k/ + /w/ 소리를 나타냅니다.

Word Box	aquatic, acquire, acquit, conquest, delinquent, equal, equate, equator, equip, equipment, frequency, quack, quail, queer, quest, question, quick, quiet, quilt, quit, quite, quiz, quotation, quote, require, sequence, sequential, tranquilize

"q" represents the /k/ sound

문자 "q"와 "qu" 문자 조합은 단어 antique에서와 같이 /k/ 소리를 나타낼 수 있습니다.

Word Box	acequia, applique, bouquet, etiquette, Iraq, Iraqi, liquor, mesquite, mosquito, quiche, quinoa, Nasdaq, Qatar, Qatari, quay, statuesque, unique, uniquely

Letter "q" and "qu" sounds

/k/ + /w/ sounds	/k/ sound
conquest	boutique
liquid	conquer
queen	mosque
quench	opaque
question	plaque
quiet	statuesque

"qu" is silent

"qu" 문자 조합은 단어 lacquer 및 racquet에서와 같이 무음일 수 있습니다.

"q" represents the /k/ sound

문자 "q" 뒤에 문자 "u"가 없으면 Qatar라는 단어에서와 같이 /k/ 소리를 나타냅니다.

Word Box	Compaq, Iraq, Iraqi, Nasdaq, Qatar, Qatari

읽기 평가
과제: 문장을 읽습니다.

1. Quincy enjoyed his trip to Qatar.
2. John Quinn is a quick quarterback.
3. Queeny was born in Queens, New York.
4. Dr. Quail starts work at a quarter to nine.
5. In 1964, Queen Elizabeth visited Quebec City.

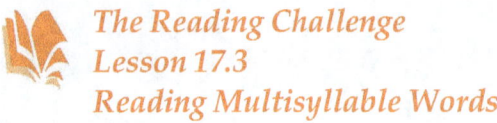

The Reading Challenge
Lesson 17.3
Reading Multisyllable Words

긴 단어를 음절이라고 하는 작은 부분으로 나누어 읽을 수 있습니다. 각 음절에는 하나의 모음 소리와 일반적으로 하나 이상의 자음 소리가 있습니다.

Three Ways to Divide Words into Syllables

1. "qu" 글자 조합이 닫힌 음절에 올 때, "u" 글자는 /w/ 소리를 나타낼 수 있으며, 그 다음 단모음은 일반적으로 짧은 모음 소리를 나타냅니다.

   예시: qualify – qual + i + fy

   "qu" 글자 조합이 닫힌 음절에 있을 때, "u"는 /w/ 소리를 나타낼 수 있고, 그 다음 두 모음은 긴 모음 소리를 낼 수 있습니다.

   예시: queenly – queen + ly

2. "qu" 글자 조합이 열린 음절에 올 때, "u" 글자는 /w/ 소리를 나타낼 수 있으며, 그 다음 단모음은 긴 모음 소리를 낼 수 있습니다.

   예시: quota – quo + ta

3. "모음 + 자음 + e" 음절은 단어 끝에 있습니다. 이 음절 패턴의 첫 번째 모음은 일반적으로 장모음이고 마지막 "e"는 묵음입니다.

   예시: quantize – quan + tize

Multisyllable Word Lists

2 syllable words	3 syllable words	4 syllable words
quantum	quandary	quadriplegic
quarter	quadrangle	qualitative
quarters	quadratic	quantization
quartet	quadrillion	quartermaster
quarrel	quarterback	quaternary
quenching	quartering	querulousness
question	questioning	questionable
quickly	questionnaire	questionably
quickness	quickening	quiescently
quiet	quicksilver	quintessential
quilted	quietness	quintuplicate
quitter	quintillion	quintuplicates
quiver	quintuple	quixotical
quota	quivering	quotidian

Lesson 17.4
Reading Proper and Common Nouns and Adjectives
Capitalization Rules

단어는 대문자 및/또는 소문자로 작성됩니다. 고유명사와 고유 형용사는 대문자로 시작합니다. 일반 명사와 일반 형용사는 소문자로 시작합니다.

고유명사는 특정한 사람, 장소, 사물 또는 개념을 지칭하는 단어입니다.

보통 명사는 일반적인 사람, 장소, 사물 또는 개념을 명명하는 단어입니다.

	Proper Noun	Common Noun
Person	Queen Elizabeth	queen
Place	Quezon City	quarters
Thing	Queen's English	quotation
Concept		quintessence

고유 형용사는 특정 사람, 장소, 사물 또는 개념을 설명하는 단어입니다.

일반적인 형용사는 일반적인 사람, 장소, 사물 또는 개념을 설명하는 단어입니다.

Proper Adjective:	Common Adjective:
Person: Queen Elizabeth Thing: Qatarian Airlines	Person: qualified applicant Thing: quarterly meeting

Capitalization Rules
Uppercase Letter – "Q"

- 문장을 시작하는 단어의 첫 글자는 대문자입니다.

- 특정한 사람, 장소, 사물 또는 개념을 지칭하는 단어의 첫 글자는 대문자입니다.

- 사람의 직함은 첫 글자를 대문자로 한다.

- 제목 또는 부제목에 있는 각 단어의 첫 글자는 대문자입니다.

- 대명사로서 문자 "I"는 대문자입니다.

✎ 참고: 소문자는 일반적으로 다른 모든 단어에 사용됩니다.

Lowercase Letter – "q"

- 특정한 사람, 장소, 사물 또는 이름을 나타내지 않는 단어의 첫 글자개념은 소문자로 작성됩니다.

- 문장으로 시작하지 않는 단어의 첫 글자는 소문자로 쓴다.

- 단어의 안과 끝은 모두 소문자로 표기합니다.

The Letter "q" at a Glance		
Letter	**Sounds**	**Anchor Words**
"q"	/k/	queen
"qu"	/k/ + /w/	queen
"q"	/k/	Iraq
"q"	silent "q"	racquet

Unit Q
Lesson 17.4

R/r

Lesson 18.0
Introduction of the Letter R/r

문자 "r"은 자음입니다. 영어 로마자 알파벳의 18번째 글자입니다. 문자는 대문자와 소문자로 작성됩니다.

	Uppercase Letter	Lowercase Letter
Print	R	r
Cursive	R	r

Lesson 18.1
Reading Words with the Letter R/r

문자 "r"는 한 가지 방식으로 발음됩니다.
- rat라는 단어에서와 같이 /r/ 소리를 나타냅니다.
- 때로는 carrot이라는 단어에서처럼 조용합니다.

High Frequency, One Syllable Letter "r" Words
race, rain, raise, range, rank, rat, rate, ray, red, rent, rib, rice, rich, ride, ring, rinse, rip, ripe, rise, risk, road, rob, robe, rock, rod, rode, roil, role, roll, room, rope, rose, rot, rote, round, rule, run, runt

단어의 시작, 내부 및 끝에서 문자 "r"은 단어 ring, break 및 car에서와 같이 /r/ 소리를 나타냅니다.

Beginning /r/	Within /r/	End /r/
rank	break	car
rate	dream	doctor
real	drum	inner
rent	electric	monitor
ring	from	other
ripe	increase	painter
roll	market	speaker
room	network	sponsor
running	surprise	sugar

✣ Reading Words with the Letter R/r

Short Vowel Blending Table for the Letter R/r

/ă/ apple	/ĕ/ egg	/ĭ/ insect	/ŏ/ octopus	/ŭ/ up
r a t	r e d	r i p	r o t	r u t
ra t	re d	ri p	ro t	ru t
rat	red	rip	rot	rut

Long Vowel Blending Table for the Letter R/r

/ā/ ape	/ē/ eagle	/ī/ ice	/ō/ open	/yōō/ cube
r a t e	r e e d	r i g h t	r o p e	r e s c u e
ra te	ree d	righ t	ro pe	res cue
rate	reed	right	rope	rescue

The Controlling Letter "r" Changes the Vowel Sounds

/ă/ → /ä/	/ĕ/ → /û/	/ĭ/ → /û/	/ŏ/ → /ô/	/ŭ/ → /û/
cat → cart	gem → germ	bid → bird	con → corn	bun → burn
par → park	pet → pert	fist → first	spot → sport	bust → burst

Bonus Lesson
Reading Words with a Silent Letter "r"

"r" is silent

문자 "r"은 drawers, iron 및 February와 같이 묵음일 수 있습니다.

"rr" represents the /r/ sound + silent "r"

"rr" 문자 조합이 한 음절에 함께 있을 때 첫 번째 문자 "r"은 /r/ 소리를 나타내고 두 번째 문자 "r"은 arrow라는 단어에서와 같이 묵음입니다.

Word Box	arrange, berries, carrot, correct, curry, errand, ferret, ferry, garrison, hurray, hurry, marry, merry, narrate, parrot, quarry, sorrel, sorry, terrific, worry

"rr" represents the /r/ + /r/ sounds

"rr" 문자 조합을 두 음절로 나눌 때 첫 번째 문자 "r"은 /r/ 소리를 나타내고 두 번째 문자 "r"도 단어 override에서와 같이 /r/ 소리를 나타냅니다.

Word Box	interracial, interregnum, interrelated, overrate, overreach, overreact, overreaction, overrefine, overregulate, overriding, overrule, overrun

Lesson 18.2
*Reading Words with the Letter "r" Combinations
"br," "cr," "fr," "gr," "pr" and "tr"*

문자 "r" 조합의 각 문자는 빠르게 발음됩니다. 글자가 합쳐져 독특한 자음 소리를 냅니다.

"br" represents the /b/ + /r/ sounds

"br" 문자 조합은 단어 bride에서와 같이 /b/ + /r/ 소리를 나타냅니다.

Word Box	bracelet, braces, braid, Braille, brain, brake, branch, brave, bread, break, breakfast, breeze, brick, bride, bridge, bright, bring, broke, brother, brush

"cr" represents the /k/ + /r/ sounds

"cr" 문자 조합은 crab이라는 단어에서와 같이 /k/ + /r/ 소리를 나타냅니다.

Word Box	crab, crack, cracker, craft, crane, crank, crawl, crayon, crazy, cream, create, creek, crew, cricket, crime, crisis, crisp, crook, crop, cross, crow, crowd, cry

"fr" represents the /f/ + /r/ sounds

"fr" 문자 조합은 단어 freeze에서와 같이 /f/ + /r/ 소리를 나타냅니다.

Word Box	fraction, fragile, fragment, frail, frame, frantic, fraud, freckle, free, freeze, frequent, friction, fried, friend, frog, from, front, frost, frown, fruit, fry

"gr" represents the /g/ + /r/ sounds

"gr" 문자 조합은 단어 grass에서와 같이 /g/ + /r/ 소리를 나타냅니다.

Word Box	grab, grace, grade, gradual, graduate, grain, grammar, grand, grass, gravy, grease, great, greed, green, greet, grief, grill, ground, group, grow, growth

"pr" represents the /p/ + /r/ sounds

"pr" 문자 조합은 단어 practice에서와 같이 /p/ + /r/ 소리를 나타냅니다.

Word Box	practice, praise, precious, predator, predicate, predict, prefer, price, pride, prince, princess, print, prize, probably, problem, product, promise, proud

"tr" represents the /t/ + /r/ sounds

"tr" 문자 조합은 단어 train에서와 같이 /t/ + /r/ 소리를 나타냅니다.

Word Box	trace, track, trade, traffic, tragedy, trail, train, translate, trap, trash, travel, tray, treasure, treat, tree, trial, triangle, trick, trim, trip, trouble, truck, try

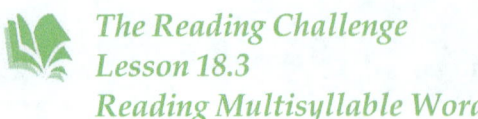

The Reading Challenge
Lesson 18.3
Reading Multisyllable Words

긴 단어를 음절이라고 하는 작은 부분으로 나누어 읽을 수 있습니다. 각 음절에는 하나의 모음 소리와 일반적으로 하나 이상의 자음 소리가 있습니다.

Three Ways to Divide Words into Syllables

1. 폐쇄음절은 자음으로 끝난다. 닫힌 음절에 모음이 하나 있는 경우 일반적으로 단모음이 있습니다.

   예시: rapid - rap + id

   닫힌 음절에 두 개의 모음이 있는 경우 첫 번째 모음은 일반적으로 장모음이고 두 번째 모음은 무음입니다.

   예시: reaping - reap + ing

2. 열린 음절은 모음으로 끝납니다. 음절 끝에 오는 모음은 일반적으로 장모음입니다.

   예시: recent - re + cent

3. "모음 + 자음 + e"음절은 단어 끝에 있습니다. 이 음절 패턴의 첫 번째 모음은 일반적으로 장모음이고 마지막 "e"는 묵음입니다.

   예시: revise - re + vise

Multisyllable Word Lists

2 syllable words	3 syllable words	4 syllable words
racing	radio	radiator
raining	raspberry	rationally
rating	reflection	registration
reaping	register	relaxation
rhyming	resistance	respectively
rolling	restaurant	responsible
running	ridicule	rhinoceros
rushing	robbery	ridiculous

 읽기 평가
과제: 문장을 읽습니다.

1. The Spanish royal family is very rich.
2. Romeo and Raphael are Russian residents.
3. The cyclist rode his bike along Rome Road.
4. Fran ran along the edge of the Columbia River.
5. Riley received a postcard from Bucharest, Romania.

Lesson 18.4
Reading Proper and Common Nouns and Adjectives Capitalization Rules

단어는 대문자 및/또는 소문자로 작성됩니다. 고유명사와 고유 형용사는 대문자로 시작합니다. 일반 명사와 일반 형용사는 소문자로 시작합니다.

고유명사는 특정한 사람, 장소, 사물 또는 개념을 지칭하는 단어입니다.

보통 명사는 일반적인 사람, 장소, 사물 또는 개념을 명명하는 단어입니다.

	Proper Noun	Common Noun
Person	Ricky	relative
Place	Rwanda	room
Thing	Rolex	rattle
Concept	Rastafarianism	righteousness

고유 형용사는 특정 사람, 장소, 사물 또는 개념을 설명하는 단어입니다.

일반적인 형용사는 일반적인 사람, 장소, 사물 또는 개념을 설명하는 단어입니다.

Proper Adjective:	Common Adjective:
Person: Russian citizen	Person: rude resident
Thing: Renaissance Period	Thing: red gate

Capitalization Rules
Uppercase Letter – "R"

- 문장을 시작하는 단어의 첫 글자는 대문자입니다.

- 특정한 사람, 장소, 사물 또는 개념을 지칭하는 단어의 첫 글자는 대문자입니다.

- 사람의 직함은 첫 글자를 대문자로 한다.

- 제목 또는 부제목에 있는 각 단어의 첫 글자는 대문자입니다.

- 대명사로서 문자 "I"는 대문자입니다.

✎ 참고: 소문자는 일반적으로 다른 모든 단어에 사용됩니다.

Lowercase Letter – "r"

- 특정한 사람, 장소, 사물 또는 이름을 나타내지 않는 단어의 첫 글자개념은 소문자로 작성됩니다.

- 문장으로 시작하지 않는 단어의 첫 글자는 소문자로 쓴다.

- 단어의 안과 끝은 모두 소문자로 표기합니다.

The Letter "r" at a Glance

Letter	Sound	Anchor Words
"r"	/r/	rat
"r"	silent "r"	carrot

S/s

 Lesson 19.0
Introduction of the Letter S/s

문자 "s"는 자음입니다. 그것은 영어의 로마 알파벳의 열아홉 번째 문자입니다. 문자는 대문자와 소문자로 작성됩니다.

	Uppercase Letter	Lowercase Letter
Print	S	s
Cursive	𝒮	𝓈

 Lesson 19.1
Reading Words with the Letter S/s

문자 "s"는 네 가지 방식으로 발음됩니다.
- sun이라는 단어에서와 같이 /s/ 소리를 나타냅니다.
- his라는 단어에서와 같이 /z/ 소리를 나타냅니다.
- sugar라는 단어에서와 같이 /sh/ 소리를 나타냅니다.
- vision이라는 단어에서와 같이 /zh/ 소리를 나타냅니다.
- 때로는 island라는 단어에서처럼 조용합니다.

High Frequency, One Syllable Letter "s" Words
said, sail, sale, same, sand, save, saw, say, says, school, sea, search, seat, see, seek, seem, self, sell, send, sense, set, sew, she, show, side, sing, six, size, skip, sleep, slice, small, smart, snow

Letter "s" Word Bank			
2 syllable words		3 syllable words	
second	special	saxophone	signature
seven	standard	secretly	sporadic
silver	sugar	sensation	statistics
sixty	surprise	separate	strawberry
soda	system	several	superman

✤ Reading Words with the Letter S/s

"s" represents the /s/ sound

단어의 시작, 내부 및 끝에서 문자 "s"는 단어 sun, cost 및 bus에서와 같이 /s/ 소리를 나타냅니다.

Beginning	Within	End
/s/	/s/	/s/
sun	cost	bus

Short Vowel Blending Table for the Letter S/s

/ă/ apple	/ĕ/ egg	/ĭ/ insect	/ŏ/ octopus	/ŭ/ up
s a t	s e t	s i t	s o p	s u p
sa t	se t	si t	so p	su p
sat	set	sit	sop	sup

Long Vowel Blending Table for the Letter S/s

/ā/ ape	/ē/ eagle	/ī/ ice	/ō/ open	/ōō/ glue
s a i l	s e a	s i t e	s o a p	s o u p
sai l	s ea	si te	soa p	sou p
sail	sea	site	soap	soup

Word Box

"s" at the beginning of a word

sack, scarf, scent, self, sick, silk, ski, sky, sleep, sock, soul, sound, small, smile, snake, snitch, snow, space, spring, star, state, step, stone, suit, sweet, switch

"s" within a word

artist, aside, aspire, basic, best, cast, coast, desk, east, exist, false, horse, house, lastly, most, music, respect, rest, taste, test, these, toast, trust, waste, west

"s" at the end of a word

apps, backs, bus, camps, caps, cats, coughs, cups, hats, lamps, lips, maps, mats, racks, rats, Ruth's, ships, slips, stamps, tacks, times, tops, trips, us

"s" represents the /z/ sound

문자 "s"가 단어 안에 있거나 단어 끝에 있으면 rose, is 및 his라는 단어에서와 같이 /z/ 소리를 나타낼 수 있습니다.

Word Box

allows, asthma, because, bees, boys, business, busy, daisy, cheese, clothes, cows, design, ease, hose, is, laws, lose, music, noise, nose, ones, peas, pies, please, prose, these, those, rags, raspberry, rise, treason, visit, was, wise

"s" represents the /z/ sound

문자 "s"가 단어 끝에 있으면 /z/ 소리를 나타낼 수 있습니다.

	Word List
/ā/ + /z/	airways, always, days, delays, pays, plays, portrays, sprays, trays
/b/ + /z/	bibs, bulbs, cabs, cribs, cubes, cubs, ribs, robes, swabs, tabs, tubes, vibes
/d/ + /z/	adds, cards, fades, foods, friends, kids, lids, minds, pads, trends, words
/ē/ + /z/	activities, babies, berries, cities, donkeys, families, galaxies, reason, keys
/g/ + /z/	bags, begs, brags, defogs, digs, dregs, eggs, frogs, hugs, legs, tags, wigs
/ī/ + /z/	cries, dies, dries, flies, fries, lies, pies, skies, spies, supplies, ties, tries
/l/ + /z/	apples, bells, bulls, canals, couples, fables, feels, girls, hills, puzzles, walls
/m/ + /z/	columns, comes, costumes, farms, hams, homes, rooms, times, welcomes
/n/ + /z/	beans, cans, crowns, fans, hens, lens, pains, pens, sons, stains, turns, wins
/ng/ + /z/	brings, hangs, kings, lungs, rings, savings, sings, songs, things, wings
/ō/ + /z/	bows, crows, flows, glows, knows, nose, pillows, rose, those, toes
/ou/ + /z/	allows, brows, browse, cows, drowsy, endows, plows, vows
/r/ + /z/	alligators, anchors, bakers, cars, colors, fares, grasshoppers, hers, yours
/v/ + /z/	detectives, doves, improves, knives, leaves, loves, nerves, revolves, wives

"es" represents the /ĭ/ + /z/ sounds

단어 끝에 "es" 문자 조합은 /ĭ/ + /z/ 소리를 나타낼 수 있습니다.

	Word List
/ch/ + /ĭ/ + /z/	blotches, branches, inches, patches, riches, roaches, speeches
/j/ + /ĭ/ + /z/	acknowledges, ages, alleges, cages, images, judges, pledges
/s/ + /ĭ/ + /z/	addresses, bosses, buses, discusses, expenses, gases, senses
/sh/ + /ĭ/ + /z/	accomplishes, dishes, flashes, mashes, nourishes, wishes
/z/ + /ĭ/ + /z/	buzzes, closes, dispenses, exercises, impulses, phrases, uses
/zh/ + /ĭ/ + /z/	collages, corsages, garages, loges, massages, sabotages

"s" represents the /sh/ sound

문자 "s"가 단어의 시작 부분이나 단어 안에 있는 경우 단어 sugar에서와 같이 /sh/ 소리를 나타낼 수 있습니다.

Word Box	assurance, assure, censure, erasure, insurance, insurable, insure, insured, insures, insuring, issue, sugar, sugary, sure, surely, surety, tissue, tissues

"s" represents the /zh/ sound

문자 "s"가 단어 안에 있으면 vision이라는 단어에서와 같이 /zh/ 소리를 나타낼 수 있습니다.

Word Box	casual, closure, composure, decision, exposure, leisure, mansion, measure, occasion, pleasure, session, television, treasure, usual, version, vision, visual

Lesson 19.2
Reading Words with the "sion," "sial" and "scious" Suffixes

"s" represents the /sh/ sound

문자 "s"는 "sion", "sial" 및 "scious" 접미사에서 /sh/ 소리를 나타냅니다.

"sion" letter combination

"sion" 문자 조합에서 문자 "s"는 두 가지 방식으로 발음됩니다.
- pension이라는 단어에서와 같이 /sh/ 소리를 나타냅니다.
- vision이라는 단어에서와 같이 /zh/ 소리를 나타냅니다.

"sion" represents the /sh/ + /ə/ + /n/ sounds

"sion" 접미사에서 문자 "s"는 단어 pension에서와 같이 /sh/ 소리를 나타낼 수 있습니다.

Word Box	comprehension, compression, confession, depression, discussion, expansion, expression, impression, mission, passion, pension, recession, session, tension

"sion" represents the /sh/ + /ə/ + /n/ sounds

"sion" 접미사에서 문자 "s"는 단어 vision에서와 같이 /zh/ 소리를 나타낼 수 있습니다.

Word Box	collision, conclusion, confusion, decision, division, exclusion, explosion, fusion, inclusion, occasion, persuasion, revision, television, version, vision

"sia" and "sian" - "s" represents the /zh/ sound

"sia"와 "sian" 문자 조합에서 문자 "s"는 Asia 및 Asian이라는 단어에서와 같이 /zh/ 소리를 나타냅니다.

Word Box	amnesia, anesthesia, artesian, Asia, Asian, fantasia, Indonesia, Indonesian, Louisiana, magnesia, magnesian, Malaysia, Persia, Persian, Russia, Russian

☞ 예외: fuchsia - /sh/ 소리

"sial" represents the /sh/ + /ə/ + /l/ sounds

"sial" 문자 조합에서 문자 "s"는 controversial이라는 단어에서와 같이 /sh/ 소리를 나타냅니다.

Word Box	ambrosial, controversial, controversialist, controversiality, controversially

"scious" represents the /sh/ + /ə/ + /s/ sounds

"scious" 접미사에서 문자 "s"는 conscious라는 단어에서와 같이 /sh/ 소리를 나타냅니다.

Word Box	conscious, luscious, preconscious, semiconscious, subconscious, unconscious, unselfconscious

Lesson 19.3
Reading Words with the "sh" and "sch" Letter Combinations

"sh" represents the /sh/ sound

"sh" 문자 조합은 일반적으로 ship이라는 단어에서와 같이 /sh/ 소리를 나타냅니다. 두 글자는 뚜렷한 소리를 가지고 있다는 점에 유의하는 것이 중요합니다.

Beginning	Within	End
/sh/	/sh/	/sh/
ship	ashes	wish

Word Box	"sh" at the beginning of a word shade, shake, shall, sham, shame, shape, share, shark, she, sheep, sheet, shell, shield, shift, shine, ship, shock, shoe, shop, shore, short, shove, show, shy "sh" within a word ashamed, bishop, cashew, cashier, cushion, eggshell, enshrine, fashion, harshly, lavishly, leadership, polished, publisher, pushing, sushi, worship "sh" at the end of a word lash, leash, mash, mesh, push, rash, rush, smash, splash, trash, wash, wish

"sh" represents the /s/ + /h/ sounds

"sh" 문자 조합은 단어 mishap에서와 같이 /s/ + /h/ 소리를 나타낼 수 있습니다.

"sh" represents the /s/ sound + silent "h"

"sh" 문자 조합은 disonest라는 단어에서와 같이 /s/ 소리 + 묵음 "h"를 나타낼 수 있습니다.

"sch" letter combination

"sch" 문자 조합은 두 가지 방식으로 발음됩니다.
- school이라는 단어에서와 같이 /s/ + /k/ 소리를 나타냅니다.
- schilling이라는 단어에서와 같이 /sh/ 소리를 나타냅니다.

"sch" represents the /s/ + /k/ sounds

"sch" 문자 조합은 단어 school에서와 같이 /s/ + /k/ 소리를 나타낼 수 있습니다.

Word Box	schedule, schema, schematic, scheme, scherzo, schizoid, schizophrenia, schizophrenic, scholar, scholarly, scholarship, scholastic, school, schooner

"sch" represents the /sh/ sound

"sch" 문자 조합은 단어 schilling에서와 같이 /sh/ 소리를 나타낼 수 있습니다.

Word Box	Schick test, schilling, schist, schlemiel, schlock, schmear, schmooze, schwa, schmuck, schnook, schnauzer, schrod, schuss

Lesson 19.4
*Reading Words with the "scr," "shr," "spl," "spr" and "str"
Letter Combinations*

문자 "s"조합의 각 문자는 빠르게 발음됩니다. 세 글자가 합쳐져 뚜렷한 자음 소리를 냅니다.

"scr" represents the /s/ + /k/ + /r/ sounds

"scr" 문자 조합은 단어 scroll에서와 같이 /s/ + /k/ + /r/ 소리를 나타냅니다.

Word Box	inscribed, scram, scramble, scrap, scrapbook, scrape, scratch, scream, screech, screen, screw, screwdriver, scribble, scribe, script, scroll, scrub, scruffy

"shr" represents the /sh/ + /r/ sounds

"shr" 문자 조합은 shrivel이라는 단어에서와 같이 /sh/ + /r/ 소리를 나타냅니다.

Word Box	shred, shredder, shrew, shrewd, shrewish, shriek, shrift, shrike, shrill, shrimp, shrine, shrink, shrive, shrivel, shrub, shrug, shrunk, shrunken

"spl" represents the /s/ + /p/ + /l/ sounds

"spl" 문자 조합은 단어 splendid에서와 같이 /s/ + /p/ + /l/ 소리를 나타냅니다.

Word Box	splash, splashdown, splashy, splat, splatter, splay, spleen, splendid, splendor, splice, spliced, splint, splinter, split, splitter, splotch, splurge, splutter

"spr" represents the /s/ + /p/ + /r/ sounds

"spr" 문자 조합은 spreading이라는 단어에서와 같이 /s/ + /p/ + /r/ 소리를나타냅니다.

Word Box	offspring, sprain, sprang, sprawl, spray, sprays, spread, spring, sprinkle, sprinkler, sprinkling, sprint, sprout, spruce, sprung, spry, widespread

"str" represents the /s/ + /t/ + /r/ sounds

"str" 문자 조합은 단어 strain에서와 같이 /s/ + /t/ + /r/ 소리를 나타냅니다.

Word Box	straight, straighten, strain, strand, strap, strawberry, stray, streak, stream, street, strength, stress, stretch, strip, strive, stroke, stroll, strong, struck

Lesson 19.5
Reading Words with the "sl" and "sle" Letter Combinations

"sl" represents the /s/ + /l/ sounds

"sl" 문자 조합에서 문자 "s"는 /s/ 소리를 나타내고 문자 "l"은 단어 slam에서와 같이 /l/ 소리를 나타냅니다.

Word Box	slab, slack, slag, slam, slain, slander, slang, slant, slap, slash, slat, slate, sled, sleep, sleeve, slide, slight, slogan, slope, slot, slumber, slump, slur, sly

"sle" represents the /s/ + /l/ + /ĕ/ sounds

"sle" 문자 조합이 단어의 시작 부분이나 단어 내에 있는 경우 단어 sled에서와 같이 /s/ + /l/ + /ĕ/ 소리를 나타낼 수 있습니다.

Word Box	dogsled, dyslexia, misled, sled, sledded, sledding, sledge, slender, slenderer, slenderest, slenderize, slenderly, slenderness, slept

"sle" represents the /s/ + /l/ + /ē/ sounds

"sle" 문자 조합이 단어의 시작 부분이나 단어 안에 있는 경우 sleep이라는 단어와 같이 /s/ + /l/ + /ē/ 소리를 나타낼 수 있습니다.

Word Box	asleep, mislead, misleader, misleading, misleads, parsley, sleazy, sleek, sleeked, sleeker, sleekest, sleekness, sleep, sleeper, sleeping, sleet, sleeve

"sle" represents the /s/ + /l/ + /ĭ/ sounds

"sle" 문자 조합이 단어 내에 있는 경우 corslet이라는 단어와 같이 /s/ + /l/ + /ĭ/ 소리를 나타낼 수 있습니다.

"sle" represents the /s/ + /l/ + /o͞o/ sounds

"sle" 문자 조합이 단어의 시작 부분에 있으면 sleuth 및 slew라는 단어에서와 같이 /s/ + /l/ + /o͞o/ 소리를 나타낼 수 있습니다.

"sle" represents the /s/ + /ə/ + /l/ sounds + silent "e"

"sle" 문자 조합이 단어 끝에 있으면 hassle 및 tussle 단어에서와 같이 /s/ + /ə/ + /l/ 소리 + 묵음 "e"를 나타냅니다.

"sle" represents the /z/ + /ə/ + /l/ sounds + silent "e"

"sle" 문자 조합이 단어 안에 있는 경우 단어 measles에서와 같이 /z/ + /ə/ + /l/ 소리 + 묵음 "e"를 나타낼 수 있습니다.

"sle" represents the /z/ + /l/ + /ĕ/ sounds

"sle" 문자 조합이 단어 내에 있으면 newsletter라는 단어에서와 같이 /z/ + /l/ + /ĕ/ 소리를 나타낼 수 있습니다.

"sle" has a silent "s" + /l/ sound + silent "e"

"sle" 문자 조합이 단어 끝에 올 때 aisle 단어와 같이 묵음 "s" + /l/ 소리 + 묵음 "e"를 가질 수 있습니다.

Lesson 19.6
Reading Words with the "sm" Letter Combination

"sm" 문자 조합은 세 가지 방식으로 발음됩니다.
- smell이라는 단어에서와 같이 /s/ + /m/ 소리를 나타냅니다.
- cosmic이라는 단어에서와 같이 /z/ + /m/ 소리를 나타냅니다.
- autism이라는 단어에서와 같이 /z/ + /ə/ + /m/ 소리를 나타냅니다.

"sm" represents the /s/ + /m/ sounds

"sm" 문자 조합이 단어의 시작 부분이나 단어 안에 있는 경우 일반적으로 smell이라는 단어에서와 같이 /s/ + /m/ 소리를 나타냅니다.

Word Box	*First letters "sm"* small, smart, smash, smell, smile, smock, smoke, smog, smooth, smoothie *Letters "sm" within a word* businessmen, classmate, dismantle, dismay, dismember, dismiss, dismount, dressmaker, mismanage, mismatch, sportsman, statesman, transmitting

"sm" represents the /z/ + /m/ sounds

"sm" 문자 조합이 단어 내에 있으면 cosmic이라는 단어에서와 같이 /z/ + /m/ 소리를 나타낼 수 있습니다.

Word Box	bridesmaid, charisma, charismatic, chiasma, cosmetic, cosmetician, cosmetology, cosmic, cosmonaut, cosmopolitan, cosmopolite, cosmos, dismal, Erasmus, mesmerize, newsman, newsmonger, plasma, plasmatic, plasmin

"sm" represents the /z/ + /ə/ + /m/ sounds

"sm" 문자 조합이 단어 끝에 있으면 autism이라는 단어에서와 같이 /z/ + /ə/ + /m/ 소리를 나타냅니다. 슈와 모음 /ə/ 소리가 /z/와 /m/ 소리 사이에 삽입된다는 점에 유의하는 것이 중요합니다.

Word Box	activism, behaviorism, bilingualism, capitalism, chasm, chauvinism, cynicism, dualism, embolism, enthusiasm, extremism, globalism, nationalism, prism, racism, realism, schism, skepticism, socialism, tourism, urbanism, vandalism

"sn" represents the /s/ + /n/ sounds

"sn" 문자 조합에서 문자 "s"는 /s/ 소리를 나타내고 문자 "n"은 단어 snap에서와 같이 /n/ 소리를 나타냅니다.

Word Box	misnomer, snack, snake, snail, snap, snapper, snatch, sneak, sneaker, sneer, snicker, sniff, snip, snob, snoop, snorkel, snow, snowy, snub, snuff, snuggle

Lesson 19.7
Reading Words with the "ss" Letter Combination

"ss" 문자 조합은 다섯 가지 방식으로 발음됩니다.
- mess 라는 단어에서와 같이 /s/ 소리를 나타냅니다.
- tissue 라는 단어에서와 같이 /sh/ 소리를 나타냅니다.
- scission 이라는 단어에서와 같이 /zh/ 소리를 나타냅니다.
- dissolve 라는 단어에서와 같이 /z/ 소리를 나타냅니다.
- misspelled라는 단어에서와 같이 /s/ + /s/ 소리를 나타냅니다.

"ss" represents the /s/ sound + silent "s"

"ss" 문자 조합이 단어 내 또는 단어의 끝에 있으면 단어 mess에서와 같이 /s/ 소리를 나타낼 수 있습니다.

Word Box	*Letters "ss" within a word* assembly, assist, assort, blossom, classical, classify, dessert, embarrassment, essential, glossary, impossible, impressive, missing, necessary, necessity, passage, passenger, possible, processor, progressive, rotisserie, successful *Letters "ss" at the end of a word* bass, boss, business, chess, class, compress, congress, distress, dress, express, floss, grass, guess, kindness, less, loss, mass, mattress, moss, pass, princess, progress, sickness, success, suppress, tasteless, toss, waitress, worthless

"ss" represents the /sh/ sound

"ss" 문자 조합이 한 음절에 함께 있으면 tissue라는 단어에서와 같이 /sh/ 소리를 나타낼 수 있습니다.

Word Box	aggression, assure, compassion, concession, concussion, discussion, emission, expression, impression, issue, issues, mission, passion, pressure, session

"ss" represents the /zh/ sound

"ss" 문자 조합이 한 음절에 함께 있을 때 단어 rescission 및 sccission에서와 같이 /zh/ 소리를 나타낼 수 있습니다.

"ss" represents the /z/ sound

"ss" 문자 조합이 한 음절에 함께 있으면 dissolve라는 단어에서와 같이 /z/ 소리를 나타낼 수 있습니다.

Word Box	dissolvable, dissolve, dissolved, Missouri, po<u>ss</u>ession, po<u>ss</u>essive, scissors

✤ Reading Words with the "ss" Letter Combination

"ss" represents the /s/ + /s/ sounds

"ss" 문자 조합을 두 음절로 나눌 때 misspell 및 misspend라는 단어에서와 같이 /s/ + /s/ 소리를 나타냅니다.

접두사가 "s"로 끝나는 단어와 기본 단어로 시작하는 단어문자 "s"는 별도 의 음절로 나뉩니다.

Word Box	dissatisfaction, dissatisfy, disservice, misspeak, misspelled, misspelling, misspend, misspoke, misspoken, misstate, misstated, misstating, misstep

"ssh" represents the /s/ + /sh/ sounds

"ssh" 문자 조합을 두 음절로 나누면 misshape 및 misshapen이라는 단어에서와 같이 /s/ + /sh/ 소리를 나타낼 수 있습니다.

Bonus Lesson
Reading Words with the "st" and "sw" Letter Combinations

"st" represents the /s/ + /t/ sounds

"st" 문자 조합에서 문자 "s"는 /s/ 소리를 나타내고 문자 "t"는 일반적으로 단어 stop에서와 같이 /t/ 소리를 나타냅니다.

Word Box	best, biggest, constant, district, instill, list, nest, stamp, stand, state, status, stem, step, stick, stigma, string, stomach, stone, story, studio, study, stump

"st" at the beginning of a word represents the /s/ + /t/ sounds		"st" within a word represents the /s/ + /t/ sounds		"st" at the end of a word represents the /s/ + /t/ sounds	
stack	stoke	adjusting	mostly	best	most
staff	stony	custody	postage	blast	past
star	stormy	custom	resting	coast	thirst
status	strain	esteem	system	fast	toast
stigma	stolen	master	testify	just	yeast

"st" represents the /s/ sound + silent "t"

"st" 문자 조합에서 문자 "s"는 /s/ 소리를 나타내고 문자 "t"는 단어 listen 및 castle에서와 같이 무음일 수 있습니다.

"sw" represents the /s/ + /w/ sounds

"sw" 문자 조합에서 문자 "s"는 /s/ 소리를 나타내고 문자 "w"는 단어 swim에서와 같이 /w/ 소리를 나타냅니다.

Word Box	swam, swan, swank, swap, swatch, sway, swear, sweat, sweep, sweet, swell, swim, swing, swirl, Swiss, switch, swoon, swoop, sword, swum, swung

Lesson 19.8
Reading Words with a Silent Letter "s"

"s" is silent

island라는 단어에서와 같이 문자 "s"는 묵음일 수 있습니다.

Word Box	aisle, Arkansas, debris, Illinois, island, islander, isle, islet

"ss" represents the /s/ sound + silent "s"

"ss" 문자 조합에서 첫 번째 문자 "s"는 일반적으로 /s/ 소리를 나타내고 두 번째 문자 "s"는 단어 mess에서와 같이 묵음입니다.

Word Box	*Letters "ss" within a word* assert, assist, blossom, cassette, classical, classify, embassy, excessive, fossil, glossary, grasshopper, impressive, passage, passport, possible, processor *Letters "ss" at the end of a word* across, actress, bass, bypass, confess, class, cross, discuss, empress, endless, excess, gross, kiss, less, mess, moss, overpass, pass, process, stress, unless

Reading Multisyllable Words

progress
⇩
progressive
⇩
progressively

recess
⇩
recessive
⇩
recessively

obsess
⇩
obsessive
⇩
obsessively

impress
⇩
impressive
⇩
impressively

pass
⇩
passive
⇩
passively

excess
⇩
excessive
⇩
excessively

The Reading Challenge
Lesson 19.9
Reading Multisyllable Words

긴 단어를 음절이라고 하는 작은 부분으로 나누어 읽을 수 있습니다. 각 음절에는 하나의 모음 소리와 일반적으로 하나 이상의 자음 소리가 있습니다.

Three Ways to Divide Words into Syllables

1. 폐쇄음절은 자음으로 끝난다. 닫힌 음절에 모음이 하나 있는 경우 일반적으로 단모음이 있습니다.

   예시: scandal - scan + dal

   닫힌 음절에 두 개의 모음이 있는 경우 첫 번째 모음은 일반적으로 장모음이고 두 번째 모음은 무음입니다.

   예시: sailor - sail + or

2. 열린 음절은 모음으로 끝납니다. 음절 끝에 오는 모음은 일반적으로 장모음입니다.

   예시: sofa - so + fa

3. "모음 + 자음 + e"음절은 단어 끝에 있습니다. 이 음절 패턴의 첫 번째 모음은 일반적으로 장모음이고 마지막 "e"는 묵음입니다.

   예시: salute - sa + lute

Multisyllable Word Lists

2 syllable words	3 syllable words	4 syllable words
safety	saxophone	salutation
sandy	scholarship	stationery
science	September	secondary
season	smothering	separation
sixteen	sophomore	serenity
social	strawberry	simplicity
special	submission	simulation
status	subtraction	stimulation
struggle	suggestion	stipulation
sugar	sycamore	subjugation
summer	sympathy	supermarket
sweater	symphony	supernova
system	symmetry	symposium

Lesson 19.10
Reading Proper and Common Nouns and Adjectives
Capitalization Rules

단어는 대문자 및/또는 소문자로 작성됩니다. 고유명사와 고유 형용사는 대문자로 시작합니다. 일반 명사와 일반 형용사는 소문자로 시작합니다.

고유명사는 특정한 사람, 장소, 사물 또는 개념을 지칭하는 단어입니다.

보통 명사는 일반적인 사람, 장소, 사물 또는 개념을 명명하는 단어입니다.

	Proper Noun	Common Noun
Person	Sammy	singer
Place	Singapore	slum
Thing	September	snowman
Concept		sensation

고유 형용사는 특정 사람, 장소, 사물 또는 개념을 설명하는 단어입니다.

일반적인 형용사는 일반적인 사람, 장소, 사물 또는 개념을 설명하는 단어입니다.

Proper Adjective:	**Common Adjective:**
Person: Senegalese citizen Thing: Spanish food	Person: successful salesperson Thing: six seals

Capitalization Rules
Uppercase Letter – "S"
- 문장을 시작하는 단어의 첫 글자는 대문자입니다.

- 특정한 사람, 장소, 사물 또는 개념을 시칭하는 단어의 첫 글자는 대문자입니다.

- 사람의 직함은 첫 글자를 대문자로 한다.

- 제목 또는 부제목에 있는 각 단어의 첫 글자는 대문자입니다.

- 대명사로서 문자 "I"는 대문자입니다.

✎ 참고: 소문자는 일반적으로 다른 모든 단어에 사용됩니다.

Lowercase Letter – "s"

- 특정한 사람, 장소, 사물 또는 이름을 나타내지 않는 단어의 첫 글자개념은소문자로 작성됩니다.

- 문장으로 시작하지 않는 단어의 첫 글자는 소문자로 쓴다.

- 단어의 안과 끝은 모두 소문자로 표기합니다.

The Letter "s" at a Glance		
Letter	Sounds	Anchor Words
"s"	/s/	sun
"s"	/z/	his
"s"	/sh/	sugar
"s"	/zh/	vision
"s"	silent "s"	island

T/t

Lesson 20.0
Introduction of the Letter T/t

문자 "t"는 자음입니다. 그것은 영어의 로마 알파벳의 20번째 글자입니다. 문자는 대문자와 소문자로 작성됩니다.

	Uppercase Letter	Lowercase Letter
Print	T	t
Cursive	𝒯	𝓉

Lesson 20.1
Reading Words with the Letter T/t

문자 "t"는 다섯 가지 방식으로 발음됩니다.
- ten이라는 단어에서와 같이 /t/ 소리를 나타냅니다.
- this라는 단어에서처럼 부드러운 /th/ 소리를 나타냅니다.
- the라는 단어에서와 같이 단단한 /th/ 소리를 나타냅니다.
- education이라는 단어에서처럼 /sh/ 소리를 나타냅니다.
- mutual이라는 단어에서와 같이 /ch/ 소리를 나타냅니다.
- 때로는 castle이라는 단어에서처럼 조용합니다.

High Frequency, One Syllable Letter "t" Words
tab, take, talk, tall, tap, tape, teach, team, tear, tease, teeth, tell, text, than, that, the, their, them, theme, then, there, they, thing, think, this, though, time, to, too, tree, trick, trip, true, try, turn, two, type

단어의 시작, 내부 및 끝에서 문자 "t"는 단어 tent, history 및 coat에서와 같이 /t/ 소리를 나타냅니다.

Beginning	Within	End
/t/	/t/	/t/
taking	ability	coat
temple	capital	crescent
tender	central	elephant
tribal	greater	prohibit
teasing	history	resident
tunnel	meeting	support
turkey	setting	without

Reading Words with the Letter T/t

Short Vowel Blending Table for the Letter T/t

/ă/ apple	/ĕ/ egg	/ĭ/ insect	/ŏ/ octopus	/ŭ/ up
t a p	t e n t	t i p	t o p	t u b
ta p	ten t	ti p	to p	tu b
tap	tent	tip	top	tub

Long Vowel Blending Table for the Letter T/t

/ā/ ape	/ē/ eagle	/ī/ ice	/ō/ open	/ōō/ glue
t a p e	t e a m	t i d e	t o a d	t u b e
ta pe	tea m	ti de	toa d	tu be
tape	team	tide	toad	tube

Letter "t" Parts of Speech Table

Nouns	Verbs	Adjectives
task	tacking	tailored
taxi	tackle	tainted
teacher	tagged	tangible
ticket	taking	tedious
timber	talked	teenage
tissue	tamper	thankful
toilet	taunting	thematic
token	terminate	thermal
tourist	testified	thirsty
tradition	thanking	timeless
tuition	ticking	tiresome
tunnel	timed	tolerant
turban	toasted	traumatic
tycoon	touching	tropical
typhoon	tumbled	typical

읽기 평가
과제: 문장을 읽습니다.

1. Mrs. Tripp has three thick textbooks.
2. The tourists are having fun in Thailand.
3. The two teenagers play tennis together.
4. My teacher, Mrs. Tent, traveled to Texas.
5. Troy trembles every time he hears thunder.

Lesson 20.2
Reading Words with the "th" and "thm" Letter Combinations

"th" 문자 조합은 두 가지 방식으로 발음됩니다.
- this라는 단어에서와 같이 부드러운 /th/ 소리를 나타냅니다.
- the라는 단어에서와 같이 단단한 /th/ 소리를 나타냅니다.
- 때로는 clothes라는 단어에서와 같이 침묵합니다.

"th" represents the soft /th/ sound

"th" 문자 조합은 단어 math에서와 같이 부드러운 /th/ 소리를 나타낼 수 있습니다. 두 글자에 하나의 무성음이 있다는 점에 유의하는 것이 중요합니다.

Word Box	athlete, bath, birth, booth, bother, broth, cloth, fifth, math, moth, north, path, teeth, thank, theme, third, though, threat, thrift, thrive, throw, thunder

"th" represents the hard /th/ sound

"th" 문자 조합은 단어 the에서와 같이 단단한 /th/ 소리를 나타낼 수 있습니다. 두 글자의 유성음이 하나라는 점에 유의해야 합니다.

Word Box	brother, father, gather, mother, rather, smooth, together, than, that, the, their, them, then, there, these, they, this, those, though, thus, weather, whether

"th" is silent

"th" 문자 조합은 단어 clothes에서와 같이 묵음일 수 있습니다.

Word Box	asthma, asthmatic, clothes, clothing, isthmus, northeaster

"thm" represents the soft /th/ + /ə/ + /m/ sounds

"thm" 문자 조합이 단어 끝에 있을 때 rhythm이라는 단어에서처럼 부드러운 /th/ + /ə/ + /m/ 소리를 나타냅니다.

Word Box	algorithm, antilogarithm, biorhythm, logarithm, rhythm, rhythms

"thm" represents the soft /th/ + /m/ sounds

"thm" 문자 조합을 두 음절로 나누면 bathmat 및 birthmark라는 단어와 같이 부드러운 /th/ + /m/ 소리를 나타냅니다.

"thm" has a silent "th" + /m/ sound

"thm" 문자 조합에서 문자 "t"와 "h"는 단어 asthma에서처럼 묵음일 수 있습니다.

Word Box	asthma, asthmatic, asthmatically, isthmian, isthmus

Lesson 20.3
Reading Words with the "tion," "tial" and "tious" Suffixes

"tion" represents the /sh/ + /ə/ + /n/ sounds

"tion" 접미사에서 문자 "t"는 단어 education에서와 같이 /sh/ 소리를 나타냅니다.

Word Box	addition, action, ambition, caption, celebration, composition, condition, definition, direction, function, operation, nation, revolution, tradition

"tion" represents the /ch/ + /ə/ + /n/ sounds

"tion" 접미사에서 문자 "t"는 단어 question 그리고 suggestion에서와 같이 /ch/ 소리를 나타냅니다.

"tion" represents the /zh/ + /ə/ + /n/ sounds

"tion" 접미사에서 문자 "t"는 단어 equation에서와 같이 /zh/ 소리를 나타냅니다.

"tial" represents the /sh/ + /ə/ + /l/ sounds

"tial" 접미사에서 문자 "t"는 partial이라는 단어에서와 같이 /sh/ 소리를 나타냅니다.

Word Box	confidential, credential, deferential, essential, experiential, impartial, initial, martial, partial, potential, quintessential, sequential, substantial

"tious" represents the /sh/ + /ə/ + /s/ sounds

"tious" 접미사에서 문자 "t"는 단어 ambitious에서와 같이 /sh/ 소리를 나타냅니다.

Word Box	ambitious, bumptious, cautious, conscientious, contentious, facetious, fictitious, flirtatious, infectious, nutritious, pretentious

Bonus Lesson
Reading Words with the "tience" and "tient" Suffixes

"tience" represents the /sh/ + /ə/ + /n/ + /s/ sounds

"tience" 접미사에서 문자 "t"는 단어 patience에서와 같이 /sh/ 소리를 나타낼 수 있습니다.

Word Box	impatience, insentience, patience, sentience

"tient" represents the /sh/ + /ə/ + /n/ + /t/ sounds

"tient" 접미사에서 첫 번째 문자 "t"는 단어 patient에서와 같이 /sh/ 소리를 나타낼 수 있습니다.

| Word Box | impatient, insentient, patient, quotient, sentient |

Lesson 20.4
Reading Words with the "tr" Letter Combination

"tr" represents the /t/ + /r/ sounds

"tr" 문자 조합에서 문자 "t"는 /t/ 소리를 나타내고 문자 "r"은 단어 strawberry에서와 같이 /r/ 소리를 나타냅니다.

Word Box	abstract, artistry, astray, betray, central, citrus, contract, control, construct, country, electric, entry, extra, extreme, instrument, metrics, metro, ministry, neutral, obstruct, ostrich, pastry, poetry, restrict, strap, straw, stream, striking, strip, strong, strongly, structure, struggle, subtract, ultra, waitress

Letter "tr" Parts of Speech Table

Nouns	Verbs	Adjectives
track	traced	traditional
tractor	tracking	transferred
trader	trades	transient
traffic	trailed	transitional
train	trailing	transpacific
transit	transcribed	transparent
tread	transform	traumatic
treadmill	transports	treacherous
treason	traveling	treatable
treasure	treasured	tree-lined
triangle	trembles	tremendous
tribunal	tricked	triumphant
tribute	triggered	troublesome
trimester	trimming	troubling
trophy	troubled	trustworthy
trumpet	trying	truthful

읽기 평가
과제: 문장을 읽습니다.

1. Preschoolers learn to trace letters.
2. The hairdresser will trim my hair.
3. Tran walks on the treadmill every day.
4. We had an exciting class trip to the zoo.
5. Troy received a trophy for winning the race.

Lesson 20.5
Reading Words with the "tle" Letter Combination

"tle" represents the /t'l/ sounds + silent "e"

"tle" 문자 조합이 단어 끝에 있으면 bottle이라는 단어에서와 같이 /t'l/ 소리 + 묵음 "e"를 나타낼 수 있습니다.

Word Box	battle, beetle, bottle, brittle, cattle, entitle, kettle, little, rattle, settle, shuttle, skittle, subtitle, subtle, title

"tle" represents the /t/ + /l/ sounds + silent "e"

"tle" 문자 조합이 단어 끝에 있으면 turtle이라는 단어에서와 같이 /t/ + /l/ 소리 + 묵음 "e"를 나타낼 수 있습니다.

Word Box	disgruntle, dismantle, gentle, hurtle, mantle, myrtle, turtle

"tle" represents the /t/ + /l/ + /ĭ/ sounds

"tle" 글자 조합이 단어 안에 있을 때, 그것은 단어 cutlet에서와 같이 /t/ + /l/ + /ĭ/ 소리를 나타낼 수 있습니다.

Word Box	countless, cutlet, effortless, frontlet, gantlet, gauntlet, heartless, limitless, meatless, plantlet, rootlet, restless, spiritless, tartlet, thoughtless, wristlet

"tle" represents the /t/ + /l/ + /ĕ/ sounds

"tle" 문자 조합이 단어 내에 있는 경우 bootleg 및 outlet이라는 단어에서와 같이 /t/ + /l/ + /ĕ/ 소리를 나타낼 수 있습니다.

"tle" represents the /t/ + /l/ + /ē/ sounds

"tle" 문자 조합이 단어 내에 있으면 motley 및 Nutley라는 단어에서와 같이 /t/ + /l/ + /ē/ 소리를 나타낼 수 있습니다.

"tler" represents the /t/ + /l/ + /ə/ + /r/ sounds

"tler" 문자 조합이 단어 끝에 있으면 antler 및 settler라는 단어에서와 같이 /t/ + /l/ + /ə/ + /r/ 소리를 나타낼 수 있습니다.

"stle" represents the /s/ + silent "t" + /ə/ + /l/ sounds + silent "e"

"stle" 문자 조합에서 문자 "t"는 묵음입니다. 문자 조합은 단어 castle에서와 같이 /s/ 소리 + 묵음 "t" + /ə/ + /l/ 소리 + 묵음 "e"를 나타냅니다.

Word Box	apostle, bristle, bustle, castle, epistle, gristle, hustle, hustler, jostle, mistletoe, nestle, pestle, rustle, thistle, whistle, wrestle, wrestler

Lesson 20.6
Reading Words with the Letter "t" Sounds

"tu" 문자 조합에서 문자 "t"는 두 가지 방식으로 발음됩니다.
- tub이라는 단어에서와 같이 /t/ 소리를 나타냅니다.
- actual이라는 단어에서와 같이 /ch/ 소리를 나타냅니다.

"tu" – "t" represents the /t/ sound

"tu" 문자 조합에서 문자 "t"는 단어 tub에서와 같이 /t/ 소리를 나타낼 수 있습니다.

Word Box	tub, tube, tuck, tuff, tuft, tulip, tumble, tumid, tumor, tundra, tune, tuner, tunic, turf, turkey, turn, turtle, tusk, tutor, tutu, stub, stuck, study, stump

"tu" – "t" represents the /ch/ sound

"tu" 문자 조합에서 문자 "t"는 단어 actual에서와 같이 /ch/ 소리를 나타낼 수 있습니다.

Word Box	century, congratulate, constituency, constituent, culturally, fortunate, fortune, futuristic, misfortune, natural, naturalist, perpetual, Portugal, Portuguese, statuary, statuesque, statuette, stature, statute, statutory

"tu" letter "t" represents /t/ sound	"tu" letter "t" represents /ch/ sound
tub	cultural
tug	habitual

"tuate" – "t" represents the /ch/ sound

"tuate" 문자 조합이 단어 끝에 있을 때 첫 번째 문자 "t"는 단어 fluctuate 및 punctuate에서와 같이 /ch/ 소리를 나타냅니다.

"ture" – "t" represents the /ch/ sound

"ture" 문자 조합이 단어 끝에 있을 때 문자 "t"는 단어 picture에서와 같이 /ch/ 소리를 나타냅니다.

Word Box	agriculture, aperture, architecture, culture, denture, feature, fixture, fracture, future, immature, legislature, mature, nature, nurture, pasture, rapture

❖ Reading Words with the Letter "t" Sounds

"tual" represents the /ch/ + /o͞o/ + /ə/ + /l/ sounds

"tual" 문자 조합이 단어 끝에 있을 때 문자 "t"는 단어 mutual에서와 같이 /ch/ 소리를 나타냅니다.

Word Box	accentual, actual, contextual, contractual, effectual, eventual, factual, habitual, intellectual, mutual, perceptual, punctual, ritual, spiritual, textual, virtual

"ctu" represents the /k/ + /ch/ + /o͞o/ sounds

"ctu" 문자 조합이 단어 내에 있는 경우 actual이라는 단어에서와 같이 /k/ + /ch/ + /o͞o/ 소리를 나타냅니다.

Word Box	actual, actually, actuality, actualization, actualize, actualized, actualizes, actualizing, actuarial, actuarially, actuaries, actuary, actuate, actuator

"ct" represents the /k/ + /t/ sounds

"ct" 문자 조합에서 문자 "c"는 /k/ 사운드를 나타내고 문자 "t"는 단어 octuplet에서와 같이 /t/ 사운드를 나타낼 수 있습니다.

Word Box	adjunct, conflict, conjunct, connect, construct, contact, contract, direct, electricity, expect, fact, impact, indicted, pact, product, subject, suspect

"ct" represents the /k't/ sounds

"ct" 문자 조합이 단어 내에 있으면 factor라는 단어에서와 같이 /k't/ 소리를 나타낼 수 있습니다.

Word Box	acting, actor, actress, cactus, connective, contractor, director, directory, electric, expectancy, factor, factories, factoring, factory, projector, tactics

"ct" has a silent "c" + /t/ sound

"ct" 문자 조합에서 문자 "c"는 묵음일 수 있고 문자 "t"는 단어 indict에서와 같이 /t/ 소리를 나타냅니다.

Word Box	Connecticut, indict, indictable, indicted, indictee, indicting, indictment, indicts, victual, victuals

읽기 평가
과제: 문장을 읽습니다.

1. In actuality, he was fired!
2. Stuart was indicted for securities fraud.
3. The actress is performing in Connecticut.
4. Tracy can differentiate between facts and opinions.
5. The instructor has high expectations for her students.

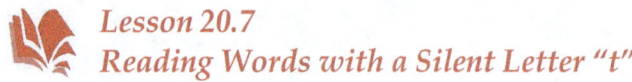

Lesson 20.7
Reading Words with a Silent Letter "t"

"t" is silent

문자 "t"는 depot 및 castle이라는 단어에서와 같이 묵음일 수 있습니다.

Word Box	acts, apostle, ballet, bouquet, buffet, castle, Christmas, clothes, crochet, debut, depot, fasten, glisten, gourmet, kitchen, listen, Margot, merlot, mortgage, often, rapport, ricochet, soften, sorbet, tsunami, whistle

"sten" – "t" is silent

"sten" 문자 조합이 음절 끝에 있을 때 문자 "t"는 단어 listening에서와 같이 묵음이 될 수 있습니다.

Word Box	chasten, chastener, fasten, fasteners, fastening, fastens, glisten, hasten, listen, listener, listeners, listening, listens, moisten, moistness, unfasten

"stle" – "t" is silent

"stle" 문자 조합에서 문자 "t"는 단어 castle에서처럼 묵음일 수 있습니다.

Word Box	apostle, bristle, bustle, castle, epistle, gristle, hustle, hustler, jostle, mistletoe, nestle, pestle, rustle, thistle, whistle, whistler, wrestle, wrestler

"tt" represents the /t/ sound + silent "t"

"tt" 문자 조합에서 첫 번째 문자 "t"는 /t/ 소리를 나타내고 두 번째 문자 "t"는 단어 butter에서와 같이 묵음입니다.

Word Box	attic, attorney, battery, better, bottle, cotton, cutting, fitted, glitter, hotter, kitten, little, matter, pattern, permitted, pottery, putting, rattle, settle, utterly

"tch" – "t" is silent

"tch" 문자 조합에서 문자 "t"는 catch라는 단어에서처럼 묵음입니다.

Word Box	batch, catch, clutch, dispatch, ditch, Dutch, hatch, hitch, itch, kitchen, match, matching, patch, pitch, sketch, snatch, snitch, stretch, swatch, switch, watch

 읽기 평가
과제: 문장을 읽습니다.

1. Wrestling is a challenging Olympic sport.
2. The antique watches are stored in the attic.
3. The royal family resides in the medieval castle.
4. A cat's litter usually consists of two to five kittens.
5. The 911 dispatcher speaks English and Dutch fluently.

The Reading Challenge
Lesson 20.8
Reading Multisyllable Words

긴 단어를 음절이라고 하는 작은 부분으로 나누어 읽을 수 있습니다. 각 음절에는 하나의 모음 소리와 일반적으로 하나 이상의 자음 소리가 있습니다.

Three Ways to Divide Words into Syllables

1. 폐쇄음절은 자음으로 끝난다. 닫힌 음절에 모음이 하나 있는 경우 일반적으로 단모음이 있습니다.

   예시: timber - tim + ber

   닫힌 음절에 두 개의 모음이 있는 경우 첫 번째 모음은 일반적으로 장모음이고 두 번째 모음은 무음입니다.

   예시: teapot - tea + pot

2. 열린 음절은 모음으로 끝납니다. 음절 끝에 오는 모음은 일반적으로 장모음입니다.

   예시: tuna - tu + na

3. "모음 + 자음 + e"음절은 단어 끝에 있습니다. 이 음절 패턴의 첫 번째 모음은 일반적으로 장모음이고 마지막 "e"는 묵음입니다.

   예시: turnstile - turn + stile

Multisyllable Word Lists

2 syllable words	3 syllable words	4 syllable words
tablet	tastefully	Tajikistan
teacher	tapestry	tarantula
thankful	technical	taxonomy
thirteen	teenager	technology
thirty	teenagers	telegraphy
thousand	telephone	television
Thursday	temperate	temporary
tiger	tenderness	tenderizer
timber	terminal	tentatively
today	terminate	terminated
trophy	thanksgiving	terrarium
trumpet	together	thermometer
Tuesday	tolerance	timidity
turtle	tomatoes	totality
twelve	tropical	tropically
twenty	tutoring	tubercular

Lesson 20.9
Reading Proper and Common Nouns and Adjectives Capitalization Rules

단어는 대문자 및/또는 소문자로 작성됩니다. 고유명사와 고유 형용사는 대문자로 시작합니다. 일반 명사와 일반 형용사는 소문자로 시작합니다.

고유명사는 특정한 사람, 장소, 사물 또는 개념을 지칭하는 단어입니다.

보통 명사는 일반적인 사람, 장소, 사물 또는 개념을 명명하는 단어입니다.

	Proper Noun	Common Noun
Person	Mrs. Tipps	teacher
Place	Tanzania	town
Thing	Twitter	teapot
Concept		tranquil

고유 형용사는 특정 사람, 장소, 사물 또는 개념을 설명하는 단어입니다.

일반적인 형용사는 일반적인 사람, 장소, 사물 또는 개념을 설명하는 단어입니다.

Proper Adjective:	Common Adjective:
Person: Togolese citizen Thing: Twi language	Person: tall man Thing: tiny beans

Capitalization Rules

Uppercase Letter – "T"

- 문장을 시작하는 단어의 첫 글자는 대문자입니다.

- 특정한 사람, 장소, 사물 또는 개념을 지칭하는 단어의 첫 글자는 대문자입니다.

- 사람의 직함은 첫 글자를 대문자로 한다.

- 제목 또는 부제목에 있는 각 단어의 첫 글자는 대문자입니다.

- 대명사로서 문자 "I"는 대문자입니다.

✎ 참고: 소문자는 일반적으로 다른 모든 단어에 사용됩니다.

Lowercase Letter – "t"

- 특정한 사람, 장소, 사물 또는 이름을 나타내지 않는 단어의 첫 글자개념은소문자로 작성됩니다.

- 문장으로 시작하지 않는 단어의 첫 글자는 소문자로 쓴다.

- 단어의 안과 끝은 모두 소문자로 표기합니다.

The Letter "t" at a Glance

Letter	Sounds	Anchor Words
"t"	/t/	ten
"th"	soft /th/	this
"th"	hard /th/	the
"t"	/sh/	education
"t"	/ch/	mutual
"t"	silent "t"	castle

U/u

 Lesson 21.0
Introduction of the Letter U/u

문자 "u"는 모음입니다. 그것은 영어의 로마 알파벳의 스물 첫 글자입니다. 문자는 대문자와 소문자로 작성됩니다.

	Uppercase Letter	Lowercase Letter
Print	U	u
Cursive	𝒰	𝓊

 Lesson 21.1
Reading Words with the Letter U/u

문자 "u"는 열하나가지 다른 방식으로 발음됩니다.
- tub라는 단어에서와 같이 단모음 /ŭ/ 소리를 나타냅니다.
- rule이라는 단어에서와 같이 장모음 /o͞o/ 소리를 나타냅니다.
- circus라는 단어에서와 같이 슈와 모음 /ə/ 소리를 나타냅니다.
- put 에서처럼 모음 /o͝o/ 소리를 나타냅니다.
- cube라는 단어에서와 같이 장모음 /yo͞o/ 소리를 나타냅니다.
- occupy라는 단어에서처럼 모음 /y/ + /ə/ 소리를 나타냅니다.
- burn이라는 단어에서와 같이 모음 /û/ 소리를 나타냅니다.
- pure라는 단어에서처럼 모음 /yo͝o/ 소리를 나타냅니다.
- queen이라는 단어에서와 같이 /w/ 소리를 나타냅니다.
- bury라는 단어에서처럼 단모음 /ĕ/ 소리를 나타냅니다.
- busy라는 단어에서와 같이 단모음 /ĭ/ 소리를 나타냅니다.
- 때로는 building이라는 단어에서와 같이 침묵합니다.

High Frequency, One Syllable Letter "u" Words

Short vowel words: bug, bun, bus, but, club, cup, cut, drum, fun, gum, hug, jug, jump, lump, mud, mug, nut, rug, run, rush, sun

Long vowel words: blue, clue, cube, cute, due, duke, dune, fluke, flute, fuse, huge, juke, mule, mute, prune, puke, rule, tune, use

Lesson 21.2
Reading Words with the Short Vowel "u" Sound

"u" represents the short vowel /ŭ/ sound

단어의 시작 부분에서 문자 "u"는 일반적으로 단어 up에서와 같이 단모음 /ŭ/ 소리를 나타냅니다.

문자 "u"는 일반적으로 단어 또는 음절 내에서 유일한 모음일 때 단모음 /ŭ/ 소리를 나타냅니다.

자음이 문자 "u"의 앞뒤에 올 때 일반적으로 단어 tub 및 luck에서와 같이 짧은 모음 /ŭ/ 소리를 나타냅니다.

Beginning	Within	End
/ŭ/	/ŭ/	/ŭ/
up	tub	

✎ 참고: 단어 끝에 있는 문자 "u"는 단모음 /ŭ/ 소리를 나타내지 않습니다.

✤ Short Vowel "u" Word Families

"ub" - "u" represents the short vowel /ŭ/ sound

"ub"어족의 모음 "u"는 단어 tub에서와 같이 단모음 /ŭ/ 소리를 나타냅니다.

Word Box	chub, club, cub, dub, grub, hub, pub, rub, sub, scrub, shrub, snub, stub, tub

"uck" - "u" represents the short vowel /ŭ/ sound

"uck" 어족의 모음 "u"는 단어 luck에서와 같이 단모음 /ŭ/ 소리를 나타냅니다.

Word Box	buck, chuck, cluck, duck, luck, muck, pluck, puck, struck, stuck, suck, truck, tuck, yuck

"ud" - "u" represents the short vowel /ŭ/ sound

"ud" 어족의 모음 "u"는 단어 mud에서와 같이 단모음 /ŭ/ 소리를 나타냅니다.

Word Box	bud, crud, cud, dud, mud, spud, thud

"uff" - "u" represents the short vowel /ŭ/ sound
"uff"어족의 모음 "u"는 단어 stuff에서와 같이 단모음 /ŭ/ 소리를 나타냅니다.

Word Box	bluff, buff, cuff, fluff, gruff, huff, muff, puff, scuff, snuff, stuff

"ug" - "u" represents the short vowel /ŭ/ sound
"ug"어족의 모음 "u"는 단어 tug에서와 같이 단모음 /ŭ/ 소리를 나타냅니다.

Word Box	bug, chug, drug, dug, hug, jug, lug, mug, plug, pug, rug, shrug, smug, snug, thug, tug

"ull" - "u" represents the short vowel /ŭ/ sound
"ull" 단어 패밀리에서 모음 "u"는 단어 null에서와 같이 단모음 /ŭ/ 소리를 나타냅니다.

Word Box	dull, lull, mull, null, skull

☞ 예외: pull - /o͞o/ 소리

"um" - "u" represents the short vowel /ŭ/ sound
"um"어족의 모음 "u"는 단어 gum에서와 같이 단모음 /ŭ/ 소리를 나타냅니다.

Word Box	bum, chum, drum, glum, gum, hum, plum, rum, sum, swum

"ump" - "u" represents the short vowel /ŭ/ sound
"ump" 단어 패밀리에서 모음 "u"는 단어 jump에서와 같이 단모음 /ŭ/ 소리를 나타냅니다.

Word Box	bump, clump, dump, grump, hump, jump, lump, plump, pump, rump, slump, stump, thump

"un" - "u" represents the short vowel /ŭ/ sound
"un"어족의 모음 "u"는 단어 sun에서와 같이 짧은 모음 /ŭ/ 소리를 나타냅니다.

Word Box	bun, fun, nun, pun, run, shun, stun, sun

"unch" - "u" represents the short vowel /ŭ/ sound
"unch" 어군에서 모음 "u"는 bunch에서와 같이 단모음 /ŭ/ 소리를 나타냅니다.

Word Box	brunch, bunch, crunch, hunch, lunch, munch, punch, scrunch

"ung" - "u" represents the short vowel /ŭ/ sound
"ung"어족의 모음 "u"는 단어 sung에서와 같이 단모음 /ŭ/ 소리를 나타냅니다.

Word Box	clung, dung, flung, hung, lung, rung, slung, sprung, strung, stung, sung, swung, wrung

"unk" - "u" represents the short vowel /ŭ/ sound
"unk" 단어 패밀리의 모음 "u"는 단어 junk에서와 같이 단모음 /ŭ/ 소리를 나타냅니다.

Word Box	bunk, chunk, drunk, dunk, flunk, hunk, junk, plunk, punk, sunk, trunk

"unt" - "u" represents the short vowel /ŭ/ sound
"unt" 어군의 모음 "u"는 단어 hunt에서와 같이 단모음 /ŭ/ 소리를 나타냅니다.

Word Box	blunt, bunt, hunt, grunt, punt, runt, stunt

"up" - "u" represents the short vowel /ŭ/ sound
"up" 단어 패밀리의 모음 "u"는 단어 pup에서와 같이 단모음 /ŭ/ 소리를 나타냅니다.

Word Box	cup, pup, sup, up

"ush" - "u" represents the short vowel /ŭ/ sound
"ush"어족의 모음 "u"는 단어rush에서와 같이 짧은 모음 /ŭ/ 소리를 나타냅니다.

Word Box	blush, brush, crush, Cush, flush, gush, hush, lush, mush, plush, rush, shush, slush, thrush

"ust" - "u" represents the short vowel /ŭ/ sound
"ust" 어군에서 모음 "u"는 단어 must에서와 같이 단모음 /ŭ/ 소리를 나타냅니다.

Word Box	bust, crust, dust, gust, just, must, rust, thrust, trust

"ut" - "u" represents the short vowel /ŭ/ sound
"ut"어족의 모음 "u"는 단어 cut에서와 같이 단모음 /ŭ/ 소리를 나타냅니다.

Word Box	but, cut, glut, gut, hut, nut, rut, shut, strut

 예외: put - /o͝o/ 소리

Bonus Lesson
Reading Letter "u" Words

"u" represents the short vowel /ĭ/ sound
모음 "u"는 단어 busy 및 minute에서와 같이 짧은 모음 /ĭ/ 소리를 나타낼 수 있습니다.

"u" represents the vowel /o͝o/ sound
모음 "u"는 단어 브로셔 및 put에서와 같이 모음 /o͝o/ 소리를 나타낼 수 있습니다.

Word Box	bull, bullet, bulletin, bullies, bullion, bully, bush, bushel, bushes, butcher, cushion, full, fullness, pudding, pull, pullet, pulley, pulpit, push, put, sugar

Reading Multisyllable Words

```
    bull              pull
     ⇩                 ⇩
   bullet            pulley
     ⇩                 ⇩
  bulletin           pulleys
```

 읽기 평가
과제: 문장을 읽습니다.

1. Bruce rubbed mud on the rug.
2. Sue brushed her long, lush hair.
3. At lunch, the students ate cups of fruit.
4. The cubs dug a huge hole in the ground.
5. We jumped up at the sound of the drums.

Lesson 21.3
Reading Words with the Long Vowel "u" Sound

"u" represents the long vowel /yo͞o/ sound

문자 "u"는 단어 큐브에서와 같이 장모음/yo͞o/ 소리를 나타낼 수 있습니다. 장모음은 글자 이름으로 발음됩니다.

Beginning	Within	End
/yo͞o/	/yo͞o/	/yo͞o/
unit	cube	menu

문자 "u"는 단어 human에서와 같이 장모음/yo͞o/ 소리를 나타낼 수 있습니다.

Word Box	bugle, continue, community, computer, future, humanity, humerus, humid, humiliate, humor, humus, January, menu, museum, music, pupil, unit

문자 "u"는 단어 규칙에서와 같이 장모음/o͞o/ 소리를 나타낼 수있습니다. 장모음은 글자 이름으로 발음됩니다.

Beginning	Within	End
/o͞o/	/o͞o/	/o͞o/
use	rule	flu

어떤 단어로, 문자 "u"는 단어 tube에서와 같이 장모음/yo͞o/ 소리 또는/o͞o/ 소리로 발음될 수 있습니다.

Word List /yo͞o/ sound or /o͞o/ sound
avenue
due
duty
numeral
reduce
tuna
tune

읽기 평가
과제: 문장을 읽습니다.

1. The snow tube glides along the icy slope.
2. At lunchtime, Luke ate a tuna fish sandwich.
3. This January, Sue plans to visit the art museum.
4. Gus' three bedroom apartment is located on Fifth Avenue.
5. The presidential candidate promised to reduce property taxes.

♣ "u" + consonant + silent "e" word families

장모음 /yo͞o/ sound 및 /o͞o/ sound에는 VCe, CVCe, CCVCe 및 CCCVCe의 네 가지 패턴변형이 있습니다. VCe 패턴은 많은 장모음 단어의 끝에 있습니다.

"vowel + consonant + silent e" patterns	Target Words
VCe	use
CVCe	rule
CCVCe	crude
CCCVCe	spruce

"uce" - "u" represents the long vowel /o͞o/ sound

"u" + 자음 + "e" 패턴이 단어 끝에 있을 때 모음 "u"는 일반적으로 장모음/o͞o/ 소리를 나타내고, 모음 "e"는 무음인 동안 자음은 소리를 나타내며, 단어 produce에서와 같이.

Word Box	Bruce, spruce, truce *Multisyllable Words:* induce, introduce, produce, reduce, seduce, traduce

☞ 예외: lettuce - /ə/ 소리

"ude" - "u" represents the long vowel /o͞o/ sound

"u" + 자음 + "e" 패턴이 단어 끝에 있을 때 모음 "u"는 일반적으로 장모음/o͞o/ 소리를 나타내고, 모음 "e"는 무음인 동안 자음은 소리를 나타내며, 단어 include에서와 같이.

Word Box	crude, dude, lude, nude, prude, rude *Multisyllable Words:* attitude, elude, exclude, include, intrude

"uke" - "u" represents the long vowel /o͞o/ sound

"u" + 자음 + "e" 패턴이 단어 끝에 있을 때 모음 "u"는 일반적으로 장모음/o͞o/ 소리를 나타내고, 모음 "e"는 무음인 동안 자음은 소리를 나타내며, duke라는 단어에서처럼.

Word Box	duke, juke, fluke, Luke

☞ 예외: puke - /yo͞o/ 소리

"ule" - "u" represents the long vowel /o͞o/ sound

"u" + 자음 + "e" 패턴이 단어 끝에 있을 때 모음 "u"는 일반적으로 장모음/o͞o/ 소리를 나타내고, 모음 "e"는 무음인 동안 자음은 소리를 나타내며, capsule라는 단어에서처럼.

Word Box	rule, Yule

☞ 예외: mule - /yo͞o/ 소리

"ume" - "u" represents the long vowel /o͞o/ sound

"u" + 자음 + "e" 패턴이 단어 끝에 있을 때 모음 "u"는 일반적으로 장모음/o͞o/ 소리를 나타내고, 모음 "e"는 무음인 동안 자음은 소리를 나타내며, consume라는 단어에서처럼.

Word Box	flume, plume *Multisyllable Words:* consume, costume, presume, resume

☞ 예외: fume, perfume, volume - /yo͞o/ 소리

"une" - "u" represents the long vowel /o͞o/ sound

"u" + 자음 + "e" 패턴이 단어 끝에 있을 때 모음 "u"는 일반적으로 장모음/o͞o/ 소리를 나타내고, 모음 "e"는 무음인 동안 자음은 소리를 나타내며, tune라는 단어에서처럼.

Word Box	dune, June, prune, rune, tune

☞ 예외: commune, immune - /yo͞o/ 소리; fortune - /y/ + /ə/ 소리

"use" - "u" represents the long vowel /yo͞o/ sound

"u" + 자음 + "e" 패턴이 단어 끝에 있을 때 모음 "u"는 일반적으로 장모음/o͞o/ 소리를 나타내고, 모음 "e"는 무음인 동안 자음은 소리를 나타내며, excuse라는 단어에서처럼.

Word Box	fuse, muse, use *Multisyllable Words:* abuse, accuse, amuse, confuse, defuse, excuse, refuse

☞ 예외: ruse - /o͞o/ 소리

"ute" - "u" represents the long vowel /ōō/ sound

"u" + 자음 + "e" 패턴이 단어 끝에 있을 때 모음 "u"는 일반적으로 장모음 /ōō/ 소리를 나타내고, 모음 "e"는 무음인 동안 자음은 소리를 나타내며, chute라는 단어에서처럼.

Word Box	brute, chute, flute, jute, lute *Multisyllable Words:* absolute, dilute, pollute, salute

"ute" - "u" represents the long vowel /yōō/ sound

"u" + 자음 + "e" 패턴이 단어 끝에 있을 때 모음 "u"는 장모음 /yōō/ 소리를 나타내고, 모음 "e"는 무음인 동안 자음은 소리를 나타내며, cute 및 mute라는 단어에서와 같이.

Word Box	commute, dispute, execute, tribute

Long Vowel "u" Cards

"ube"	"ude"	"ule"
cube rube tube	crude rude prude	mule rule yule

Bonus Lesson
Reading Letter "u" Words

"u" represents the long vowel /yōō/ sound

"u"가 음절의 첫 번째이자 유일한 문자일 때 unit라는 단어에서와 같이 장모음 /yōō/ 소리를 나타낼 수 있습니다.

Word Box	Uganda, Ukraine, unicorn, uniform, unify, union, unit, unite, united, universal, university, usual, usurious, usurp, usury, Utah, utensil, utility

"u" represents the vowel /yŏŏ/ sound

"u"가 음절의 첫 번째이자 유일한 문자인 경우 Uranus라는 단어에서와 같이 모음 /yŏŏ/ 소리를 나타낼 수 있습니다.

Word Box	Ulysses, Uralic, uranium, Uranus, urea, uremia, ureter, urethra, uric, urinal, urinary, urinate, urinated, urination, urine, urology, Uruguay

Lesson 21.4
Reading Words with Letter "u" Vowel Pairs

두 개의 모음이 음절이나 단어에 함께 있을 때 첫 번째 모음은 일반적으로 장모음을 나타내고 두 번째 모음은 무음입니다.

두 개의 모음을 두 개의 음절로 나눌 때 각 모음은 개별 소리를 나타냅니다.

"ua" represents the long vowel /o͞o/ + /ə/ sounds

"ua"모음 조합을 두 음절로 나눌 때, "u"는 장모음 /o͞o/ 소리를 나타내고, 문자 "a"는 단어 usual에서와 같이 슈와 모음 /ə/ 소리를 나타낼 수 있습니다.

Word Box	conceptual, consensual, contractual, effectual, eventual, gradual, habitual, individual, spiritual, spiritually, truancy, truant, usually, virtual, virtually

"ue" represents the long vowel /o͞o/ sound + silent "e"

"ue"모음 조합이 단어 또는 음절에 함께있을 때 문자 "u"는 단어 glue에서와 같이 장모음 /o͞o/ 소리를 나타내는 반면 문자 "e"는 묵음입니다.

Word Box	blue, clue, glue, rue

"ue" represents the long vowel /o͞o/ + /ĕ/ sounds

"ue"모음 조합을 두 음절로 나눌 때 문자 "u"는 statuette 및 statuesque 단어와 같이 장모음 /o͞o/ 소리를 나타내고 문자 "e"는 단모음 /ĕ/ 소리를 나타낼 수 있습니다..

"ue" represents the long vowel /yo͞o/ sound + silent "e"

"ue"모음 조합이 단어 또는 음절에 함께있을 때 문자 "u"는 단어 cue에서와 같이 문자 "e"가 묵음인 동안 장모음 /yo͞o/ 소리를 나타낼 수 있습니다.

Word Box	cue, fuel, hue *Multisyllable Words:* argue, avenue, continue, rescue, value, venue

"ui" represents the long vowel /o͞o/ sound + silent "i"

단어 또는 음절에 "ui" 모음 조합이 함께 있을 때 문자 "u"는 일반적으로 장모음 /o͞o/ 소리를 나타내고 문자 "i"는 단어 cruise에서와 같이 묵음입니다.

Word Box	bruise, bruiser, bruit, cruise, cruiser, cruising, fruitful, fruits, juice, juicer, juicing, juicy, nuisance, pursuit, recruit, suit, suitable, suitably, suitcase, suitor

✤ Reading Words with Letter "u" Vowel Pairs

"ui" has a silent "u" + short vowel /ĭ/ sound
단어 또는 음절에 "ui" 문자 조합이 함께 있는 경우 "u" 문자는 묵음이고 문자 "i"는 단어 built에서와 같이 단모음 /ĭ/ 소리를 나타냅니다.

Word Box	build, builder, building, builds, built, circuit, circuited, circuiting, circuitry, circuits

"ui" represents the /w/ + /ē/ sound
'ui' 문자 조합을 두 음절로 나누면 acquiesce라는 단어와 같이 'u'는 /w/ 소리를, "i"는 장모음 /ē/ 소리를 나타낼 수 있습니다.

"ui" represents the /w/ + /ĭ/ sounds
"ui" 문자 조합을 두 음절로 나눌 때 "u"는 /w/ 소리를 나타내고 문자 "i"는 단어 quiz에서와 같이 단모음 /ĭ/ 소리를 나타낼 수 있습니다.

Word Box	equipment, extinguish, inquisition, inquisitive, prerequisite, quibble, quick, quicken, quintillion, quintuple, quintuplet, quiz, requisite, requisition

"ui" represents the /w/ + /ī/ sounds
"ui" 문자 조합을 두 음절로 나눌 때 문자 "u"는 /w/ 소리를 나타내고 문자 "i"는 단어 quiet에서와 같이 장모음 /ī/ 소리를 나타낼 수 있습니다.

Word Box	acquire, acquired, acquiring, inquire, inquiry, quiet, quietly, quietude, quinine, quire, quite, require, required, requirement, requiring, requite, squire

"uou" represents the long vowel /o͞o/ + /ə/ sounds
"uou" 문자 조합을 두 음절로 나누면 virtuous라는 단어에서와 같이 장모음 /o͞o/ 소리와 슈와 모음 /ə/ 소리를 나타낼 수 있습니다.

Word Box	arduous, arduously, assiduous, contemptuous, impetuous, presumptuous, sensuous, spirituous, sumptuous, superfluous, tempestuous, tortuous

"uu" represents the long vowel /yo͞o/ sound or /y/ + /ə/ sounds
"uu" 문자 조합이 단어나 음절에 함께 있는 경우, 단어 vacuum에서와 같이 장모음 /yo͞o/ 소리 또는 모음 /y/ + /ə/ 소리를 나타낼 수 있습니다.

"uu" represents the long vowel /yo͞o/ + /ə/ sounds
"uu" 문자 조합을 두 음절로 나누면 continuum이라는 단어에서처럼 장모음 /yo͞o/ 소리와 슈와 모음 /ə/ 소리를 나타낼 수 있습니다.

Lesson 21.5
Reading Words with the Final Letter "u"

"u" represents the long vowel /o͞o/ sound

단어 "u"가 단어 끝에 올 때 일반적으로 단어 flu에서와 같이 장모음/o͞o/ 소리를 나타냅니다.

Word Box	Bantu, ecru, flu, guru, haiku, Hindu, Honolulu, impromptu, jujitsu, kudzu, kuru, lulu, Peru, thru, tofu, tutu, Urdu, zebu, Zulu

"u" represents the long vowel /yo͞o/ sound

단어 끝에 u가 있으면 emu 및 menu와 같이 장모음 /yo͞o/ 소리를 나타낼 수 있습니다.

"u" represents the vowel /yə/ sound

문자 "u"가 음절 끝에 있으면 mercury라는 단어에서와 같이 모음 /y/ + /ə/ 소리를 나타낼 수 있습니다.

Word Box	argument, binocular, calculus, calculate, calculator, cellular, cellulose, circular, circulation, configuration, consecutive, kudos, simulate, stimulate, tutor

The Final Position of the Letter "u"

At the end of the first syllable, letter "u" represents the long vowel /yo͞o/ sound	At the end of the second syllable, letter "u" represents the long vowel /yo͞o/ sound	At the end of a word, letter "u" represents the long vowel /o͞o/ sound
bugle cubic future human humid humor music tulip	communicate community February impunity inhumane January lucubrate malnutrition	flu guru haiku Peru thru tofu Urdu zebu

✓ 읽기 평가
과제: 문장을 읽습니다.

1. Gustave and June had an intense argument.
2. On Saturday, Sue's attitude was quite crude.
3. Our new menu has Asian-inspired tofu dishes.
4. The prime minister held an impromptu press conference.
5. In June, Joshua and Udella had a fun-filled vacation in Peru.

Lesson 21.6
Reading Letter "u" Words with the Schwa Vowel Sound

"u" represents the schwa vowel /ə/ sound

문자 "u"는 단어 circus에서와 같이 슈와 모음 /ə/ 소리를 나타낼 수 있습니다. 슈와 모음은 단모음 /ŭ/ + /h/ 소리와 비슷합니다.

Beginning	Within	End
/ə/	/ə/	/ə/
upon	circus	

Word Box	*First letter "u"* until, upon *Letter "u" within a word* album, asparagus, autumn, awful, beautiful, census, circus, difficult, difficulty, faculty, focus, industry, injure, lettuce, litmus, minimum, optimum, pitiful, platinum, playful, radius, stylus, subtract, suggest, surround, voluntary

"u" represents the /y/ + /ə/ sounds

문자 "u"는 formula라는 단어에서와 같이 모음 /y/ + /ə/ 소리를 나타낼 수 있습니다.

Word Box	calculate, failure, figure, insoluble, irregular, irrefutable, jocular, nebula, nebulae, nebulous, occupy, occupancy, opulent, particular, peculate, peninsula, penury, perambulate, perpendicular, populace, popular, vascular

"ful" - "u" represents the schwa vowel /ə/ sound

"ful" 문자 조합에서 문자 "u"는 단어 joyful에서와 같이 슈와 모음 /ə/ 소리를 나타냅니다.

Word Box	careful, carefully, colorful, gracefully, grateful, helpful, hopeful, joyful, lawful, painful, peaceful, peacefully, powerful, respectful, resourceful, skillfully, sorrowful, successful, thankful, useful, willfully, wonderful

 읽기 평가
과제: 문장을 읽습니다.

1. Doctors and nurses are popular medical occupations.
2. The law requires everyone to complete the national census.
3. The Arabian Peninsula is the largest peninsula in the world.
4. Gus and Lucy ate delicious low-carb lettuce wrap sandwiches.
5. The university faculty members are world-renowned researchers.

Lesson 21.7
Reading Words with the "ur" Letter Combination

"ur" 문자 조합에서 문자 "u"는 6가지 방식으로 발음됩니다.
- burn이라는 단어에서처럼 모음 /û/ + /r/ 소리를 나타냅니다.
- surpass라는 단어에서처럼 슈와 모음 /ə/ + /r/ 소리를 나타냅니다.
- duress라는 단어에서처럼 모음 /o͞o/ + /r/를 나타냅니다.
- fury라는 단어에서처럼 모음 /yo͞o/ + /r/ 소리를 나타냅니다.
- bury라는 단어에서처럼 단모음 /ĕ/ + /r/ 소리를 나타냅니다.
- failure라는 단어에서처럼 모음 /y/ + /ə/ + /r/ 소리를 나타냅니다.

"ur" represents the vowel /û/ + /r/ sounds

"ur" 문자 조합은 단어 burn에서와 같이 모음 /û/ + /r/ 소리를 나타낼 수 있습니다.

Word Box	blur, burger, burst, church, curb, curl, curve, fur, furniture, hurt, lurk, murky, nurse, purple, purse, surf, surname, turkey, turnip, turtle, urge, urgent, urn

"ur" represents the schwa vowel /ə/ + /r/ sounds

"ur" 문자 조합은 단어 surpass에서와 같이 슈와 모음 /ə/ + /r/ 소리를 나타낼 수있습니다.

Word Box	Burmese, century, curriculum, curtail, purport, pursuance, pursue, surmise, surpassing, surprise, surrender, surround, surveillance, survey, survive

"ur" represents the vowel /o͞o/ + /r/ sounds

"ur" 문자 조합은 단어 duress에서와 같이 모음 /o͞o/ + /r/ 소리를 나타낼 수 있습니다.

Word Box	burrito, Burundi, Curacao, curare, durable, durance, duration, duress, during, durum, guru, hurrah, Jurassic, juridical, jury, lurid, Suriname, Ur, Urdu

"ur" represents the vowel /yo͞o/ + /r/ sounds

"ur" 문자 조합은 단어 fury에서와 같이 모음 /yo͞o/ + /r/ 소리를 나타낼 수 있습니다.

Word Box	bureau, bureaucracy, burette, curative, curator, curie, curious, fume, furious, furor, fury, mural, puree, purify, purulent, Uralic, urinary, urine, Uruguay

"ur" represents the short vowel /ĕ/ + /r/ sounds

"ur" 문자 조합은 단어 burial 및 bury에서와 같이 짧은 모음 /ĕ/ + /r/ 소리를 나타낼 수 있습니다.

"ur" represents the /y/ + /ə/ + /r/ sounds

"ur" 문자 조합은 단어 configuration 및 failure에서와 같이 모음 /y/ + /ə/ + /r/ 소리를 나타낼 수 있습니다.

Reading Words with the "ure" Letter Combination

"ure" represents the vowel /o͝o/ + /r/ sounds + silent "e"

"ure" 문자 조합은 단어 sure에서와 같이 모음 /o͝o/ + /r/ 소리 + 묵음 "e"를 나타낼 수 있습니다.

Word Box	assurance, assure, couture, cure, brochure, insurance, insure, insured, literature, lure, miniature, overture, reinsure, temperature, sure, surely

"ure" represents the vowel /yo͝o/ + /r/ sounds + silent "e"

"ure" 문자 조합은 단어 pure에서와 같이 모음 /yo͝o/ + /r/ 소리 + 묵음 "e"를 나타낼 수 있습니다.

Word Box	manicure, manure, pedicure, procure, pure, purely, pureness, purer, purest, secure, secured, securely, securest, tenure, urea, uremia, uremic, ureter

"ure" represents the schwa vowel /ə/ + /r/ sounds + silent "e"

"ure" 문자 조합은 nature라는 단어에서처럼 슈와 모음 /ə/ + /r/ 소리 + 묵음 "e"를 나타낼 수 있습니다.

Word Box	adventure, architecture, composure, conjuncture, expenditure, foreclosure, horticulture, manufacture, nurture, pleasure, pressure, puncture, structure

"ure" represents the /y/ + /ə/ + /r/ sounds + silent "e"

"ure" 문자 조합은 단어 failure 및 figure에서와 같이 모음 /y/ + /ə/ + /r/ 소리 + 묵음 "e"를 나타낼 수 있습니다.

 ### Bonus Lesson
Reading Letter "u" Words with the /w/ Sound

"u" represents the /w/ sound

문자 "u"는 queen이라는 단어에서와 같이 /w/ 소리를 나타낼 수 있습니다.

Word Box	*"gu" represents the /g/ + /w/ sounds* anguish, bilingual, distinguish, extinguish, guacamole, Guadeloupe, Guam, guanine, Guatemala, guava, jaguar, language, languish, linguist, penguin *"qu" represents the /k/ + /w/ sounds* aquatic, consequence, equal, equity, frequent, liquid, quack, quail, queen, quench, question, quick, quiet, quill, quit, quiver, quiz, quota, tranquil *"su" represents the /s/ + /w/ sounds* dissuade, persuade, persuasion, persuasive, persuasively, suave, suede

Lesson 21.8
Reading Words with a Silent Letter "u"

"u" is silent

모음 "u"는 단어 build에서와 같이 묵음일 수 있습니다.

Word Box	build, builder, building, built, buoy, buy, dough, doughy, guidance, guide, guidelines, guiding, guild, guile, guilt, guilty, Guinea, guise, guitar, guitarist

"u" is silent

모음 쌍의 두 번째 모음은 일반적으로 soul이라는 단어에서와 같이 묵음입니다.

Word Box	although, aunt, boulder, cough, coughed, coughing, coughs, gauge, gauged, gauging, laugh, laughed, laughing, laughs, laughter, shoulder, soul, though

"ue" - "u" is silent

"ue" 문자 조합에서 문자 "u"는 단어 guess에서와 같이 묵음일 수 있습니다.

Word Box	antique, guerilla, guerillas, guess, guessed, guesser, guesses, guessing, guest, lacquer, Portuguese, statuesque, technique, racquet

"guar" - "u" is silent

"guar" 문자 조합에서 문자 "u"는 단어 guard에서처럼 묵음일 수 있습니다.

Word Box	guarantee, guaranteed, guarantor, guard, guarded, guardedly, guardian, guardianship, guarding, guards, vanguard, vanguardism, vanguardist

"gue" - "ue" is silent

"gue" 문자 조합이 단어 끝에 있을 때 문자 "g"는 /g/ 소리를 나타내고 모음 "u"와 "e"는 단어 vogue에서와 같이 묵음입니다.

Word Box	colleague, dialogue, fatigue, league, meringue, monologue, pedagogue, plague, prologue, rogue, synagogue, tongue, vague, vaguely, vogue

Silent Letter "u" at a Glance

Letter	Sounds	Anchor Words
"u"	silent "u"	soul
"u"	silent "u"	built
"u"	silent "u"	guard
"ue"	silent "ue"	vague

The Reading Challenge
Lesson 21.9
Reading Multisyllable Words

긴 단어를 음절이라고 하는 작은 부분으로 나누어 읽을 수 있습니다. 각 음절에는 하나의 모음 소리와 일반적으로 하나 이상의 자음 소리가 있습니다.

Three Ways to Divide Words into Syllables

1. 폐쇄음절은 자음으로 끝난다. 닫힌 음절에 모음이 하나 있는 경우 일반적으로 단모음이 있습니다.

   예시: tugboat - tug + boat

   닫힌 음절에 두 개의 모음이 있는 경우 첫 번째 모음은 일반적으로 장모음이고 두 번째 모음은 무음입니다.

   예시: suitor - suit + or

2. 열린 음절은 모음으로 끝납니다. 음절 끝에 오는 모음은 일반적으로 장모음입니다.

   예시: mutant - mu + tant

3. "모음 + 자음 + e" 음절은 단어 끝에 있습니다. 이 음절 패턴의 첫 번째 모음은 일반적으로 장모음이고 마지막 "e"는 묵음입니다.

   예시: tribute - tri + bute

Multisyllable Word Lists

2 syllable words	3 syllable words	4 syllable words
ulcer	Ubangi	ubiquity
ulster	Uganda	Ukrainian
ultra	ulcerate	ulterior
uncle	ultimate	ultimatum
uncles	ultrasound	ultrasonic
union	umbrella	umbilical
unit	unable	unanimous
uproot	unadvised	unbearable
upset	unaware	unfamiliar
upward	unity	universal
urban	universe	unorganized
urgent	usable	unspeakable
usher	username	unsubstantial
usurp	utensil	unwarranted
utmost	utilized	upholstery
utter	utterance	Uzbekistan

Lesson 21.10
Reading Proper and Common Nouns and Adjectives
Capitalization Rules

단어는 대문자 및/또는 소문자로 작성됩니다. 고유명사와 고유 형용사는 대문자로 시작합니다. 일반 명사와 일반 형용사는 소문자로 시작합니다.

고유명사는 특정한 사람, 장소, 사물 또는 개념을 지칭하는 단어입니다.

보통 명사는 일반적인 사람, 장소, 사물 또는 개념을 명명하는 단어입니다.

	Proper Noun	Common Noun
Person	Udell	urologist
Place	Ukraine	university
Thing	United Airlines	umbrella
Concept	Universalism	uncertainty

고유 형용사는 특정 사람, 장소, 사물 또는 개념을 설명하는 단어입니다.

일반적인 형용사는 일반적인 사람, 장소, 사물 또는 개념을 설명하는 단어입니다.

Proper Adjective:	Common Adjective:
Person: Ugandan citizen Thing: Uruguayan food	Person: unhappy boy Thing: unannounced visit

Capitalization Rules

Uppercase Letter – "U"

- 문장을 시작하는 단어의 첫 글사는 대문자입니다.

- 특정한 사람, 장소, 사물 또는 개념을 지칭하는 단어의 첫 글자는 대문자입니다.

- 사람의 직함은 첫 글자를 대문자로 한다.

- 제목 또는 부제목에 있는 각 단어의 첫 글자는 대문자입니다.

- 대명사로서 문자 "I"는 대문자입니다.

✎ 참고: 소문자는 일반적으로 다른 모든 단어에 사용됩니다.

Lowercase Letter – "u"

- 특정한 사람, 장소, 사물 또는 이름을 나타내지 않는 단어의 첫 글자개념은소문자 로 작성됩니다.

- 문장으로 시작하지 않는 단어의 첫 글자는 소문자로 쓴다.

- 단어의 안과 끝은 모두 소문자로 표기합니다.

The Letter "u" at a Glance

Letter	Sounds	Anchor Words
"u"	/ŭ/	tub
"u"	/o͞o/	rule
"u"	/ə/	circus
"u"	/o͝o/	put
"u"	/yo͞o/	cube
"u"	/y/ + /ə/	occupy
"u"	/û/	burn
"u"	/yo͝o/	pure
"u"	/w/	queen
"u"	/ĕ/	bury
"u"	/ĭ/	busy
"u"	silent "u"	building

Unit V

V/v

Lesson 22.0
Introduction of the Letter V/v

문자 "v"는 자음입니다. 그것은 영어의 로마 알파벳의 스물두 번째 글자입니다. 문자는 대문자와 소문자로 작성됩니다.

	Uppercase Letter	Lowercase Letter
Print	V	v
Cursive	𝒱	𝓊

Lesson 22.1
Reading Words with the Letter V/v

문자"v"는 한 가지 방식으로 발음됩니다.
- van이라는 단어에서와 같이 /v/ 소리를 나타냅니다.
- 때로는 divvy와 savvy라는 단어에서처럼 조용합니다.

High Frequency, One Syllable Letter "v" Words
vague, vain, vale, valve, vamp, van, vane, vas, vase, vat, vault, veal, veep, veer, veil, vein, vent, verb, verge, verse, vest, vet, vex, vibe, vice, view, vile, vim, vine, vogue, voice, void, volt, vote, votes, vow

단어의 시작, 내부 및 끝에서 문자 "v"는 단어 van, shovel 및 Bev에서와 같이 /v/ 소리를 나타냅니다.

Beginning	Within	End
/v/	/v/	/v/
van	average	Bev
vapor	believe	
vegan	develop	
visit	service	
visor	shovel	
volume	survey	
volute	travel	
vomit	turnover	
voting	weaving	

✥ Reading Words with the Letter V/v

Short Vowel Blending Table for the Letter V/v

/ă/ apple	/ĕ/ egg	/ĭ/ insect	/ŏ/ octopus	/ŭ/ up
v a n	v e s t	v i l l a	v o l l e y	v u l t u r e
va n	ve s t	vill a	voll ey	vul ture
van	vest	villa	volley	vulture

Long Vowel Blending Table for the Letter V/v

/ā/ ape	/ē/ eagle	/ī/ ice	/ō/ open	/yōō/ cube
v a n e	v e t o	v i c e	v o t e	v a l u e
va ne	ve to	vi ce	vo te	val ue
vane	veto	vice	vote	value

읽기 평가
과제: 문장을 읽습니다.

1. The volcanic eruptions are violent.
2. Val will attend Virginia University.
3. Valerie and Vinny have a violet van.
4. Victor gave me a red Valentine's heart.
5. I felt revitalized after taking my vitamins.

Letter "v" Parts of Speech Table

Nouns	Verbs	Adjectives
vaccine	vacate	vacant
vanilla	vacationing	vague
vehicle	vacuumed	valiant
vendor	validating	valuable
verdict	valued	vehement
vessel	vanished	vehicular
vibration	veered	venerable
vignette	ventilated	verbal
vineyard	verify	vibrant
visitor	vibrated	vicious
vitamin	vindicated	Victorian
volcano	visualizes	victorious
voltage	vocalize	vital
vulture	volunteered	vocational

The Reading Challenge
Lesson 22.2
Reading Multisyllable Words

긴 단어를 음절이라고 하는 작은 부분으로 나누어 읽을 수 있습니다. 각 음절에는 하나의 모음 소리와 일반적으로 하나 이상의 자음 소리가 있습니다.

Three Ways to Divide Words into Syllables

1. 폐쇄음절은 자음으로 끝난다. 닫힌 음절에 모음이 하나 있는 경우 일반적으로 단모음이 있습니다.

   예시: victim - vic + tim

   닫힌 음절에 두 개의 모음이 있는 경우 첫 번째 모음은 일반적으로 장모음이고 두 번째 모음은 무음입니다.

   예시: vainest – vain + est

2. 열린 음절은 모음으로 끝납니다. 음절 끝에 오는 모음은 일반적으로 장모음입니다.

   예시: veto - ve + to

3. "모음 + 자음 + e"음절은 단어 끝에 있습니다. 이 음절 패턴의 첫 번째 모음은 일반적으로 장모음이고 마지막 "e"는 묵음입니다.

   예시: volume - vol + ume

Multisyllable Word Lists

2 syllable words	3 syllable words	4 syllable words
vacuum	vacancy	vaccination
valley	vanilla	valuable
vapor	various	valuation
vapors	vehicle	vandalism
vegan	verbally	vaporizer
veggie	veteran	velocity
Venice	vibration	vegetable
Venus	Vienna	vegetation
vibrate	vigilance	venerable
village	vinegar	ventilation
villain	vitally	victorious
virus	virtual	violation
vision	visual	visionary
volley	vitamin	visitation
volume	vocalize	vitality
voting	volunteer	vulnerable

Lesson 22.3
Reading Proper and Common Nouns and Adjectives
Capitalization Rules

단어는 대문자 및/또는 소문자로 작성됩니다. 고유명사와 고유 형용사는 대문자로 시작합니다. 일반 명사와 일반 형용사는 소문자로 시작합니다.

고유명사는 특정한 사람, 장소, 사물 또는 개념을 지칭하는 단어입니다.

보통 명사는 일반적인 사람, 장소, 사물 또는 개념을 명명하는 단어입니다.

	Proper Noun	Common Noun
Person	Ms. Valerie	victim
Place	Versailles	vestibule
Thing	Valentine's Day	valentine
Concept	Vedanta	victory

고유 형용사는 특정 사람, 장소, 사물 또는 개념을 설명하는 단어입니다.

일반적인 형용사는 일반적인 사람, 장소, 사물 또는 개념을 설명하는 단어입니다.

Proper Adjective:	Common Adjective:
Person: Viking warriors Thing: Victorian Era	Person: victorious player Thing: vivid color

Capitalization Rules

Uppercase Letter – "V"

- 문장을 시작하는 단어의 첫 글자는 대문자입니다.

- 특정한 사람, 장소, 사물 또는 개념을 지칭하는 단어의 첫 글자는 대문자입니다.

- 사람의 직함은 첫 글자를 대문자로 한다.

- 제목 또는 부제목에 있는 각 단어의 첫 글자는 대문자입니다.

- 대명사로서 문자 "I"는 대문자입니다.

✎ 참고: 소문자는 일반적으로 다른 모든 단어에 사용됩니다.

Lowercase Letter – "v"

- 특정한 사람, 장소, 사물 또는 이름을 나타내지 않는 단어의 첫 글자개념은 소문자로 작성됩니다.

- 문장으로 시작하지 않는 단어의 첫 글자는 소문자로 쓴다.

- 단어의 안과 끝은 모두 소문자로 표기합니다.

The Letter "v" at a Glance

Letter	Sound	
"v"	/v/	van
"v"	silent "v"	savvy

Unit W

W/w

Lesson 23.0
Introduction of the Letter W/w

문자 "w"는 자음입니다. 그것은 영어의 로마 알파벳의 스물 세 번째 글자입니다. 문자는 대문자와 소문자로 작성됩니다.

	Uppercase Letter	Lowercase Letter
Print	W	w
Cursive	*W*	*w*

Lesson 23.1
Reading Words with the Letter W/w

문자"w"는 한 가지 방식으로 발음됩니다.
- wagon이라는 단어에서와 같이 /w/ 소리를 나타냅니다.
- 때로는 two라는 단어에서와 같이 침묵합니다.

High Frequency, One Syllable Letter "w" Words
wait, walk, want, warm, wash, wax, way, we, web, well, went, were, west, wet, what, when, where, which, while, whole, why, wife, wig, wild, will, win, wipe, wise, wish, with, word, work

단어 시작 부분과 단어 내에서 문자 "w"는 단어 wagon 및 network에서와 같이 /w/ 소리를 나타냅니다. 단어 끝에 있는 문자 "w"는 /w/ 소리를 나타내지 않습니다.

Beginning	Within	End
/w/	/w/	/w/
wagon	always	
whale	awake	
wheel	goodwill	
white	hardware	
whole	homework	
windy	network	
wolves	software	

❖ Reading Words with the Letter W/w

Short Vowel Blending Table for the Letter W/w

/ă/ apple	/ĕ/ egg	/ĭ/ insect	/ŏ/ octopus	/ŭ/ up
w a g o n	w e t	w i n d	w o l f	sw u m
wa g on	we t	win d	wo l f	sw um
wagon	wet	wind	wolf	swum

Long Vowel Blending Table for the Letter W/w

/ā/ ape	/ē/ eagle	/ī/ ice	/ō/ open	/o͞o/ glue
w a d e	w e e p	w i d e	w o k e	
wa de	wee p	wi de	wo ke	
wade	weep	wide	woke	

읽기 평가
과제: 문장을 읽습니다.

1. We work at the Waterfront Diner.
2. Mrs. Wilson has a whiz kid in her class.
3. I am invited to Wilma and Will's wedding.
4. The wind blew the wastepaper basket over.
5. The waitress served two warm, fluffy waffles.

Letter "w" Parts of Speech Table

Nouns	Verbs	Adjectives
wagon	walked	warmer
wallet	washed	wasteful
wealth	weaning	watchful
weasel	wearied	weaker
wheat	wearing	weirdest
wheel	welcomed	welcome
whisper	withdraw	western
windmill	witnessed	wholesale
windshield	wondered	wholesome
windstorm	working	widespread
worksheet	wrapped	worthless
workshop	wrote	worthwhile

Lesson 23.2
Reading Words with a Vowel before the Letter "w"

✣ *Reading Words with the "aw" Letter Combination*

"aw" represents the vowel /ô/ sound

"aw" 문자 조합이 단어나 음절에 함께 있으면 law라는 단어에서와 같이 모음 /ô/ 소리를 나타냅니다.

Word Box	awe, awful, brawny, caw, claw, dawn, draw, flaw, gnaw, jaw, law, lawless, lawn, lawyer, paw, pawl, pawn, raw, saw, slaw, straw, strawberry, thaw

"aw" represents the schwa vowel /ə/ + /w/ sounds

"aw" 문자 조합을 두 음절로 나누면 await라는 단어와 같이 슈와 모음 /ə/ + /w/ 소리를 나타냅니다.

Word Box	await, awaiting, awake, awaken, awakening, awaking, award, aware, awash, away, aweigh, awhile, awhirl, awoke, awoken, Hawaii, Hawaiian, hawala

✣ *Reading Words with the "ew" Letter Combination*

"ew" represents the long vowel /o͞o/ sound

단어나 음절에 "ew" 문자 조합이 함께 있을 경우, threw 라는 단어와 같이 장모음 /o͞o/ 소리를 나타낼 수 있습니다.

Word Box	bestrew, blew, brew, cashew, chew, crew, dew, Dewey, Hebrew, jewel, mews, nephew, new, news, renew, renewable, renewal, screw, shrew, stew, threw

"ew" represents the long vowel /ō/ sound

"ew" 문자 조합이 단어나 음절에 함께 있으면 sew, sewing 및 sewn 단어에서와 같이 장모음 /ō/ 소리를 나타낼 수 있습니다.

"ew" represents the long vowel /yo͞o/ sound

"ew" 문자 조합이 단어나 음절에 함께 있을 때 dew라는 단어와 같이 장모음 /yo͞o/ 소리를 나타낼 수 있습니다.

Word Box	askew, dew, ewe, ewer, hew, hewed, hewer, hewn, hewing, Hewlyn, pew, pewter, new, newbie, newborn, newly, newlywed, steward, stewardess

"ew" represents the short vowel /ĭ/ + /w/ sounds

"ew" 문자 조합을 두 음절로 나누면 beware와 rewards와 같이 단모음 /ĭ/ + /w/ 소리를 나타낼 수 있습니다.

"ew" represents the long vowel /ē/ + /w/ sounds

"ew" 문자 조합을 두 음절로 나누면 단어 reword 및 rewording에서와 같이 장모음 /ē/ + /w/ 소리를 나타낼 수 있습니다.

✦ Reading Words with the "ow" Letter Combination

"ow" 문자 조합은 다섯 가지 방식으로 발음됩니다.
- cow라는 단어에서와 같이 모음 /ou/ 소리를 나타냅니다.
- glow라는 단어에서와 같이 장모음 /ō/ 소리를 나타냅니다.
- knowledge라는 단어에서와 같이 단모음/ŏ/소리를 나타냅니다.
- toward라는 단어에서처럼 슈와 모음 /ə/ + /w/ 소리를 나타냅니다.
- coworker라는 단어에서와 같이 장모음 /ō/ + /w/ 소리를 나타냅니다.

"ow" represents the vowel /ou/ sound + silent "w"

"ow" 문자 조합이 단어나 음절에 함께 있으면 gown이라는 단어에서와 같이 모음 /ou/ 소리를 나타낼 수 있습니다.

Word Box	allow, bowels, brown, chowder, clown, cow, coward, crowd, crown, down, drowse, drowsy, endow, flowers, however, now, plow, powder, power, prowess, shower, towel, tower, town, township, vowel, vow, wow

"ow" represents the long vowel /ō/ sound + silent "w"

"ow" 문자 조합이 단어나 음절에 함께 있을 때 단어 glow에서와 같이 장모음 /ō/ 소리를 나타낼 수 있습니다.

Word Box	arrow, below, bestow, blow, blown, borrow, crow, elbow, fellow, flow, flown, follow, grow, grown, grows, know, known, low, meadow, mow, mown, narrow, pillow, rainbow, row, shadow, shallow, show, shown, slow, sown, snow, throw, thrown, tomorrow, tow, widow, window, windows, yellow

"ow" represents the short vowel /ŏ/ sound + silent "w"

"ow" 문자 조합이 단어나 음절에 함께 있으면 knowledge라는 단어에서와같이단모음 /ŏ/ 소리를 나타낼 수 있습니다.

"ow" represents the schwa vowel /ə/ + /w/ sounds

"ow" 문자 조합을 두 음절로 나누면 toward라는 단어와 같이 슈와 모음 /ə/ + /w/ 소리를 나타낼 수 있습니다.

Word Box	microwave, toward, towards

"ow" represents the long vowel /ô/ sound + silent "w"

"ow" 문자 조합이 단어나 음절에 함께 있으면 toward라는 단어에서와 같이 /ô/ 소리를 나타낼 수 있습니다.

"ow" represents the long vowel /ō/ + /w/ sounds

"ow" 문자 조합을 두 음절로 나누면 coworker 및 nowhere에서와 같이 장모음 /ō/ + /w/ 소리를 나타낼 수 있습니다.

Lesson 23.3
Reading Words with a Silent Letter "w" and "wr" Letter Combination

"w" is silent

문자 "w"는 answer, sword and two와 같이 묵음일 수 있습니다.

"wh" - "w" is silent

"wh" 문자 조합에서 문자 "w"는 묵음이고 문자 "h"는 단어 who에서와 같이 /h/ 소리를 나타냅니다. 단어 상자에 있는 단어에는 /hw/ 소리가 없습니다.

Word Box	who, whoever, whole, wholehearted, wholesale, wholesome, wholly, whom, whomever, who's, whose, whosoever

"wr" - "w" is silent

"wr" 문자 조합에서 문자 "w"는 묵음이고 문자 "r"은 단어 wrap에서와 같이 /r/ 소리를 나타냅니다.

Word Box	awry, playwright, typewriter, wreath, wreck, wrench, wrestling, wriggle, wring, wrinkle, wrist, wristband, write, writers, writing, written, wrong, wrote

"ew" - "w" is silent

"ew" 문자 조합에서 문자 "w"는 단어 rewrite에서처럼 묵음일 수 있습니다.

"ow" - "w" is silent

"ow" 문자 조합에서 문자 "w"는 단어 yellow에서와 같이 묵음일 수 있습니다.

Word Box	below, blow, crow, flow, glow, grow, know, low, mow, narrow, owe, own, pillow, row, rows, shadow, show, shown, sorrow, snow, throw, tow, window

 Bonus Lesson
Reading Words with the "wh" Letter Combination

"wh" 문자 조합은 세 가지 방식으로 발음됩니다.
- It represents the /h/ sound, as in the word <u>who</u>.
- It represents the /w/ sound, as in the word <u>whale</u>.
- It represents the /hw/ sound, as in the word <u>whale</u>.

"wh" represents the /w/ sound + silent "h" or /hw/ sound

"wh" 문자 조합에서 문자 "w"는 /w/ 소리를 나타내고 문자 "h"는 단어 whale에서와 같이 묵음입니다. "wh" 문자 조합은 단어 whale에서와 같이 /hw/ 소리를 나타낼 수도 있습니다.

Word Box	whack, whale, wham, wharf, what, wheat, wheel, wheeze, whelm, when, where, whether, which, while, whim, whimper, whimsical, whimsy, whine, whip, whiplash, whirl, whirlpool, whirlwind, whisk, whisker, whisper, whistle, whit, white, whither, whiz, whole, whopper, whopping, why

The Reading Challenge
Lesson 23.4
Reading Multisyllable Words

긴 단어를 음절이라고 하는 작은 부분으로 나누어 읽을 수 있습니다. 각 음절에는 하나의 모음 소리와 일반적으로 하나 이상의 자음 소리가 있습니다.

Three Ways to Divide Words into Syllables

1. 폐쇄음절은 자음으로 끝난다. 닫힌 음절에 모음이 하나 있는 경우 일반적으로 단모음이 있습니다.

   예시: within - with + in

   닫힌 음절에 두 개의 모음이 있는 경우 첫 번째 모음은 일반적으로 장모음이고 두 번째 모음은 무음입니다.

   예시: weaving – weav + ing

2. 열린 음절은 모음으로 끝납니다. 음절 끝에 오는 모음은 일반적으로 장모음입니다.

   예시: woven - wo + ven

3. "모음 + 자음 + e"음절은 단어 끝에 있습니다. 이 음절 패턴의 첫 번째 모음은 일반적으로 장모음이고 마지막"e"는 묵음입니다.

   예시: website - web + site

Multisyllable Word Lists

2 syllable words	3 syllable words	4 syllable words
waffle	wallflower	warm-bloodedness
water	wandering	warm-heartedness
wealthy	warrantee	watercolor
weather	watercress	watermelon
wedding	waterproof	waterpower
welcome	weathering	waterproofing
whisper	weatherman	wearisomely
window	whispering	whatsoever
without	wholehearted	weatherizing
woman	wilderness	whippersnapper
women	withdrawal	wholeheartedly
working	withholding	wonderworking
wrestling	workmanship	workaholic

Lesson 23.5
Reading Proper and Common Nouns and Adjectives
Capitalization Rules

단어는 대문자 및/또는 소문자로 작성됩니다. 고유명사와 고유 형용사는 대문자로 시작합니다. 일반 명사와 일반 형용사는 소문자로 시작합니다.

고유명사는 특정한 사람, 장소, 사물 또는 개념을 지칭하는 단어입니다.

보통 명사는 일반적인 사람, 장소, 사물 또는 개념을 명명하는 단어입니다.

	Proper Noun	Common Noun
Person	Mr. Wells	waiter
Place	Wales	waiting room
Thing	Windows	water
Concept		wisdom

고유 형용사는 특정 사람, 장소, 사물 또는 개념을 설명하는 단어입니다.

일반적인 형용사는 일반적인 사람, 장소, 사물 또는 개념을 설명하는 단어입니다.

Proper Adjective:	Common Adjective:
Person: Welsh resident Thing: Wisconsin glaciation	Person: wealthy man Thing: wholesome food

Capitalization Rules
Uppercase Letter – "W"

- 문장을 시작하는 단어의 첫 글자는 대문자입니다.

- 특정한 사람, 장소, 사물 또는 개념을 지칭하는 단어의 첫 글자는 대문자입니다.

- 사람의 직함은 첫 글자를 대문자로 한다.

- 제목 또는 부제목에 있는 각 단어의 첫 글자는 대문자입니다.

- 대명사로서 문자 "I"는 대문자입니다.

✎ 참고: 소문자는 일반적으로 다른 모든 단어에 사용됩니다.

Lowercase Letter – "w"

- 특정한 사람, 장소, 사물 또는 이름을 나타내지 않는 단어의 첫 글자개념은 소문자로 작성됩니다.

- 문장으로 시작하지 않는 단어의 첫 글자는 소문자로 쓴다.

- 단어의 안과 끝은 모두 소문자로 표기합니다.

The Letter "w" at a Glance

Letter	Sound	Anchor Words
"w"	/w/	wagon
"w"	silent "w"	two

X/x

Lesson 24.0
Introduction of the Letter X/x

문자 "x"는 자음입니다. 그것은 영어의 로마 알파벳의 스물네 번째 글자입니다. 문자는 대문자와 소문자로 작성됩니다.

	Uppercase Letter	Lowercase Letter
Print	X	x
Cursive	𝒳	𝓍

Lesson 24.1
Reading Words with the Letter X/x

문자 "x"에는 고유한 소리가 없습니다. 다른 글자에서 소리를 빌립니다.

문자 "x"는 7가지 방식으로 발음됩니다.
- box라는 단어에서와 같이 /k/ + /s/ 소리를 나타냅니다.
- excel이라는 단어에서와 같이 /k/ 소리를 나타냅니다.
- xylophone이라는 단어에서와 같이 /z/ 소리를 나타냅니다.
- exist라는 단어에서와 같이 /g/ + /z/ 소리를 나타냅니다.
- luxury라는 단어에서와 같이 /g/ + /zh/ 소리를 나타냅니다.
- x-ray 라는 단어처럼 /ĕ/ + /k/ + /s/ 소리를 나타냅니다.
- anxious라는 단어에서와 같이 /k/ + /sh/ 소리를 나타냅니다.
- 때로는 Sioux라는 단어에서처럼 조용합니다.

Letter "x" Words
First letter "x"
xebec, xenon, xeric, xerography, x-ray, xylem, xylophone, xylophonist
Letter "x" within a word
axe, axis, axle, exercise, exist, expect, explain, express, extra, extreme, oxen
Final letter "x"
apex, ax, box, coax, fax, fix, flax, flex, fox, max, mix, ox, pox, tax, tux, wax

✤ Reading Words with the Letter X/x

"x" represents the /k/ + /s/ sounds

단어 내부와 단어 끝에 있는 문자 "x"는 단어 text, exercise 및 box에서와 같이 /k/+/s/ 소리를 나타냅니다.

Beginning	Within	End
/k/ + /s/	/k/ + /s/	/k/ + /s/
	text	box

Word Box	annex, extra, boxer, climax, complex, detox, excite, fax, fix, fixing, fixture, flex, fox, mix, mixture, next, ox, oxen, paradox, prefix, sixty, suffix, tax, text, waxing

"x" represents the /z/ sound

단어시작부분에서 문자 "x"는 xylophone 단어에서와 같이 /z/ 소리를 나타냅니다.

Beginning	Within	End
/z/	/z/	/z/
xylophone		

Word Box	Xanadu, xanthan, xanthene, Xavier, xenon, xenophobe, Xerox, Xerxes, xiphoid, xylan, xylem, xylene, xylitol, xylography, xyloid, xylophone, xylose

"x" represents the /k/ sound

"exc" 문자 조합에서 문자 "x"는 /k/ 소리를 나타내고 "c"는 단어 excel에서와 같이 /s/ 소리를 나타냅니다.

Word Box	**"exce" letter combination** exceed, excellence, excellent, excelsior, except, excepting, exception, excess **"exci" letter combination** excipient, excise, excitable, excitably, excitant, excite, excitement, exciting

"xc" 문자 조합은 /k/ + /s/ 소리를 나타냅니다.

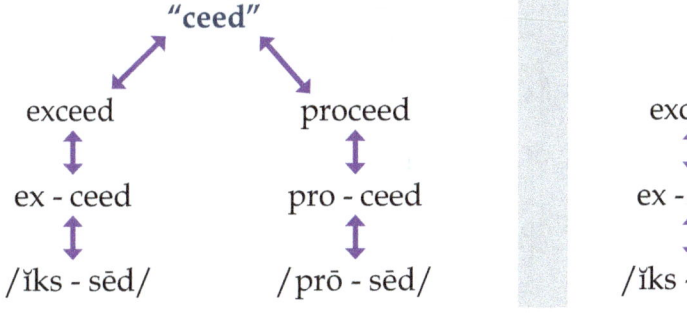

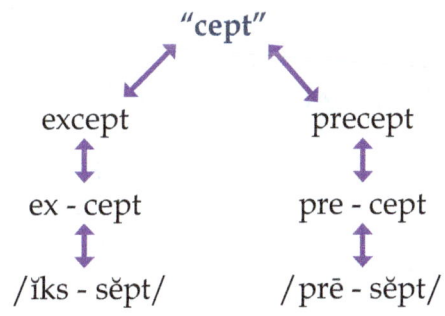

"x" represents the /g/ + /z/ sounds

"ex" 문자 조합에서 문자 "x"는 단어 examination에서와 같이 /g/ + /z/ 소리를 나타낼 수 있습니다.

Word Box	exact, exacting, exactitude, exactly, exacts, exaggerate, exasperate, exalt, exam, exams, example, exempt, exert, exhaust, exhibit, exhume, exile, exist, existence

"x" represents the /g/ + /zh/ sounds

문자 "x"는 단어 luxury에서와 같이 /g/ + /zh/ 소리를 나타낼 수 있습니다.

Word Box	luxuriance, luxuriant, luxuriantly, luxuriate, luxuriated, luxurious, luxury

"x" represents the /ĕ/ + /k/ + /s/ sounds

"x"가 음절의 유일한 문자인 경우 x-ray라는 단어에서와 같이 단모음 /ĕ/ + /k/ + /s/ 소리를 나타냅니다.

Word Box	x-axis, X-linked, x-radiation, x-ray, x-rayed, x-raying, x-rays, Malcolm X

"xious" represents the /k/ + /sh/ + /ə/ + /s/ sounds

"xious" 접미사에서 문자 "x"는 단어 anxious에서와 같이 /k/ + /sh/ 소리를 나타냅니다.

Word Box	anxious, noxious, obnoxious

"xion" represents /k/ + /sh/ + /ə/ + /n/ sounds

"xion" 접미사에서 문자 "x"는 reflexion이라는 단어에서와 같이 /k/ + /sh/ 소리를 나타냅니다.

Word Box	complexion, connexion, deflexion, flexion, fluxion, inflexion, reflexion, suffixion

"xle" represents the /k/ + /s/ + /ə/ + /l/ sounds + silent "e"

"xle" 문자 조합이 단어 끝에 있으면 axle 및 transaxle 단어에서와 같이 /k/ + /s/ + /ə/ + /l/ 소리 + 묵음 "e"를 나타냅니다.

Bonus Lesson
Reading Words with a Silent Letter "x"

Sioux라는 단어에서와 같이 문자 "x"는 묵음일 수 있습니다.

Word Box	Bordeaux, faux, faux pas, roux, Sioux

The Reading Challenge
Lesson 24.2
Reading Multisyllable Words

긴 단어를 음절이라고 하는 작은 부분으로 나누어 읽을 수 있습니다. 각 음절에는 하나의 모음 소리와 일반적으로 하나 이상의 자음 소리가 있습니다.

Three Ways to Divide Words into Syllables

1. 폐쇄음절은 자음으로 끝난다. 닫힌 음절에 모음이 하나 있는 경우 일반적으로 단모음이 있습니다.

   예시: xenophobe - xen-o-phobe

2. 열린 음절은 모음으로 끝납니다. 음절 끝에 오는 모음은 일반적으로 장모음입니다.

   예시: xenon - xe-non

3. "모음 + 자음 + e" 음절은 단어 끝에 있습니다. 이 음절 패턴의 첫 번째 모음은 일반적으로 장모음이고 마지막 "e"는 묵음입니다.

   예시: xylophone - xy-lo-phone

Multisyllable Word Lists

2 syllable words	3 syllable words	4 syllable words
annex	appendix	approximate
boxing	complexion	exceedingly
climax	examine	excelsior
detox	example	exceptional
exalt	excellent	exclusively
exam	exception	executive
excess	exclusive	exemplify
excite	exercise	exhortation
expels	exhibit	expectation
express	explorer	expenditure
extra	explosion	experienced
fixture	extensive	experiment
index	external	expiration
pixels	extrinsic	exploration
perplex	flexible	exponential
relax	hexagram	exportation
sixteen	luxury	extravagant
taxing	oxygen	oxidation
vertex	paradox	oxidizer

Lesson 24.3
Reading Proper and Common Nouns and Adjectives
Capitalization Rules

단어는 대문자 및/또는 소문자로 작성됩니다. 고유명사와 고유 형용사는 대문자로 시작합니다. 일반 명사와 일반 형용사는 소문자로 시작합니다.

고유명사는 특정한 사람, 장소, 사물 또는 개념을 지칭하는 단어입니다.

보통 명사는 일반적인 사람, 장소, 사물 또는 개념을 명명하는 단어입니다.

	Proper Noun	Common Noun
Person	Xavier	xylophonist
Place	Xanthus	x-ray booth
Thing	Xerox	xylophone
Concept		

고유 형용사는 특정 사람, 장소, 사물 또는 개념을 설명하는 단어입니다.

일반적인 형용사는 일반적인 사람, 장소, 사물 또는 개념을 설명하는 단어입니다.

Proper Adjective:	Common Adjective:
Person: Xanthian princess Thing: Xerox copy machine	Person: x-ray tech Thing: xerophytic plant

Capitalization Rules
Uppercase Letter – "X"

- 문장을 시작하는 단어의 첫 글자는 대문자입니다.

- 특정한 사람, 장소, 사물 또는 개념을 지칭하는 단어의 첫 글자는 대문자입니다.

- 사람의 직함은 첫 글자를 대문자로 한다.

- 제목 또는 부제목에 있는 각 단어의 첫 글자는 대문자입니다.

- 대명사로서 문자 "I"는 대문자입니다.

✎ 참고: 소문자는 일반적으로 다른 모든 단어에 사용됩니다.

Lowercase Letter – "x"

- 특정한 사람, 장소, 사물 또는 이름을 나타내지 않는 단어의 첫 글자개념은소문자로 작성됩니다.

- 문장으로 시작하지 않는 단어의 첫 글자는 소문자로 쓴다.

- 단어의 안과 끝은 모두 소문자로 표기합니다.

읽기 평가
과제: 문장을 읽습니다.

1. While in China, I plan to tour Xizang.
2. Malcolm X was a great civil rights leader.
3. Roman numeral XX has a value of twenty.
4. Alex is studying to be a skilled xylophonist.
5. Rex learned that xenon is a colorless element.

The Letter "x" at a Glance		
Letter	Sounds	Anchor Words
"x"	/k/ + /s/	box
"x"	/k/	excel
"x"	/z/	xylophone
"x"	/g/ + /z/	exist
"x"	/g/ + /zh/	luxury
"x"	/ĕ/ + /k/ + /s/	x-ray
"x"	/k/ + /sh/	anxious
"x"	silent "x"	Sioux

Y/y

Lesson 25.0
Introduction of the Letter Y/y

문자 "y"는 자음과 모음입니다. 그것은 영어의 로마 알파벳의 스물 다섯 번째 글자입니다. 문자는 대문자와 소문자로 작성됩니다.

	Uppercase Letter	Lowercase Letter
Print	Y	y
Cursive	𝒴	𝓎

Lesson 25.1
Reading Words with the Letter Y/y

문자 "y"는 여섯가지 방식으로 발음됩니다.
- yes라는 단어에서와 같이 /y/ 소리를 나타냅니다.
- gym이라는 단어에서와 같이 단모음 /ĭ/ 소리를 나타냅니다.
- by 단어처럼 장모음 /ī/ 소리를 나타냅니다.
- baby라는 단어에서와 같이 장모음 /ē/ 소리를 나타냅니다.
- syringe라는 단어에서와 같이 슈와 모음 /ə/ 소리를 나타냅니다.
- myrtle이라는 단어에서처럼 모음 /û/ 소리를 나타냅니다.
- 때때로 그것은 day라는 단어에서처럼 조용합니다.

High Frequency Letter "y" Words

yacht, yahoo, yak, yam, yammer, yams, yang, yank, Yankee, yanking, yap, yard, yardage, yards, yarn, yaw, yawn, year, yearling, yearly, years, yeast, yeasts, yell, yelled, yelling, yells, yellow, yellowish, yelp, Yemen, yes, yesterday, yet, yield, yielding, yip, yodel, yodeled, yodels, yoga, yogi, yogurt, yoke, yoked, yoking, yolk, yonder, Yoruba, York, you, young, younger, youngest, your, yours, yourself, youth, youthful, youthfully, youthfulness, youths, yo-yo, yucca, yummy, yuppie, yurt

✤ Reading Words with the Letter Y/y

Beginning of a word	Beginning of a syllable
/y/	/y/
yellow	lawyer

"y" represents the /y/ sound

단어 시작 부분에서 문자 "y"는 단어 yellow에서와 같이 /y/ 소리를 나타냅니다.

Word Box	yacht, yahoo, yam, yank, yap, yard, yardage, yardstick, year, yeast, yell, yellow, yes, yesterday, yet, yoke, yolk, York, you, young, youngest, yucca

"y" represents the /y/ sound

음절의 시작 부분에서 문자 "y"는 lawyer라는 단어에서와 같이 /y/ 소리를 나타냅니다.

Word Box	backyard, banyan, barnyard, beyond, canyon, courtyard, Kenya, Kenyan, lawyer, lawyers, Malayalam, Maya, Mayan, papaya, vineyard, yo-yo

Short Vowel Blending Table for the Letter Y/y

/ă/ apple	/ĕ/ egg	/ĭ/ insect	/ŏ/ octopus	/ŭ/ up
y a n k	y e s	y i p	y o n	y u k
ya nk	ye s	yi p	yo n	yu k
yank	yes	yip	yon	yuk

Long Vowel Blending Table for the Letter Y/y

/ā/ ape	/ē/ eagle	/ī/ ice	/ō/ open	/ōō/ glue
	y i e l d	y i k e s	y o k e	y o u
	yie l d	yi ke s	yo ke	yo u
	yield	yikes	yoke	you

✓ **읽기 평가**
과제: 문장을 읽습니다.

1. Why were you yelling at Yardley?
2. Last year, I bought a yellow raincoat.
3. Yousef and his family are from Yemen.
4. Yvette is looking at her senior yearbook.
5. Yolanda said, "Three feet equal one yard."

✤ Reading Letter "y" Words

"y" represents the short vowel /ĭ/ sound

자음이 문자 "y"의 앞뒤에 올 때 일반적으로 Egypt, gym 및 cyst와 같이 짧은 모음 /ĭ/ 소리를 나타냅니다.

Word Box	abyss, analysis, analytic, bicycle, calypso, catalyst, crypt, crystal, cynic, cyst, Egypt, gym, hymn, hypnosis, hyssop, hysteria, lyric, mystery, mystify, oxygen, physical, physician, platypus, symbolic, syntax, typical, tyranny

"y" represents the long vowel /ī/ sound

"y" + 자음 + "e" 패턴에서 문자 "y"는 일반적으로 장모음 /ī/ 소리를 나타내고 자음은 소리를 나타내고 모음 "e"는 style 단어에서와 같이 묵음입니다.

Word Box	"yle"	– argyle, freestyle, lifestyle, style
	"yme"	– enzyme, rhyme, thyme
	"ype"	– hype, Skype, stereotype, type
	"yre"	– lyre, pyre, Tyre
	"yte"	– byte, electrolyte, gigabyte, megabyte
	"yze"	– analyze, catalyze, electrolyze, paralyze

"ya" represents the long vowel /ē/ + /ə/ sounds

"ya" 문자 조합이 단어 끝에 있으면 Libya라는 단어에서와 같이 장모음 /ē/ + /ə/ 소리를 나타낼 수 있습니다.

"ya" represents the /y/ + /ə/ sounds

"ya" 문자 조합이 단어 끝에 있으면 Kenya 및 papaya 단어에서와 같이 모음 /y/ + /ə/ 소리를 나타낼 수 있습니다.

"ye" represents the long vowel /ī/ sound

"ye" 문자 조합이 단어의 끝에 있을 때, 그것은 단어 eye와 bye에서와 같이 장모음 /ī/ 소리를 나타냅니다.

"yo" represents the long vowel /ē/ + /ō/ sounds

" yo " 문자 조합이 단어 끝에 있으면 embryo 및 Tokyo와 같이 장모음 /ē/ + /ō/ 소리를 나타 낼 수 있습니다.

"yo" represents the long vowel /ē/ + /ŏ/ sounds

" yo " 문자 조합이 단어 내에 있으면 embryology라는 단어에서와 같이 장모음 /ē/ + /ŏ/ 소리를 나타낼 수 있습니다.

"yo" represents the silent "y" + /ə/ sound

"yo" 문자 조합에서 문자 "y"는 묵음일 수 있고 문자 "o"는 단어 mayonnaise에서처럼 슈와 모음 /ə/ 소리를 나타냅니다.

Lesson 25.2
Reading Words with a Vowel Before the Letter "y"

"ay" represents the long vowel /ā/ sound + silent "y"

"ay" 문자 조합이 단어나 음절의 끝에 있을 때 문자 "a"는 장모음 /ā/ 소리를 나타낼 수 있고 문자 "y"는 payment라는 단어에서와 같이 묵음입니다.

Word Box	away, bay, clay, decay, delay, display, gray, holiday, jay, layers, may, okay, pay, play, pray, ray, relay, say, stay, stray, subway, sway, today, tray, way

☞ 예외: says-/ĕ/ 소리; kayak-/ī/ 소리

"ey" represents the long vowel /ā/ sound + silent "y"

"ey" 문자 조합이 단어나 음절의 끝에 있을 때 단어 they에서와 같이 장모음 /ā/ 소리를 나타낼 수 있습니다.

Word Box	convey, conveyor, disobey, grey, hey, obey, obeying, prey, survey, they, trey

"ey" represents the long vowel /ē/ sound + silent "y"

"ey" 문자 조합이 단어 끝에 있을 때 문자 "e"는 장모음 /ē/ 소리를 나타내고 문자 "y"는 단어 key에서와 같이 묵음을 나타낼 수 있습니다.

Word Box	attorney, barley, chimney, donkey, hockey, honey, jersey, jockey, journey, key, kidney, medley, money, monkey, parley, pricey, turkey, valley, volley

"oy" represents the vowel /oi/ sound

"oy" 문자 조합은 단어 boy에서와 같이 모음 /oi/ 소리를 나타냅니다. 두 모음에는 하나의 새로운 소리가 있다는 점에 유의하는 것이 중요합니다.

Word Box	**"oy" at the beginning of a word** oyster, oystered, oystering, oysters **"oy" within a word** deployment, employment, enjoyment, joyful, loyal, royal, royalty, voyage **"oy" at the end of a word** annoy, boy, convoy, coy, decoy, deploy, employ, enjoy, joy, ploy, soy, toy

☞ 예외: coyotes-/ī/ 소리

"uy" represents the long vowel /ī/ sound

"uy" 문자 조합은 단어 guy에서와 같이 장모음 /ī/ 소리를 나타냅니다.

Word Box	buy, buyback, buyer, buying, buys, guy, Guyana, Guyanese, guys

☞ 예외: soliloquy-/w/ + /ē/ 소리

Lesson 25.3
Reading Words with the "cy" Letter Combination

"cy" 문자 조합은 세 가지 방식으로 발음됩니다.
- cylinder라는 단어에서처럼 /s/ + /ĭ/ 소리를 나타냅니다.
- cycle이라는 단어에서와 같이 /s/ + /ī/ 소리를 나타냅니다.
- agency라는 단어에서와 같이 /s/ + /ē/ 소리를 나타냅니다.

"cy" represents the /s/ + /ĭ/ sounds

cylinder라는 단어에서처럼 "cy" 문자 조합이 단어의 시작 부분이나 단어 내에 있는 경우 문자 "c"는 /s/ 소리를 나타내고 문자 "y"는 단모음 /ĭ/ 소리를 나타낼 수 있습니다.

Word Box	bicycle, cygnet, Cygnus, cylinder, cylinders, cymbal, cymbalist, cymbals, cynic, cynical, cynically, cynicism, cynics, Cynthia, cyst, cystic, cystoscope, tricycle

"cy" represents the /s/ + /ī/ sounds

"cy" 문자 조합이 단어의 시작 부분이나 단어 내에 있는 경우 문자 "c"는 /s/ 소리를 나타내고 문자 "y"는 단어 cycle에서와 같이 장모음 /ī/ 소리를 나타낼 수 있습니다.

Word Box	cyan, cyanic, cyanide, cycle, cycled, cycles, cyclical, cycling, cyclist, cyclone, cypress, Cyprus, cytokine, cytologist, cytology, cytoplasm, encyclopedia

"cy" represents the /s/ + /ē/ sounds

"cy" 문자 조합이 단어 끝에 있을 때 문자 "c"는 /s/ 소리를 나타내고 문자 "y"는 단어 agency에서와 같이 장모음 /ē/ 소리를 나타낼 수 있습니다.

Word Box	bouncy, consistency, contingency, democracy, fancy, fluency, frequency, icy, infancy, juicy, lacy, legacy, mercy, Nancy, pregnancy, pricy, privacy, racy, regency, relevancy, saucy, spicy, sufficiency, tenancy, urgency, vacancy

Singular Nouns		Plural Nouns
agency	y ---- ies	agencies
currency	y ---- ies	currencies
policy	y ---- ies	policies
pregnancy	y ---- ies	pregnancies
vacancy	y ---- ies	vacancies

Lesson 25.4
Reading Words with the Final Letter "y"

마지막 문자 "y"는 두 가지 방식으로 발음됩니다.
- dry라는 단어에서처럼 장모음 /ī/ 소리를 나타냅니다.
- baby라는 단어에서처럼 장모음 /ē/ 소리를 나타냅니다.

"y" represents the long vowel /ī/ sound

문자 "y"가 한 음절 단어의 끝에 있을 때 일반적으로 단어 dry에서와 같이 장모음 /ī/ 소리를 나타냅니다.

Word Box	by, cry, dry, fly, fry, my, ply, pry, shy, sky, sly, spy, try, why

"y" represents the long vowel /ī/ sound

문자 "y"가 음절 끝에 있으면 dynamic이라는 단어에서와 같이 장모음 /ī/ 소리를 나타낼 수 있습니다.

Word Box	bylaw, bypass, byword, cycle, cyclone, dynamic, hyacinth, hybrid, hydrants, hydrate, hydro, hydrogen, hydrometer, hygiene, hyphen, gynecologist, gyros, myself, nylon, plywood, psychology, pylon, pyrite, python, tycoon, zygote

"y" represents the long vowel /ī/ sound

문자 "y"가 다음절 단어의 끝에 있으면 apply라는 단어에서와 같이 장모음 /ī/ 소리를 나타낼 수 있습니다.

2 syllable words		3 syllable words		4 syllable words	
apply	deny	classify	modify	dissatisfy	identify
awry	July	dignify	multiply	diversify	intensify
comply	reply	occupy	ratify	electrify	humidify
defy	supply	magnify	testify	exemplify	prequalify

"y" represents the long vowel /ē/ sound

y가 2음절 단어의 끝에 있는 경우, baby라는 단어와 같이 장모음 /ē/ 소리를 나타낼 수 있습니다.

Word Box	any, belly, body, bony, candy, city, daddy, duty, easy, happy, icy, jelly, lady, mommy, penny, shiny, sticky, story, sunny, thirsty, tiny, tricky, very, windy

"y" represents the long vowel /ē/ sound

문자 "y"는 단어 embryo에서와 같이 장모음 /ē/ 소리를 나타낼 수 있습니다.

Word Box	already, community, company, country, difficulty, discovery, elementary, embryo, energy, faculty, healthy, January, melody, society, technology

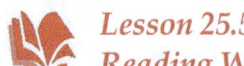

Lesson 25.5
Reading Words with the "yr" Letter Combination

"yr" 문자 조합은 7가지 방식으로 발음됩니다.
- myrtle이라는 단어에서처럼 모음 /û/ + /r/ 소리를 나타냅니다.
- pyramid라는 단어에서와 같이 단모음 /ĭ/ + /r/ 소리를 나타냅니다.
- gyro라는 단어에서와 같이 장모음 /ī/ + /r/ 소리를 나타냅니다.
- martyr라는 단어에서처럼 슈와 모음 /ə/ + /r/ 소리를 나타냅니다.
- Syria라는 단어에서처럼 모음 /î/ + /r/ 소리를 나타냅니다.
- copyright라는 단어에서처럼 장모음 /ē/ + /r/ 소리를 나타냅니다.
- playroom이라는 단어에서와 같이 조용한 "y" + /r/ 소리가 있습니다.

"yr" represents the vowel /û/ + /r/ sounds

"yr" 문자 조합은 단어 myrtle에서와 같이 모음 /û/ + /r/ 소리를 나타낼 수 있습니다.

Word Box	gyrfalcon, myrrh, myrtle, syrup, syrupy

"yr" represents the short vowel /ĭ/ + /r/ sounds

"yr" 문자 조합은 단어 pyramid에서와 같이 단모음 /ĭ/ + /r/ 소리를 나타낼 수 있습니다.

Word Box	lyric, lyrical, lyricist, myriad, pyramid, pyramidal, tyrannical, tyrannies, tyrannize, tyrannosaur, tyrannous, tyranny

"yr" represents the long vowel /ī/ + /r/ sounds

"yr" 문자 조합은 gyro라는 단어에서와 같이 장모음 /ī/ + /r/ 소리를 나타낼 수 있습니다.

Word Box	Byron, Cyrus, gyrate, gyro, hyrax, lyre, papyrus, pyre, Pyrex, pyrite, pyrites, pyrometer, pyrotechnics, skyrocket, Styrofoam, tyrant, tyro

"yr" represents the schwa vowel /ə/ + /r/ sounds

"yr" 문자 조합은 단어 martyr 및 syringe에서와 같이 슈와 모음 /ə/ + /r/ 소리를 나타낼 수 있습니다.

"yr" represents the vowel /î/ + /r/ sounds

"yr" 문자 조합은 Syria 및 Syracuse라는 단어에서와 같이 모음 /î/ + /r/ 소리를 나타낼 수 있습니다.

"yr" represents the long vowel /ē/ + /r/ sounds

"yr" 문자 조합은 단어 copyright에서와 같이 장모음 /ē/ + /r/ 소리를 나타낼 수 있습니다.

"yr" has a silent "y" + /r/ sound

"yr" 문자 조합에서 문자 "y"는 무음일 수 있고 문자 "r"은 payroll 및 playroom이라는 단어에서와 같이 /r/ 소리를 나타냅니다.

Lesson 25.6
Reading Letter "y" Words with the Schwa Vowel Sound

"y" represents the schwa vowel /ə/ sound

문자 "y"는 단어 syringe에서와 같이 슈와 모음 /ə/ 소리를 나타낼 수 있습니다. 슈와 모음은 단모음 /ŭ/ + /h/ 소리와 비슷합니다.

Beginning	Within	End
/ə/	/ə/	/ə/
	syringe	

Word Box	etymological, etymologist, etymology, syringe

"ly" - "y" represents the schwa vowel /ə/ sound

"ly" 문자 조합에서 문자 "y"는 단어 Polynesia에서와 같이 슈와 모음 /ə/ 소리를 나타낼 수 있습니다.

Word Box	polymer, polymerize, polymerase, Polynesia, Polynesian

"yl" - "y" represents the schwa vowel /ə/ sound

"yl" 문자 조합에서 문자 "y"는 단어 ethyl에서와 같이 슈와 모음 /ə/ 소리를 나타낼 수 있습니다.

Word Box	beryl, berylline, ethyl, ethylene, methyl, methylated, Pennsylvania, Pennsylvanian

"yl" - "y" represents the long vowel /ī/ sound

"yl" 문자 조힙에서 문자 "y"는 단어 style에서와 같이 장모음 /ī/ 소리를 나타낼 수 있습니다.

Word Box	argyle, asylum, bylaws, byline, lifestyle, nylon, skylark, skylight, skyline, style, styled, styles, stylish, stylist, stylize, stylus

"yl" - "y" represents the short vowel /ĭ/ sound

"yl" 문자 조합에서 문자 "y"는 단어 cylinder에서와 같이 단모음 /ĭ/ 소리를 나타낼 수 있습니다.

Word Box	cylinders, syllabi, syllabic, syllable, syllabus, sylph, sylvan

"yl" - "y" is silent

"yl" 문자 조합에서 문자 "y"는 daylight 및 playlist와 같이 묵음일 수 있습니다.

Lesson 25.7
Reading Words with a Silent Letter "y"

"ay" represents the long vowel /ā/ sound + silent "y"

"ay" 문자 조합이 단어 끝에 있을 때 문자 "y"는 일반적으로 단어 day에서와 같이 묵음입니다.

Word Box	away, bay, birthday, clay, day, display, essay, everyday, gray, hay, holiday, lay, may, pay, play, portray, ray, repay, say, spray, sway, way, yesterday

"ay" represents the long vowel /ā/ sound + silent "y"

"ay" 문자 조합이 음절 끝에 있을 때 문자 "y"는 일반적으로 단어 playing과 같이 묵음입니다.

Word Box	crayons, daycare, daylight, delayed, layer, maybe, mayflower, mayonnaise, paycheck, paying, payment, player, playful, playground, playing, taxpayer

"ey" represents the long vowel /ē/ sound + silent "y"

"ey" 문자 조합이 단어나 음절의 끝에 있을 때 문자 "y"는 일반적으로 valley라는 단어에서처럼 묵음입니다.

Word Box	alleyway, attorney, chimney, donkey, key, honey, honeycomb, journey, keyboard, keypad, medley, money, monkey, pricey, pulley, trolley, volleyball

"ey" represents the long vowel /ā/ sound + silent "y"

"ey" 문자 조합이 단어 또는 음절의 끝에 있을 때 문자 "y"는 일반적으로 conveyor라는 단어에서와 같이 묵음입니다.

Word Box	convey, conveyance, conveying, disobey, disobeying, grey, greyhound, hey, heyday, obey, prey, purvey, survey, surveying, surveyor, they, trey, whey

읽기 평가
과제: 문장을 읽습니다.

1. Young people enjoy sailing on yachts.
2. My friend, Yousef, was born in Yemen.
3. Yul said, "New York is my favorite city."
4. I learned Yiddish at Yeshiva University.
5. Yesterday, I ate four cups of yummy yogurt.

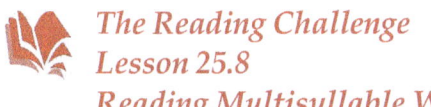

The Reading Challenge
Lesson 25.8
Reading Multisyllable Words

긴 단어를 음절이라고 하는 작은 부분으로 나누어 읽을 수 있습니다. 각 음절에는 하나의 모음 소리와 일반적으로 하나 이상의 자음 소리가 있습니다.

Three Ways to Divide Words into Syllables

1. 폐쇄음절은 자음으로 끝난다. 닫힌 음절에 모음이 하나 있는 경우 일반적으로 단모음이 있습니다.

   예시: yesterday - yes + ter + day

   닫힌 음절에 두 개의 모음이 있는 경우 첫 번째 모음은 일반적으로 장모음이고 두 번째 모음은 무음입니다.

   예시: yeasty – yeast + y

2. 열린 음절은 모음으로 끝납니다. 음절 끝에 오는 모음은 일반적으로 장모음입니다.

   예시: yogurt - yo + gurt

3. "모음 + 자음 + e" 음절은 단어 끝에 있습니다. 이 음절 패턴의 첫 번째 모음은 일반적으로 장모음이고 마지막 "e"는 묵음입니다.

   예시: Yuletide - Yule + tide

Multisyllable Word Lists

2 syllable words	3 syllable words	4 syllable words
birthday	agency	absolutely
country	blackberry	consequently
crystal	currency	contingency
friendly	cylinder	delinquency
healthy	elderly	dependency
journey	energy	discrepancy
keyword	family	effectively
largely	imagery	especially
lawyer	industry	hysterical
monkey	nursery	mysterious
monthly	secondly	polytechnic
systems	scholarly	presidency
yachting	yesterday	proficiency
yardage	yodeling	respectively
yearbook	Yoruba	technology
youngest	symphony	ultimately

Lesson 25.9
Reading Proper and Common Nouns and Adjectives
Capitalization Rules

단어는 대문자 및/또는 소문자로 작성됩니다. 고유명사와 고유 형용사는 대문자로 시작합니다. 일반 명사와 일반 형용사는 소문자로 시작합니다.

고유명사는 특정한 사람, 장소, 사물 또는 개념을 지칭하는 단어입니다.

보통 명사는 일반적인 사람, 장소, 사물 또는 개념을 명명하는 단어입니다.

	Proper Noun	Common Noun
Person	Mrs. Yearwood	youngster
Place	Yemen	yard
Thing	Youtube	yeast
Concept		youth

고유 형용사는 특정 사람, 장소, 사물 또는 개념을 설명하는 단어입니다.

일반적인 형용사는 일반적인 사람, 장소, 사물 또는 개념을 설명하는 단어입니다.

Proper Adjective:	Common Adjective:
Person: Yoruba Thing: Yiddish language	Person: young student Thing: yummy dish

Capitalization Rules
Uppercase Letter – "Y"

- 문장을 시작하는 단어의 첫 글자는 대문자입니다.

- 특정한 사람, 장소, 사물 또는 개념을 지칭하는 단어의 첫 글자는 대문자입니다.

- 사람의 직함은 첫 글자를 대문자로 한다.

- 제목 또는 부제목에 있는 각 단어의 첫 글자는 대문자입니다.

- 대명사로서 문자 "I"는 대문자입니다.

✍ 참고: 소문자는 일반적으로 다른 모든 단어에 사용됩니다.

Lowercase Letter – "y"

- 특정한 사람, 장소, 사물 또는 이름을 나타내지 않는 단어의 첫 글자개념은 소문자로 작성됩니다.

- 문장으로 시작하지 않는 단어의 첫 글자는 소문자로 쓴다.

- 단어의 안과 끝은 모두 소문자로 표기합니다.

	The Letter "y" at a Glance	
Letter	**Sounds**	**Anchor Words**
"y"	/y/	yes
"y"	/ĭ/	gym
"y"	/ī/	by
"y"	/ē/	baby
"y"	/ə/	syringe
"y"	/û/	myrtle
"y"	silent "y"	day

Z/z

 Lesson 26.0
Introduction of the Letter Z/z

문자 "z"는 자음입니다. 그것은 영어의 로마 알파벳의 스물 여섯 번째 글자입니다. 문자는 대문자와 소문자로 작성됩니다.

	Uppercase Letter	Lowercase Letter
Print	Z	z
Cursive	*Z*	*z*

 Lesson 26.1
Reading Words with the Letter Z/z

문자 "z"는 네 가지 방식으로 발음됩니다.
- zip이라는 단어에서와 같이 /z/ 소리를 나타냅니다.
- pretzel이라는 단어에서와 같이 /s/ 소리를 나타냅니다.
- azure라는 단어에서와 같이 /zh/ 소리를 나타냅니다.
- pizza라는 단어에서와 같이 /t/ + /s/ 소리를 나타냅니다.
- 때로는 puzzle이라는 단어에서처럼 조용합니다.

One Syllable Letter "z" Words
zags, zap, zaps, zeal, zest, zinc, zip, zoo, zoom, zone

단어의 시작, 내부 및 끝에서 문자 "z"는 단어 zero, frozen 및 topaz에서와 같이 /z/ 소리를 나타냅니다.

Beginning	Within	End
/z/	/z/	/z/
zealous	citizen	blitz
zenith	frozen	buzz
zero	horizon	hertz
zillion	gazelle	pizzazz
zipper	itemize	quartz
zucchini	puzzle	topaz
zygote	tweezer	waltz

Reading Words with the Letter Z/z

Short Vowel Blending Table for the Letter Z/z

/ă/ apple	/ĕ/ egg	/ĭ/ insect	/ŏ/ octopus	/ŭ/ up
z a p	z e s t	z i p	z o n k	
za p	zes t	zi p	zo nk	
zap	zest	zip	zonk	

Long Vowel Blending Table for the Letter Z/z

/ā/ ape	/ē/ eagle	/ī/ ice	/ō/ open	/o͞o/ glue
z a n y	z e b r a	Z i o n	z o n e	Z u l u
za ny	zeb ra	Zi on	zo ne	Zu lu
zany	zebra	Zion	zone	Zulu

"z" represents the /z/ sound

문자 "z"는 일반적으로 단어 amazing에서와 같이 /z/ 소리를 나타냅니다.

Word Box	agonize, blaze, Brazil, bronze, Byzantine, cadenza, capitalize, centralize, citizen, colonize, computerize, craze, crazy, criticize, daze, doze, economize, emphasize, energize, fuze, hazard, haze, hazel, influenza, lazy, lizard, magnetize, normalize, quiz, squeeze, verbalize, whiz, zillion, zip, zone, zoo

"z" represents the /s/ sound

문자 "z"는 pretzel이라는 단어에서와 같이 /s/ 소리를 나타낼 수 있습니다.

Word Box	bar mitzvah, Biarritz, blitz, chutzpah, ersatz, futz, intermezzo, klutz, Lutz, matzo, mezzo-soprano, pretzel, quartz, quetzal, Ritz, waltz

"z" represents the /zh/ sound

문자 "z"는 azure라는 단어에서와 같이 /zh/ 소리를 나타낼 수 있습니다.

Word Box	azure, azurite, brazier, seizure

"zle" represents the /z/ + /ə/ + /l/ sounds + silent "e"

"zle" 문자 조합이 단어 끝에 있으면 puzzle 단어에서와 같이 /z/ + /ə/ + /l/ 소리 + 묵음 "e"를 나타냅니다. 슈와 모음 /ə/ 소리가 /z/와 /l/ 소리 사이에 삽입된다는 점에 유의하는 것이 중요합니다.

Word Box	dazzle, drizzle, embezzle, fizzle, frazzle, frizzle, grizzle, guzzle, muzzle, nozzle, nuzzle, puzzle, sizzle, swizzle

Lesson 26.2
Reading Words with a Silent Letter "z"

"zz" represents the /z/ sound + silent "z"

"zz" 문자 조합에서 하나의 문자 "z"는 /z/ 소리를 나타내고 다른 문자 "z"는 단어 puzzle 에서와 같이 묵음입니다.

Word Box	blizzard, buzz, buzzard, buzzer, dazzle, dazzled, dizzy, drizzle, drizzling, embezzle, fizz, fizzle, fizzy, fuzz, fuzzy, gizzard, grizzly, guzzle, Jacuzzi, jazz, mezzanine, muzzle, nozzle, nuzzle, nuzzling, piazza, pizzazz, puzzling, quizzical, sizzle, sizzled, sizzling, swizzle, whizzing

Bonus Lesson
Exploring an Exception to the "zz" Letter Combination

"zz" 문자 조합은 단어 pizza, pizzeria 및 mozzarella에서와 같이 /t/ + /s/ 소리를 나타낼 수 있습니다.

읽기 평가
과제: 문장을 읽습니다.

1. In Zimbabwe, Zoe's hotel room had a Jacuzzi.
2. Yesterday, Zelma and Zoey completed the puzzle.
3. Buzzards are typically seen soaring in wide circles.
4. In New Zealand, bridges are closed during blinding blizzards.
5. The British commanders were puzzled by the zeal of the Zulu warriors.

The Position of the Letter "z"

At the beginning of a word, the letter "z" represents the /z/ sound	Within a word, the letter "z" represents the /z/ sound	At the end of a word, the letter "z" represents the /s/ or /z/ sound
Zaire	customize	blintz
zealot	energize	blitz
zealous	freezing	glitz
zebra	garbanzo	hertz
zenith	generalize	jazz
zestful	influenza	quartz
zinger	magazine	quiz
zipline	organized	topaz
zoology	tweezers	waltz
zucchini	vitalize	whiz

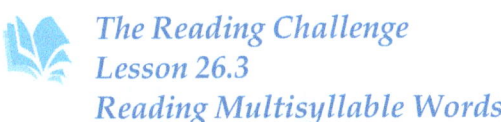

The Reading Challenge
Lesson 26.3
Reading Multisyllable Words

긴 단어를 음절이라고 하는 작은 부분으로 나누어 읽을 수 있습니다. 각 음절에는 하나의 모음 소리와 일반적으로 하나 이상의 자음 소리가 있습니다.

Three Ways to Divide Words into Syllables

1. 폐쇄음절은 자음으로 끝난다. 닫힌 음절에 모음이 하나 있는 경우 일반적으로 단모음이 있습니다.

   예시: zinger - zing + er

2. 열린 음절은 모음으로 끝납니다. 음절 끝에 오는 모음은 일반적으로 장모음입니다.

   예시: zero - ze + ro

3. "모음 + 자음 + e" 음절은 단어 끝에 있습니다. 이 음절 패턴의 첫 번째 모음은 일반적으로 장모음이고 마지막 "e"는 묵음입니다.

   예시: zygote - zy + gote

Multisyllable Word Lists

2 syllable words	3 syllable words	4 syllable words
amaze	amazing	accessorize
bizarre	antifreeze	capitalize
blizzard	citizen	categorize
buzzard	civilized	citizenship
calzone	customize	computerize
dozen	crystallized	disorganized
emblaze	emphasize	externalize
enzyme	fertilize	generalized
freezing	horizon	hospitalize
frenzy	magazine	internalized
frozen	mobilize	personalized
gazelle	organize	pizzeria
gazette	recognize	metabolize
plaza	socialize	mobilizing
pretzel	stabilize	mozzarella
puzzle	standardize	nationalize
seizure	summarize	stabilizer
tweezers	sympathize	tranquilizer
wheezing	synchronize	uncivilized
zealous	tranquilize	unorganized

Lesson 26.4
Reading Proper and Common Nouns and Adjectives
Capitalization Rules

단어는 대문자 및/또는 소문자로 작성됩니다. 고유명사와 고유 형용사는 대문자로 시작합니다. 일반 명사와 일반 형용사는 소문자로 시작합니다.

고유명사는 특정한 사람, 장소, 사물 또는 개념을 지칭하는 단어입니다.

보통 명사는 일반적인 사람, 장소, 사물 또는 개념을 명명하는 단어입니다.

	Proper Noun	Common Noun
Person	Mrs. Zelman	zoologist
Place	Zimbabwe	zoo
Thing	Zoom Inc.	zebra
Concept	Zodiac	zealous

고유 형용사는 특정 사람, 장소, 사물 또는 개념을 설명하는 단어입니다.

일반적인 형용사는 일반적인 사람, 장소, 사물 또는 개념을 설명하는 단어입니다.

Proper Adjective:	Common Adjective:
Person: Zambian citizen Thing: Zimbabwean food	Person: zealous citizen Thing: zesty sauce

Capitalization Rules
Uppercase Letter – "Z"

- 문장을 시작하는 단어의 첫 글자는 대문자입니다.

- 특정한 사람, 장소, 사물 또는 개념을 지칭하는 단어의 첫 글자는 대문자입니다.

- 사람의 직함은 첫 글자를 대문자로 한다.

- 제목 또는 부제목에 있는 각 단어의 첫 글자는 대문자입니다.

- 대명사로서 문자 "I"는 대문자입니다.

✎ 참고: 소문자는 일반적으로 다른 모든 단어에 사용됩니다.

Lowercase Letter – "z"

- 특정한 사람, 장소, 사물 또는 이름을 나타내지 않는 단어의 첫 글자개념은 소문자로 작성됩니다.

- 문장으로 시작하지 않는 단어의 첫 글자는 소문자로 쓴다.

- 단어의 안과 끝은 모두 소문자로 표기합니다.

The Letter "z" at a Glance

Letter	Sounds	Anchor Words
"z"	/z/	zip
"z"	/s/	pretzel
"z"	/zh/	azure
"zz"	/t/ + /s/	pizza
"zz"	/z/ + silent "z"	puzzle

Your Next Step
Learn To Read English Vowels With Lessons In Korean

www.ingramcontent.com/pod-product-compliance
Lightning Source LLC
Chambersburg PA
CBHW080801300426
44114CB00020B/2790